爱与美的追求者

——李燕杰从教演讲60年

颜永平　侯希平　赵　璧◎主编

中国出版集团公司

世界图书出版公司

广州·上海·西安·北京

图书在版编目（CIP）数据

爱与美的追求者：李燕杰从教演讲60年 / 颜永平，
侯希平，赵璧主编. — 广州：世界图书出版广东有限公司，
2017.10（2025.1重印）
ISBN 978-7-5192-3873-5

Ⅰ.①爱… Ⅱ.①颜… ②侯… ③赵… Ⅲ.①中国文学—
当代文学—作品综合集 Ⅳ.①I217.1

中国版本图书馆CIP数据核字（2017）第248580号

书　　名　爱与美的追求者——李燕杰从教演讲60年
　　　　　AI YU MEI DE ZHUIQIUZHE——LIYANJIE CONGJIAO YANJIANG 60 NIAN
主 编 者　颜永平　侯希平　赵　璧
责任编辑　冯彦庄
装帧设计　黑眼圈工作室
出版发行　世界图书出版广东有限公司
地　　址　广州市新港西路大江冲 25 号
邮　　编　510300
电　　话　020-84460408
网　　址　http:// www.gdst.com.cn
邮　　箱　wpc_gdst@163.com
经　　销　新华书店
印　　刷　悦读天下（山东）印务有限公司
开　　本　710mm×1000mm　1/16
印　　张　16.75
字　　数　281 千
版　　次　2017 年 10 月第 1 版　　2025 年 1 月第 3 次印刷
国际书号　ISBN　978-7-5192-3873-5
定　　价　78.00 元

序

《爱与美的追求者——李燕杰从教演讲 60 年》一书即将出版了，我看了作者的名单后十分激动。我从中看到了演讲界近几年涌现的多位领军人物，演讲界在社会上享有盛名的多位演讲家，还有一批演讲界的新秀。我之所以如此高兴，是因为通过这些名字可以看到中国的演讲事业是在蓬勃发展的。

时间如梭，岁月如歌，演讲事业与日俱进，如火如荼。和我 1977 年 1 月 25 日第一个走上社会大舞台演讲时相比，与上世纪 80 年代中期相比，那时是"雨后春笋"茁壮成长；到了 90 年代以后则是树木成林、绿树成荫、高耸入云；到了今天，当代中青年演讲家从个体到集体，已形成一支宏大的队伍，为了弘扬正能量、歌唱主旋律，从国内走向国外，从亚洲、北美到欧洲，浩浩荡荡地走向了全世界。

今年，是我参加"反饥饿、反内战、反迫害"的五二〇学生运动，初步认识共产党从而走向革命的70周年；"五二〇"是我到解放区正定县进入华北大学学习，然后参加中国人民解放军南下工作团70周年。

今年，又是我从事教育工作60周年。今年，还是我走出"象牙塔"，奔向十字街头演讲40周年。

在这个节点、拐点，我88岁了，按照中国人习俗称之为"米寿之年"，这是我生命史上应当"别宥"、总结经验的时候，又是"归零"思考未来的时刻，中国演讲界的朋友们帮我作了一个小结，这本演讲界集体的总结出版了！

我作为一名教师，在高校内外主要讲过中国文学史、中国文化史、中国图书史、中国美学史，在这四史教学中，我发现了在中国历代兴衰史、治乱史、变革史中，凡是在关键时刻能起到中流砥柱作用的往往都是出色的演讲家。

盘庚是商王祖丁的儿子，盘庚继王位后，面对国势衰微，他治国理政，舌战群臣，晓谕迁都的好处，两次成功动员迁都；定都于殷之后，他推行商汤的政令，从此商朝国势再度振兴。盘庚堪称是挽救政治危机的智者，被誉为中国有文字记载的演讲家第一人。春秋时期，孔子周游列国，授业解惑，彪炳千秋。战国时代，苏秦凭口才，挂六国相印，有口皆碑。三国时代，诸葛亮舌战群儒，联盟孙权抵抗曹操，无疑也是演讲家之翘楚。

在中国近现代革命史上，孙中山先生、毛泽东主席以及周恩来、陈毅、陶铸、鲁迅、闻一多都是演讲家。过去讲：人才不一定有口才，有口才的人必定是人才。今天从历史上看，可否得出这样一个新的结论：不是每个演讲家都能推动历史车轮前进，但推动历史车轮前进的、不可或缺的一定是口才上乘的演讲家。

从中国历史上看，无论政治改革、教育改革，都曾出现过一批演讲大师，遗憾的是迄今还没有一个人全面细致地写出一本《演讲家与治乱兴衰史》的史书。

我之所以坚持以演讲这一伟大事业为己任，无疑是为了祖国的兴旺发达、为了人民的幸福安康、为了人类的和平福祉，绝不是为了一己私利。说实话，我如果只是为个人私利而演讲，就绝不可能在地球上800多个城市巡回演讲6 000多场。

另外，我之所以能站在国家民族的高度演讲，离不开党的支持与推动。在20世纪，我在海内外大规模地巡回演讲，产生了一些影响后，中央领导希望我到中央做关于"精神文明""意识形态"的领导工作。我做了一辈子教师，被评选为第一个教书育人典型，又被誉为全国第一个德育教授。我想，虽然我教书是一流的，但当官么，我科长都不一定能当好。为此，我婉言谢绝了中央的提携。后来中央领导对我讲："不来就不来吧，但今后还要在群众中按照中央精神办事，继续讲下去！"同时还提出，你不当官，能生活在群众中也有好处，希望你今后一要能继续讲下去；二要像师傅带徒弟那样培养小李燕杰，要学孙悟空，拔一把汗毛变出千万个孙行者；三要躲起来，沉下心来多写几本书，不要满足《塑造美的心灵》那一本畅销书。此外，还让我发现人才及时向中央推介。自此之后，我的一切工作、一切行动就真真切切成了国家弘扬精神文明系统工程的一部分，而不再是一己的私事。

此后，我又和颜永平、翟杰等同志成立了一些演讲组织和演讲机构，举办了数十次全国演讲大赛，召开了若干次全国演讲高峰论坛并举行了四次全国演讲艺术节，我的行为准则从来没有离开过党和国家的根本利益。在这些活动中，涌现出了颜永平、翟杰、侯希平、李志勤、蔡顺华、邹越以及在全国有影响的许多演讲家，他们都是演讲这个非物质文化遗产的传承者，为此，在《爱与美的追求者——李燕杰从教演讲60年》一书出版后，我愿和同志们一道为实现中国梦砥砺奋进、铿锵前行，做出新的贡献！

"芳林新叶催陈叶，流水前波让后波。""长江后浪推前浪，一代新人接旧人。""苍龙日暮还行雨，老树春深更著花。""落红不是无情物，化作春泥更护花。"但愿这本书出版之日，即是演讲新高潮到来之时！

记得有人讲过：李燕杰的演讲是黄金吗？不是；是白银吗？不是；是钻石吗？不是；它是阳光、水分、空气，是真、善、美！

有位华人曾指出，李燕杰的演讲特点是"六有"：哲人的思辨，学者的博识，文豪的襟怀，名士的风度，游侠的忠义，辩才的智慧；是"三无"：无政客之邪，无奸商之诡，无秀才之酸。

我愿以此与大家共勉！

于神州智慧传习馆

2017.9.10.

爱与美的追求者——李燕杰从教演讲60年

目录 | Contents

爱与美的追求者——李燕杰从教演讲60年

爱与美的追求者——李燕杰从教演讲60年

李燕杰老师的中国式演讲

侯希平

演讲是人类的天赋权利，演讲是社会的进步动力，演讲是人生的发展能力。

古今中外都有演讲能人，世界各国都有演讲高手，每个国家的文化不同，每个演讲家的素养不同，造就了不同的演讲风采。

丘吉尔的演讲在二战时闻名天下，他的坚定信念，他的必胜决心，把英国人的恐惧转化为勇敢和抵抗，阻止了法西斯的进攻。他那具有大英帝国优越感的自信，让他在家道破落的困难面前也能风趣幽默，言谈举止间散发着贵族般的高傲气质。

希特勒的演讲在二战后臭名昭著，但在二战前不是一般的受欢迎，那是相当的受欢迎。他的演讲激情澎湃，鼓动性极强，把德国人严谨、刻板、认真的精神化为民族的狂热，在给世界带来深重灾难的同时，也让世界认识了演讲的巨大作用，让爱好和平的人们认识到：把握正确方向的演讲是何等的重要！

美国人喜欢演讲，从林肯到里根，从克林顿到奥巴马，他们的演讲令无数人欢呼鼓掌，令无数人羡慕神往。然而，要说知名度最高的是黑人牧师马丁·路德·金的《我有一个梦想》，他的精彩演讲给世界留下深刻印象。

中国人的演讲从公元前 21 世纪就有记载，春秋时期开始兴旺，源远流长，充满智慧与哲理。两千多年前，荀子说："口能言之，身能行之，国宝也。"《文心雕龙》讲："一人之辩，重于九鼎之宝，三寸之舌，强于百万雄兵。"可见中国人对演讲是多么重视。

从伏羲氏告诉人们怎样看天行事、趋利避害，到春秋战国合纵连横、唇枪舌剑；从秦始皇称帝封王封地，到陈涉吴广号召农民起义；从董仲舒罢黜百家独尊儒术到诸葛亮手摇羽扇舌战群儒，无一不是演讲的奇迹。相信从唐宗宋祖到成吉思汗，每一次改朝换代都会有演讲家们的摇旗呐喊。

到了近代，我们听到孙中山为推翻帝制滔滔雄辩的故事，我们知道李公朴、闻一多揭露黑暗的声声呼唤，我们看到毛泽东、周恩来以演讲推动革命、战胜强敌、夺取胜利的伟大实践。

遗憾的是，我们没有见过这些风流人物，也没有亲眼目睹他们的演讲风采；遗憾的是，当今中国政治家的演讲，一般人难以有机会亲耳聆听，也难以做到全面研究。而有幸的是我们与共和国演讲家李燕杰老师生活在同一个时代，我们从青年时期就经常听到他的演讲消息，亲眼看见他的演讲风采，默默地向他学习。学习他中年时的声情并茂，口若悬河；钦佩他老年时的炉火纯青，激情四射！他的演讲影响了至少五代人，可以这样说，李燕杰老师与世界上任何一个时代的演讲高手在一起，他都毫不逊色，他都是高手中的高手。

演讲是什么？演讲是有思想、有见解、有故事、有逻辑、有风采、系统的、完整的当众讲话。也就是说演讲家首先是能给人启迪的思想家，紧接着是能解决问题的实践家，然后可以是360行中的任何一家。

李老师就是集多家之长于一身，具有独立思想的演讲大家。他出身于书香门第，在解放的炮火中成为革命战士，又跟着林彪南征北战，属于见过大人物、见过大世面的青年人。成为大学教师后，一方面关心国家大事，一方面潜心研究文史哲，饱读诗书，满腹经纶。

由于李老师集思想家、文学家、哲学家、历史学家、诗人、书法家、朗诵家于一身，他的演讲内容丰富充实，声音明亮动听，普通话柔和标准，外形大方俊朗，他在当代演讲家中荣誉最高、成就最大、听众最多，因此，他最能代表中国人的演讲水平，最能体现中国人的演讲风采。我把这种水平和风采，归纳为中国式演讲，即具有浓郁中国特色，能够代表中国人演讲水平，展示中国人演讲风采的演讲。

李燕杰老师的中国式演讲展现了五个方面的特点：

一是爱国之情

爱国主义是世界上许多国家所推崇的价值观，但中国人的爱国情怀特别浓烈。这是中国传统文化和共产党所倡导的爱国主义教育决定的。从屈原投江到苏武牧羊，从岳母刺字到零丁洋上的文天祥，从红军长征到八女投江，从全民抗战到狼牙山五壮士，中国人是从小听着爱国故事长大的，爱国主义像种子一样在中国人

心里生根发芽，人们认识到：爱国主义是中华民族继往开来的精神支柱，是维护祖国统一实现民族复兴的伟大动力。

1977年李老师就是高举爱国主义大旗，第一个走出校园，踏上社会演讲的。他的演讲中，有许多爱国主义英雄故事，从屈原到岳飞，从文天祥到闻一多，被他塑造得栩栩如生，感人至深。在一次演讲中，他动情地说：闻一多看到祖国处于水深火热之中，就大声疾呼："国家到了这地步，我们不管，还有谁管？"于是，他决然走出书斋，参加了争取人民民主的斗争，以诗人的赤诚和热情参加民主活动，他那著名的《最后的演讲》是一篇无韵的《离骚》，体现了诗人的公而忘私、正直奇伟。但他后来被国民党特务暗杀了。他虽然只活了短短48年，但他不愧为一个具有强烈爱国心和高度正义感的诗人和学者。他不仅为我们留下了大量诗文，还将他的鲜血和生命献给了祖国和人民。

李老师的演讲中有一段朗诵："不管母亲多么贫穷困苦，儿女对她的爱也绝不含糊，我只喊一声：祖国万岁！更强烈的爱，在那感情深处！"那些年，令多少年轻人热泪盈眶，热血澎湃，模仿着李老师的声音和风采，走上讲台！从那以后，燕杰式演讲风靡全国，爱国主义的声音牢牢地占领着中国讲台，对坚持共产党的领导、发展社会主义事业、推进改革开放起到了不可替代的作用。

二是豪迈之感

演讲是文化的结晶，也是民族情感的释放。

因为中国是世界上最长寿的国家；因为中国是世界上人口最多的国家；因为中国有老子、孔子、墨子、孙子这样的世界伟人；因为两弹一星筑起了强大的国防，人民安居乐业；因为社会主义现代化建设取得了举世瞩目的伟大成就；因为在地震、水灾面前表现出空前的民族团结和互助精神；因为中国成功举办奥运会并取得金牌第一的辉煌战绩，等等，都是中国人演讲的优秀题材，除了汉奸卖国贼以外，任何一个中国人都会为之自豪和骄傲！因而也就形成了中国人演讲的特色——自信而又豪迈！

这种豪迈，在李老师的演讲中展现得淋漓尽致，因为，李老师熟知中国历史和世界历史，横向比较认为中华文化博大精深，无与伦比；纵向比较认为中国共产党领导下的中华人民共和国，励精图治，振兴中华，超越了历史上任何一个时期的辉煌和成功。所以，李老师关于国家、民族与正气的演讲，关于为中华腾飞而拼搏的演讲等，绽放着"思九州而博大 横四海而焉穷"的豪迈气概。他说：我在海外演讲、旅游时，时时想到，我是龙的传人，并总会感到自豪和骄傲。他说：炎黄子孙是龙的传人，龙是一种图腾，龙是一种象征，龙是一种文化，龙是一种精神力量！龙的传人在960万平方公里（1平方公里＝1平方千米）的土地上，腾云驾雾，纵横驰骋，创造了无数奇迹和辉煌！

听众们会被李老师充满豪气的演讲，震撼得猛然站起来，张开双臂，拥抱祖国，渴望成为国家栋梁之才，为炎黄子孙争光。

三是精神之魂

中国是个产生民族精神的国家，但中国精神不是凭空产生的，它是有着深刻的历史渊源的。从《易经》"天行健，君子以自强不息"到毛泽东"自力更生，奋发图强"，有着两千多年的时空转换和血脉联系。共产党继承和发展了中国传统文化，创造了推动社会发展的时代精神，如：红军精神、长征精神、延安精神、抗战精神、西柏坡精神、抗美援朝精神、北大荒精神、雷锋精神、焦裕禄精神、"两弹一星"精神、抗洪精神、抗震精神等。这些精神随着时代的发展出现，随着国家的宣传传播，深深地影响了中国人的精神世界，也使中国人的演讲深深地烙上中国式精神的印记。李老师以哲学家、历史学家的风范，根据时代的需求、社会的需要，谈古论今，信手拈来，他的《天地人精气神》的演讲，高度归纳这些精神，激情阐述，振奋人心，鼓舞士气，令人信服，启迪心灵。

让我们欣赏一段李老师的演讲：

讲完天地人，进而要讲精气神。一个校长，一位教育培训工作者，面对广大

教职员工及广大青年学员，没有精气神怎能行呢？

精：先天之精，元精也，元精无形，寓于元神、元气之中，内流全体而不息，润行百骸而不枯。

气：先天之气，元气也，乃先乎天地之气也；后天气者，即呼吸之气也。

先天之气如木之根本，后天之气如木之枝梢。先天之气主易，后天之气主断，气断则命绝。

神：先天之神，元神也；后天之神，识神也。先天固有之真性，本寓于先天元神中。

神者，示也，田也，上通天，下入地，立于田地之中也。中国传统文化，视精气神为修"性"与"命"，即性、命双修。

性即人性，德行与理性的统一。

命，生命。

有了精气神，则利于性命双修。

既要有一种内在，又要有一种外在，即身心健康。经过修养磨炼，逐渐达到延长寿命，并提高生命质量的作用。

生命时间 —— 强调寿命长短；生命质量 —— 关注贡献大小；生命素质 —— 健康状况；生活环境 —— 人际关系。总之，有生，才有命。有了生命，才谈得到福、禄、寿、禧等。

如果说过去人们追求福禄寿禧纯粹是为个人，那么今天，就要为国家、为民族、为单位、为企业。无论事业与健康，都不单纯属于个人，有了精气神是为了搞好事业。

四是智慧之光

演讲是思想的载体，也是智慧的结晶。人类有了智慧，才能创造世界；演讲有了智慧，才能口吐莲花。中国是一个智慧大国家，老子、孔子、孙子、墨子等诸子百家的智慧至今深深影响着中国人的言行。因此，中国人的演讲充满智慧的火花。一代天骄毛泽东的《论持久战》《认识论》《实践论》无不充满着辩证的智慧；李燕杰老师《走进智慧》一书，记录着他在演讲中使用过的智慧语言共计36.6万多字，包括对理想、事业、爱情、婚姻、成功、信念、勇敢、坚强等诸多问题的精辟论述。他说："智者之智慧，在于明辨是非。人生一切变化都是在美与丑之间、光明与黑暗之间、正义与邪恶之间徘徊。智者，总会理智地对待这一切。"他讲："在瞬息万变的世界中明辨方向，是为有智；在声色犬马的环境中不为所动，是为有德。"他倡导："真正的干才往往隐藏在凡人之中，真正的智慧绝不在人前露脸。为此，领导要善于像探险家一样到山村中探宝寻才。"

李老师讲真善美，展现出特别不一样的智慧：

人的一生要追求至真、至善、至美。

真，真实，科学。

真实是人生的命脉，是一切价值的根基。

世界上的一切，没有比真实、真诚、真切更可贵、更可爱的了。

善，善良，道德。善是讲人的内心、人的自律。善就是凭良心做事。

美，美好，美丽，审美。

美像真理一样，最朴实，最有光辉，最有魅力。美的事物，给人以永恒的喜悦。

十全十美是上天的尺度，而努力实现十全十美这种愿望，则是人类的尺度。爱因斯坦说："有些理想为我们指引过道路，并不断给我们新的勇气以欣然面对人生。那些理想就是真善美。"我主张——求真求善又求美，立德立言再立功。

李老师的智慧已经化为精气神，影响了无数青年人，启迪了无数人成年人。老一辈无产阶级革命家习仲勋，在正式讲话中两次称赞他，号召人们学习他、研究他。

五是文化之美

五千年漫长而丰满的历史，让中华民族的文化灿烂夺目，神话传说、历史故事、四书五经、阴阳八卦、唐诗宋词、元曲京剧、成语、歇后语等，使中国人的语言表达具有文山辞海的选择空间、令人羡慕的文化含量。谈爱情可以用"关关雎鸠，在河之洲。窈窕淑女，君子好逑"，也可以用"身无彩凤双飞翼，心有灵犀一点通"；谈景色可以用"日出江花红胜火，春来江水绿如蓝"，也可以用"忽如一夜春风来，千树万树梨花开"；谈历史可以用"大江东去，浪淘尽，千古风流人物"，也可以用"俱往矣，数风流人物还看今朝"。这些美得不能再美的诗词歌赋，不是一首两首，而是成千上万，满山遍野。当它们出现在演讲词当中时，忽而合辙押韵朗朗上口，忽而气势磅礴雷霆万钧，而其内涵或者直呼胸臆，或者委婉动人，无论怎么说，中国人马上心领神会，马上会享受这文字之美、文学之美、文化之美。这种无以言表的美妙，外国人是很难体会到的。

　　李燕杰老师的演讲在这方面尤其擅长，文学家的内涵，让他的演讲名言璀璨，排比浪涌，修辞烂漫；朗诵家的气质，让他的演讲字正腔圆，抑扬顿挫，声音洪亮。他那"山阻石拦，大江毕竟东流去；雪打霜欺，梅花依旧向阳开"的豪情，他那"宠辱不惊，看庭前花开花落；去留无意，望天边云卷云舒"的气概，让多少人掌声雷动，激情满怀。他的许多演讲都是以诗歌开始的，而且他的诗经常是现写现诵，具有华美的现场效果。

　　例如：他在上海发表《天地人·精气神·真善美》长篇演讲时这样开场：我这次来上海为大家演讲，十分高兴，见到许多老朋友，又将结识一批新朋友，为此写诗一首：

　　南来雁，北来鹰，黄浦江畔声，科技兴国多创意，素质教育领先行。

　　千江有水千江月，万里云开万里晴，更新观念增智慧，创新教育利成功……

　　南来雁，北来鹰，中华儿女豪气振苍穹！

　　他朗诵完后，现场响起热烈的掌声。

　　正如中国文化在世界上的地位一样，中国式演讲是最能展现演讲特性的演讲——思想性、真实性、知识性、鼓动性、艺术性比翼齐飞。弘扬中国式演讲，达到人类演讲的最高境界，李燕杰老师为我们做出了榜样。

　　作者系中国演讲教育艺术界六大演讲家之一、中国当代演讲教育事业杰出贡献奖获得者、中国演讲艺术协会副会长兼秘书长、中国演讲培训基地网总教练、清华大学演讲协会顾问、青岛市演讲与演唱协会主席。

爱的呼唤，美的呐喊

—— 燕杰老师演讲语言艺术赏析（上）

颜永平

从 20 世纪 70 年代起，就有一双智慧、宽容、慈祥、充满活力与爱心的眼睛注视着华夏大地；就有一种响亮、悦耳、动听、拥有思想和情感的声音震撼着亿万心灵；这双眼睛、这声音便来自同一个人 —— 李燕杰老师。"李燕杰演讲"的旋风在大江南北，长城内外，乃至大洋彼岸，经久不息地刮了起来。

40 年来，燕杰老师已经走过了 800 多个城市，在海内外的演讲达 6 000 余场，演讲专题 380 余个。他更被称为当代演讲泰斗、共和国演讲家、教育艺术家、铸魂大师。

时至今日，"宠辱不惊，看庭前花开花落；去留无意，望碧空风卷云舒"的燕杰老师已 88 岁高龄了，然而他仍然满面春风、精神昂扬；依然奔波不停、育人不断，坚持"生命不息，演讲不止"的初心。他用自己的热情与热血、爱心与赤子之心，为时代的不断进步而欢欣鼓舞，为祖国的繁荣富强而高歌。燕杰老师所到之处无不受到热烈的欢迎和高度评价；燕杰老师的每一场演讲无不扣人心弦、振奋人心，这在中国的演讲教育中是绝无仅有的。

"40 后"听了他的演讲走出了思想的困惑，踏上了改革的征途；"50 后"听了他的演讲振奋了前进的斗志，塑造了美好的心灵；"60 后"听了他的演讲确立了生命的航向，扬起了理想的风帆；"70 后"听了他的演讲悟出了人生的真谛，鼓起了奋进的勇气；"80 后、90 后、00 后"的新生代听了他的演讲，获得了心灵的宁静，叛逆的头脑开始了思索！

近几年来，我有幸常陪燕杰老师参加一些大型活动，到全国各地巡回演讲。我经常听到这样的声音：省部级领导对燕杰老师说，我们是听您的演讲后走向成

功的；地市级官员对燕杰老师说，我们是在您的演讲感召下成长起来的；海归派对燕杰老师说，我们是在海外听了您的演讲后，回归祖国的；企业家对燕杰老师说，我们在大学时受到了您的激励，现在用实业报国了；还有失足青年对燕杰老师说，我早年在监狱里听了您的演讲，走上了新岸。更多是 40 岁以上的人纷纷对燕杰老师说：我们年轻时是在您的演讲感染下找到自信，看到希望，走上正途的。

那么，燕杰老师的演讲为什么这么受欢迎呢？燕杰老师演讲的魅力和魔力又在哪里呢？他的演讲教育艺术为什么会感动和影响了一代又一代呢？

我作为一名燕杰老师的学生和崇拜者，从 1981 年开始追随燕杰老师，并成为李燕杰式演讲的实践者；作为一名燕杰老师培养和提携起来的演讲研究者与教学者，我拜读了燕杰老师的所有著作，现场聆听燕杰老师的演讲上百场，我强烈地感受到了燕杰老师在演讲教育艺术中体现出的"大本大元求大智，大爱大美利大成，求真求善又求美，立德立言再立功"的博大精深与睿智。根据我 36 年来学习、研究燕杰老师的演讲教育艺术的心得体会，我个人认为燕杰老师的演讲语言艺术主要有以下八个突出的特点：第一，围绕一个主题；第二，运用两种语言；第三，体现三种美感；第四，达到四个目的；第五，实现五种境界；第六，展示六种力量；第七，做到七个言之；第八，拥有八个第一。

第一，突出一个主题——"爱"。

在燕杰老师的所有演讲专题中，我们都会感受到一个永恒的主题，那就是大写的"爱"！从《塑造美的心灵》到《总有一种方式让你脱颖而出》，从《天地人》到《精气神》，从《真善美》到《大道有言》，等等，燕杰老师的演讲中都围绕和突出了"爱"。燕杰老师爱党、爱国、爱人民，爱科学、爱和平、爱家人、爱一切美好的事物。正是因为拥有了这份博大的爱，燕杰老师才会担负起"国家巡回演讲大使"的重任，才会成为众多青年的"良师益友"，才会成为"爱与美"的传播者，才会成为中国演讲教育艺术界的"常青树"，才会被亿万人民称为"点燃心灵之火的人"，才会被联合国和平基金会称为"世界上最可爱的人"。

正如燕杰老师所说："一个好的演讲家，应当是一个懂得爱的人。一个只爱自己的人，既不能奉献，也不能得到爱，这种人更不可能成为好的演讲家。"燕杰老师之所以情注讲坛，风范一品，心系学苑，文德双馨；燕杰老师之所以弘扬人间正气，启迪智慧心灵，褒扬后生晚辈，奖掖优秀人才，功绩风扬寰宇，爱心润泽天下；燕杰老师之所以为千万人明示人生之真谛，在全社会树立大美之典范；就是因为燕杰老师是一位"大爱无外、大爱无内、大爱无私、大爱无畏、大爱无悔"的大写的人。

燕杰老师在他的诗集中曾这样抒发着自己爱的宣言："我有一颗永不泯灭的爱心 / 爱着那苦难中的人民 / 梦中忆起他们的失落 / 醒来看到他们的泪痕 / 我不是在悲天悯人 / 我要用深深的爱温暖苦难人民的心 / 是真诚相助，绝非同情 / 是真诚抚慰，绝非怜悯 / 人民伴着多灾的世界 / 祖国伴着多灾的人民 / 面对一切对我的怨愤 / 我的回答是宽容 / 对一切对自己的恩惠 / 我的回答是感恩 / 宽容，是永恒的爱 / 爱，是永恒的感恩。"

2013年8月，84岁高龄的李燕杰老师在事务繁忙、身体有恙的情况下毅然飞赴云贵高原，出席第三届"让世界充满爱"的系列演讲大赛，亲自担任大赛组委会主任，并为开幕式发表了近两个小时充满激情的以《演讲铸魂与中国梦》为题的演讲，这是何等的大德和大爱呀！一位80多岁高龄的长者都能如此博爱，何况我。我更加坚定了自己终身为演讲事业奋斗、传播正能量的决心。

"但愿大千世界无灾难，但愿人类社会无征战，但愿人类生活无污染，但愿人的一生无病患，但愿人间永远充满爱。"李燕杰老师向全世界发出了爱的呼唤！这呼唤，字字震撼着我们的心灵，句句让我们热泪盈眶、激情澎湃。

第二，运用两种语言——有声语言与态势语言。

燕杰老师的演讲之所以能深入千家万户，感动亿万听众，除了他的爱心与思

想触动人们的心灵外，他有声语言与态势语言的技巧在演讲中的运用也起到了至关重要的作用。

大家知道，演讲是说话者在特定的时间与环境中，借助有声语言（为主）和态势语言（为辅）的艺术手段，面对听众发表意见、抒发情感、交流信息，从而达到感召听众并促使其行动的一种现实的公众表达活动。

如果说文章是躺着的文字，演讲就要把这些躺在纸上的文字站立起来，变成有声有色、尽善尽美的"立体电影"。演讲者要的就是面向听众、走向听众、鼓舞听众、打动听众。燕杰老师就是这样一位善于将躺着的文字和深邃的思想站起来，并传播出去的演讲大师。

演讲是一种口头表述，是一种有声艺术，既要讲音色，也要讲音量，又要讲音质，只有这三者配合好了，才能使听众感到悦耳动听，这是演讲的第一效果。演讲的第二效果是态势语言。燕杰老师在演讲中十分重视态势语言，无论是从面部表情到肢体动作，还是从服装到手势都十分讲究，这使他的演讲达到了一定的高度。

古希腊著名的演说家狄摩西尼认为："演说的秘诀在于表情和姿势。"我国的教育家陶行知先生说过："演讲如能使聋子看得懂，则演讲之技精矣。"燕杰老师曾经给聋哑人做过演讲，尽管讲台两边都有打手语的人，台下的聋哑观众却没等手语翻译者翻译完就响起了热烈的掌声。每次演讲燕杰老师都能充分运用姿态语、手势语与表情语，表达出丰富的思想感情，从而吸引听众、影响听众、感染听众。

第三，体现三种美感——音美、形美、意美。

鲁迅先生说过，中国文字具三美：意美以感心，一美也；音美以感耳，二美也；形美以感目，三美也。只要听过燕杰老师演讲，人们都会有一种美的享受。这是因为燕杰老师的演讲真正地诠释了鲁迅先生说的"三美"。

"声音不是蜜，但却可以黏住一切。"（俄罗斯民谚）众所周知，没有悦耳动听的配乐，一部电影的美学价值就要人打折扣。对于以音声为主要手段的演讲来说，更是如此。好的声音，不仅要能准确恰当地表达出演讲者丰富多变的思想情感，还须朗朗上口、娓娓道来，让听众听了心潮激荡，并陶醉在精彩的演讲之中。

"如果说教育是一门艺术，那么，演讲就是艺术中的艺术，是花中之花。花不能没有颜色，鸟不能没有翅膀，教育家的语言，不能没有美感。"燕杰老师是这样说的，也是这样做的。

燕杰老师的"音美"体现在他的音色、音量与音质上。燕杰老师在演讲有声语言艺术上有意识地研究与实践，使他娴熟地掌握了演讲语言特点和规律，并将之运用在自己的声音上，保持了自己声音的最佳状态。到了耄耋之年的他，声音还是那样的洪亮、动听。心理学家经过研究调查得出一个结论：只要经过训练与修炼，人身上有两个地方会永远年轻，一是人的声音，二是人的心态。所以，我们可以高兴地看到，燕杰老师是88岁的年龄，70岁的长相，60岁的体力，50岁的精力，40岁的活力，30岁的声音，20岁的心态，10岁的童心。

"演讲家，应该是永葆青春活力的人，是具有内蕴之力的人，是能够通过惊人的爆发力，把自己内心积蓄的热量散发出来的人。"作为一名传道、授业、解惑的演讲教育家，要想最大容量散发出自己的能力，除了"音美"，要有出色的有声语言外，还必须要有"形美"——良好的态势语言。

燕杰老师演讲艺术的"形美"更是令人叫绝，从40年前走向社会演讲开始，到现在88岁了，他的每一场演讲都是站着完成的。燕杰老师经常教导我们说：演讲者的体态、风貌、举止、表情都应给听众以协调平衡乃至美的感受。听众就是演讲者的镜子，而且是多棱镜，从各个角度来反映演讲者的形象。要想从语言、气质、体态、感情、意志、气魄等方面充分地表现出演讲者的特点，也只有在站立的情况下才有可能。在中国站着演讲两个小时以上的不多；不拿稿、不喝水、不休息、不坐着演讲的很少；88岁以上还能满怀热情、满场走动、与听众保持上下互动的演讲者更是凤毛麟角，但是，我们的燕杰老师做到了。

"意美"是最重要的，因为"内容为王"。燕杰老师的演讲之所以能够在国内国外引起轰动，40年来经久不衰，深受广大听众的喜爱，归根结底就是燕杰老师的演讲内容紧跟时代步伐，把握时代脉搏，高唱时代的主旋律。面对严峻的现实，他能自觉配合形势需要，敢于回答人民普遍关注而又疑惑难解的问题，勇于说出人们心坎里想说而又不能说出的话。更难能可贵的是，燕杰老师永远刚正不阿、言行一致、坚持原则，从不随波逐流。

燕杰老师的演讲博古通今，引经据典，彰显了一个教育艺术家的风范；他的演讲慷慨激昂、热情洋溢，展现了一个演讲艺术家的风采；他的演讲行云流水，如诗一般的语言透出了一个演讲艺术家的气质；他的演讲深入浅出、通俗易懂、诙谐幽默，展示了一个演讲艺术家的内涵。燕杰老师的演讲，说起来"上口"、听起来"顺耳"、记起来"入脑"、想起来"舒心"，具有很强的个人特色。

而纵观燕杰老师的常讲常新的《塑造美的心灵》《教育艺术》《演讲美学》《创新智慧》《成功谋略》《大成智慧》等演讲主题，其内容都是心灵的抒发、激情的迸发、语言的美化、智慧的火花、哲理的精华、思想的升华。燕杰老师的演讲艺术就是思想的天空、诗歌的海洋、排比的森林、哲理的高山、故事的河流、幽默的油田。一句话，燕杰老师的演讲是：大美至真，大美至善，大美至纯，大美至刚，大美至柔，大美至伟。

美哉，燕杰老师！美哉，燕杰老师的演讲艺术！

作者系中国演讲协会联盟常务副主席，中国当代演讲教育事业杰出贡献奖获得者，清华大学"演讲与口才实用技巧"课程主讲人。1981年开始从事演讲与口才的实践与教育，三次全国演讲大赛一等奖获得者，已在世界各地演讲3 000多场，编著出版演讲与口才的书籍200多万字；复圣颜回第83代孙。

爱与美的追求者————李燕杰从教演讲60年

爱与美的追求者

为改革呐喊的先锋

—— 李燕杰教授学术思想初探

翟 杰

序 言

在改革开放的初期，1977年，有一位大学教授，走出校园，走出国境，勇敢地登上社会的大讲台、登上国际的大讲台，为改革开放的新中国摇旗呐喊，振臂高呼。

一时间，在北京、在全国、在国际上掀起一股旋风，随即声势浩大席卷全球，这便是著名的"李燕杰现象"。

弹指间，已是40年光阴不再。昔日名扬全国的风云人物们纷纷退居幕后、颐养天年。而李燕杰教授仍一直活跃在时代的前沿和广大青年中间，魅力有增无减。

"李燕杰"这三个字，曾经是一个时代的名片，一个在全国享有美誉的典范。他的名字，对于40岁以上的中年人来说，几乎是一个象征。当年的那一代学子，是听着李燕杰教授的演讲，读着他的《塑造美的心灵》，而奠定了自己的人生观、道德观、价值观，我 —— 翟杰，就是其中的一员。

当时我在新中国建立的第一家书店 —— 马路湾新华书店工作。在那里，我有幸通过我的工作，将李燕杰教授的《塑造美的心灵》一书，一本一本、一册一册地传播到工厂、机关、部队、农村、学校乃至千家万户。

之后我被调到中国的第二家图书馆 —— 沈阳市图书馆工作。在那里，我成功地举办了李燕杰《塑造美的心灵》读书报告会、演讲会比赛，并将这些活动推广到全市，也因此与李燕杰教授结下了不解之缘。

今天，我为成为李燕杰教授的大弟子而感到万分荣幸。在与李燕杰教授结缘

的近十年时间里，我无数次得到了恩师李燕杰教授的谆谆教诲和悉心指导，并取得了可喜的进步。在此，谨以此文向各位汇报一下我的学习成果及表达一下我对李燕杰教授的深深敬意。

1981 年 12 月 26 日，在北京举行的"全国中小学工会思想政治工作交流会"上，时任国家领导人的习仲勋同志，在听取了八位与会代表的发言后，发表讲话时说："北京师范学院李燕杰老师，他为什么那样受欢迎呢？他讲的不是空空洞洞的大道理，不是口号式的，而是结合学生的实际进行教育，有好些思想不对头的学生都转变过来了。"习仲勋同志的这段话，反映了党和国家及人民对李燕杰教授的认可和接受。

下面我就从三个方面，汇报我对李燕杰教授学术思想的粗浅认识和体会。

1. 国学智慧　智慧国民
2. 诗歌美学　美化人心
3. 教育艺术　艺术育人

李燕杰教授的学术思想博大精深，内涵丰富。仅用寥寥几千字来论述，难免管中窥豹、一孔之见、挂一漏万。不当之处，敬请批评。

一、国学智慧　智慧国民

话说：在 20 世纪的七八十年代 ——

有一句口号在神州大地的校园讲台上频频回响，那就是 —— 青年是我师，我是青年友。

有一本书在华夏沃土的四面八方到处传扬，那就是《塑造美的心灵》。

有一双脚踏遍了五大洲四大洋，把中华5 000年的优秀文化播撒开来。

有一个人的名字成了一个优秀民族的时代符号，他就是北京师范大学教授、著名教育家、演讲家、被誉为中国教育艺术界泰斗的李燕杰教授。

说到李燕杰教授传播国学思想，我用16个字概括：旧而不朽、雅而不孤、博而不泛、浅而不俗。

（一）旧而不朽

李燕杰教授在传播国学思想的过程中，不是一味地从几千年前的故纸堆里照搬"之乎者也"，而是赋予了它时代的新意。

（二）雅而不孤

李燕杰教授在传播国学思想时，不是沉湎于象牙塔的孤芳自赏，而是努力地探寻创新之路，思考如何将国学的智慧深入浅出地传播到广大人民群众之中。于是他走出大学的高楼深院，深入到社会的各个角落，在田间地头、在工厂矿山，甚至在监狱农场，用国学的智慧启迪和教育每一位听众。这也是对孔子的"有教无类"教学理念的具体实践。

（三）博而不泛

李燕杰教授在传播国学的选择上，他不是不分轻重、不分优劣，而是经过认真的筛选：去粗取精，去伪存真；去其糟粕，取其精华。选择了那些富有时代感，应用价值相对高的内容，分析研究、总结概括之后，予以传播。

（四）浅而不俗

李燕杰教授在传播国学的方法技巧上，不是照本宣科，也不提倡死记硬背，而是根据受众的具体情况：是干部就理性些，是工人就直接些，是农民就实际些，是孩子就浅显些。但是不管用什么样的方法技巧，国学的内涵不能丢。需要把难以理解的问题简单化，把佶屈聱牙的词语大众化，让每个人都能听得懂。

综上所述，李燕杰教授做到了学而不厌，诲人不倦。纵横上下五千年，捭阖古今天地间。

这正是：

《沁园春·李燕杰》

书香门第，

耳濡目染，

整六十年。

为拯救国难，

投笔从戎；

亦文亦武，

南征北战。

革命成功，

红旗招展，

洗去征尘登讲坛。

李燕杰，

扬国学智慧，

启迪青年。

塑造美的心灵，

耄耋之年振臂呐喊。

惜苏秦张仪，

口未悬河；

刘庸纪昀，

难免汗颜。

卡耐基氏，

拿破仑等，

如能再世也惊叹。

屈指算，

八十五春秋，

马踏飞燕。

二、诗歌美学　美化人心

古语说："诗言志，歌咏言。"李燕杰教授的诗歌做到了这一点。在李燕杰教授的一生中，他写下了 3 000 多首诗歌、500 多篇散文。

李燕杰教授的诗如文。他的诗有着文一样的流畅：时而如大江东去，波涛汹涌；时而似涓涓溪流，叮咚畅响。

例如，他在题为《青春与爱情》的几行诗句是这样的：

爱如月如星，在寰宇间展示光明。

爱似雨似风，是自然的憧憬。

爱是诗是梦，又是人类的本能。

爱，是欲求与情感的和谐，

爱，是人生与事业的相融。

爱，是彼此心的默契，

爱，是心有灵犀一点通。

爱，是诗，是梦……

李燕杰教授的这几行诗句，很容易把读者、听者，带到人类最伟大而又润物细无声的爱情、爱意，直至真诚纯洁的爱的氛围中。让人们从中领悟、感悟到爱的伟大与神圣。

再例如，他的另一首诗歌《登长城远眺》中有这样的诗句：

巍峨的长城寄托着中华民族的梦。

它沐浴了数千年的雨，

它经历了数千年的风。

从天上看，它如彩虹！从天而降！

从地上看，它如缎带！伴云而生！

它纵横岂止万里，

它跨越岂止千年，

它是伟大的中华民族意志的象征。

人类要和平，

人类要安宁。

长城是和平的体现，

但愿不再发生战争。

我们要从长城起步，

走出资源有限的地球，

奔向资源无限的宇宙太空。

李燕杰教授的这几行诗句，由游览长城而发，进而通过象征着中华民族的风骨的长城，阐述了炎黄子孙、华夏儿女渴望安宁，追求和平的民族精神。歌颂了中华民族为了和平、为了安宁、为了维护民族尊严的奋斗精神。

上面我说的是李燕杰教授的诗，下面说他的文。

李燕杰教授的文如诗。他的文有着诗一般的意境、歌一般的韵律。

无论是读还是诵，都能朗朗上口。

例如，李燕杰教授在他的散文《教师生命梦幻曲》中的一段诗一般的文字：

> 我们是阳光。我们是火炬。点燃起自己的生命火炬，照亮别人，也照亮自己。生命之火在青年中延伸。我们自豪地说：我们不仅要赞美别人，更要赞美自己。我们是教育家——教给学生智慧。我们是艺术家——授学生以审美。我们是翻译家——为学生演绎世间奥秘。社会，是一个大课堂。教室，是一个小社会。这也许应谱成教师的梦——幻——曲——！

这一段文字，每一个字、每一个词都像一个个音符，那么动听；每一句话、每一个段落就像一段段旋律，那么优美；将这些音符和旋律组合在一起，就组成了一首美妙动听的歌曲，这歌曲能陶冶人的情操，美化人的心灵。

三、教育艺术　艺术育人

李燕杰教授在他一生的教育事业中，始终坚持以人为本的教学思想，大胆创新，身体力行。他不仅让躺着的文字站了起来，做了6 000多场的演讲，他还让站起来的文字活了起来、动了起来、跳了起来。这突出反映在他演讲时与受众的互动上。

例如，有人问：当您站在讲台上听到全场报以热烈掌声时，您在想什么？

李燕杰教授的回答是：首先想到的是听众是上帝。什么时候自己有点飘飘然，那必然是落后的开始。记得有位老朋友在诗中写道——

> 在舞台中央，
>
> 有人想到：一丝不苟；
>
> 有人却想到：唯我独尊。

我们要的是谦虚谨慎，绝不能唯我独尊，忘乎所以。要了解掌声的真正含义，有的掌声属于人们对你的赞扬，有的掌声仅仅是出于礼节。

再例如，有人问：您的演讲，经常使听众欢笑，为什么？

李燕杰教授的回答是，人有趋乐避痛性，人人都希望高兴，而笑则是高兴的表现。笑有很多种：微笑、中笑、大笑、痴笑、狂笑、傻笑，有闭着嘴笑、张着嘴笑、龇着牙笑、仰天大笑、捧腹大笑、破涕而笑、忽啼忽笑，还有冷笑、假笑、苦笑……除后三者外，前边的笑都是愉悦的表现。俗话说：笑一笑，十年少。为此，我希望通过演讲使听众得到某些满足，让人们笑起来，也是一种艺术。

最后一个例子，有人问：您在演讲中，善于运用多种语言，有什么窍门？

李燕杰教授的回答是：语言，是演讲家的战斗武器。一个好的演说家，应当是十八般武器样样精通。为了精通各种语言，首先要善于学习；其次，要善于区别运用。我幼年时听邻居老太太讲过这样一个故事。

> 一位老太太生了病，三个女婿不约而同地前去探望。
>
> 大女婿是唱戏的，一进门就说：
>
> "岳母大人在上，小婿这里问候了。（京腔）"
>
> 二女婿是说书的，他说道：
>
> "欲知生死如何，且听下回分解！（评书腔）"
>
> 老太太听到这里，勃然大怒，啪，把茶壶扔了过去。
>
> 这时，正赶上三女婿进门，三女婿是在茶馆跑堂的，于是三女婿见此情景，大声喊道：
>
> "当心开水，闲人闪开！（跑堂腔）"

通过上面的三个例子不难领悟：教育的确是一门艺术。种花种草的可以称园艺，打球运动的可以称球艺，缝缝补补的可以称裁艺，甚至炒菜做饭的都可以叫厨艺，更何况塑造人类精神世界的教育，更要体现它的艺术价值。

在去年教育部组织的海峡两岸国学教育研讨会上，我对李燕杰教授的教育艺术总结了三句话，得到了国家教委有关领导的认同和赞赏，并且表示回到教育部，要把这三个理念认真研究，运用到我国当前和未来教育改革和教育实战中去。这三句话是：

> 备课要像编写剧本一样，
> 讲课要想演员表演一样，
> 互动要像导演执导一样。

我用以下四句话结束此文：

> 国学智慧慧国民，
> 诗歌美学美人心，
> 教育艺术育新人，
> 燕杰教授大学问！

作者系中国演讲教育艺术界六大演讲家之一、文化部中华社鬼谷子文化发展委员会主任、中国演讲艺术协会副会长、亚太十大杰出管理培训师、金牌节目主持人、教授、博士生导师。

用多种艺术手段熔铸的演讲交响

—— 李燕杰老师演讲探艺

李志勤

　　李燕杰认为演讲不仅是艺术，而且是艺术之花，他说："如果说教育是一门艺术，那么，演讲就是艺术中的艺术，是花中之花"，"演讲是艺术不是技术"。他还这样形容："演讲不是白开水，至少应是碧螺春。"可见其对演讲的要求是比较高的。对于如何实现演讲的效果，他认为："鸟无双翼不飞，车无双轮难行。形象思维与逻辑思维，正是演讲的双翼、双轮。"在李燕杰看来，演讲不仅要有深刻的思想内容、严谨的逻辑结构，还需要有形象思维的参与，要有形象思维就要借助艺术之力，艺术的思维方式主要是形象思维。从李燕杰的演讲中我们可以发现其形象思维非常发达，他充分地利用了自己的形象思维，借助多种艺术手段调动起听众的形象思维，将听众的心火点燃。

　　李燕杰认为："演讲是传播也是沟通。"这就说明在演讲中听众不仅是被动的接受，演说家要充分考虑到听众的感受和需求，所以沟通的手段非常重要。李燕杰对于演说家的定位是这样的："诗人是捕捉灵魂者，教师是灵魂塑造者，演说家则是唤醒灵魂者"，"火，是需要助燃的。演讲者的责任就在于，用自己心中的火去燃起听众心中的火"。演说家要像普罗米修斯一样去点燃人们的心灵之火，要唤醒听众的灵魂。为了实现这个目的，李燕杰创造性地将艺术领域中的多种艺术门类的手段综合运用到演讲之中，真正实现了这个目的。他的演讲也因此深深触动听众的心灵，塑造着听众的灵魂，甚至促进了许多青年人思想观念的转变。

　　有人这样评价李燕杰的演讲："演说是一门综合艺术，在演说中勇于创新，大胆借鉴文学、戏剧、电影的表现手段，呕心沥血塑造人物形象，用以直接阐明

事理，这是当代演说家李燕杰的独特艺术风格。"李燕杰自己认为："我就像媒体，兼具几个作用，书的作用、广播的作用、演讲的作用、演戏的作用"，"我的演讲演绎出了戏剧的矛盾，所以演讲本身得有志士般的刚毅、诗歌般的激情、小说般的人物形象、戏剧般的矛盾冲突，另外还有书法的气韵、电影的蒙太奇手法"。

一、诗　歌

诗是美的升华，诗是召唤斗争的号角，诗是美化心灵的甘露，李燕杰非常重视在演讲中对诗歌的使用，他认为："诗歌语言比任何一种文学语言更简洁、更深沉，因而也更美，一个不懂得诗的人，一个不具备诗歌激情的人，一个不善于使用诗的语言的人，是不大可能搞好演讲的"，"因为我每次上台演讲之前，上课之前，在国外讲学之前，没有哲理性的抒情的散文的语言，没有诗情画意的语言，我绝不上台，这就是我的原则"。李燕杰具有浓厚的诗人气质，他善于从现实生活中捕捉那些打动人心、具有诗情画意的场景与情节，用语言艺术将听众引入意境，提升演讲的审美格调。

他不仅具有诗才，在谈话间都会跳出诗的语言来，而且只要有诗兴就在演讲中即兴赋诗，给听众带来美的享受。在《宏观战略与演讲育德》的演讲中，用"海到无边天作岸，山临绝顶我为峰"来概括思想教育工作的宏观战略；用"清风能感水能化，修竹有情兰有怀"来概括思想教育工作的具体方法。其间，他又念了一首他来西安前的诗《西安抒怀》，在诗情画意中捕捉住了演讲主客体间的共同感情。在这次演讲中，他在讲到自己的育人经历时又引用了岳飞的《满江红》等诗歌。在他的演讲中，国学经典、世界名著中的经典句子常常是信手拈来。在《德才学识与真善美》的演讲中，他分别用"宁可枝头抱香死，不随落叶舞西风"来概括人美好的德行；用"宝剑锋从磨砺出，梅花香自苦寒来"来说明天才来自于勤奋；用"书山有路勤为径，学海无涯苦作舟"来鼓励青年人要勤奋学习；用"不畏浮云遮望眼，只缘身在最高层"来表达人要有远见卓识的思想。这些诗句引用得非常贴切、恰到好处，既凝练简洁，又启人思考，还可获得美的享受。在《爱情美学》中，李燕杰引用了《上邪》《相思》等多首表达美好爱情的诗篇，还讲述了唐代"河水倒流，红叶传诗"的故事，给青年人在婚恋观上做出了积极、正确的引导。

李燕杰定下了他对演讲诗的要求——"四易"：易听、易感、易记、易悟。他在演讲中使用的诗是美的韵律、真的情感、动人的形象、深邃的哲理四者并具。他还说："演讲诗，可以借景以抒怀，借人以言志，借事以喻理，借物以讽喻。"在《天地人·精气神·真善美》的演讲中，一开场，他就朗诵了一首自己写的诗，那首诗既蕴含演讲的精要，又饱含气势和希望，给人以鼓舞。在《江城演讲》中，在结尾处李燕杰赋诗一首，表达了对江城人民的美好祝愿，也表达了自己江城之行的感受，令人回味无穷。在《诗之心，国之魂》中，李燕杰借用一首诗表达了自己多年来将诗歌艺术与演讲艺术结合在一起的"诗教"历程——"回首莫笑风浪起，沉吟多思新历程"，让我们真正看到了他在一生的追求中，在诗句的冶炼中，百炼成钢，也让他的演讲事业收获了成功。

二、小　说

李燕杰在演讲中非常重视借用小说的艺术手法。首先，他善于借用典型的人物形象，通过这些人物形象给听众以具体的形象感受。在人物形象使用中他注重赋予人物以生命，经过适当的提炼加工，用小说对话、独白、肖像、心理刻画方法，把人物塑造得活灵活现，使得人物形象形神兼备，内外统一。他在人物形象的使用中有如下特点。

（一）真

李燕杰演讲中的人物形象都来自于现实，有的甚至要经过他亲自的社会调查，在经过艺术的提炼加工后，给听众留下深刻印象。他曾经在河北承德听人讲述了一个著名歌唱家的弟弟与青年女工相爱、不离不弃的故事：这位青年女工因患疾病导致瘫痪，这位男子始终坚贞不渝，年复一年尽心照顾着这位女子，终于女子战胜病魔，两人结成眷属。李燕杰听说这个故事后，亲自来到承德，最后在一个偏僻角落找到了这对夫妇，与他们进行了详细的交谈，回去后他从谈话中提炼出主人公的情态、动作，分析他们的内心世界，并将这个故事用到了演讲中，这样坚贞不渝的爱情感动了无数的年轻人，也使演讲取得了很好的效果。

（二）典　型

李燕杰在人物形象的选择上善于紧紧扣住人物最足以展现其心灵美的典型细节，精心雕琢人物的精神风貌和独特个性，用最有活力的语言去反映人物的思想境界，从而给听众带来心灵的震撼。他在讲述爱国主义时，选取了非常典型的几个人物，同时又选取了这些人物在爱国方面最典型的细节。他选取了肖邦在垂危之际要求将自己的心脏带回祖国；国家遭受入侵时，贝多芬拒绝为侵略军演奏；我国伟大的爱国主义诗人屈原以身殉国、文天祥被俘后英勇不屈等细节，并对细节进行了非常细致生动的描述，令人印象深刻，这样的爱国主义教育必然深入人心，达到真正教育青年爱国的目的。

（三）画人画其神

李燕杰善于运用小说中塑造人物形象最有难度的一种手法：速写白描。抓住人物的特点神韵之后，大胆运笔，对人物进行粗略勾勒，往往三言两语就使得人物成形，选取一系列的具有代表性的人物后，勾勒出一个人物的群像来，以一线贯穿起来，组合成一幅群像雕塑，有力地深化主题思想。在演讲《谁言寸草心，报得三春晖》中，为了展现中国留学生的爱国精神，他不仅对留学生们做了调查，而且选取了一系列留学生代表的故事来展现其精神风貌。他选取了一个腼腆的男生寻求合租者的逗乐事件，展现了中国留学生在生活上的艰苦朴素，以及人品上的纯洁可爱；通过身患绝症的女学生攻读博士，上海女工在国外努力深造，中国留学生冒着严寒勤工俭学这一系列的故事，集中展现了中国留学生的刻苦勤奋；通过讲述一些留学生学成就回国报效祖国的故事，集中展现了中国留学生的爱国思想。在这一系列的形象中，每个人物所用的笔墨并不多，但人物的性格、精神、情态可感可见，共同表达了演讲的主题。

（四）点　穴

李燕杰对人物形象的选取不是任意而为的，而是有针对性的，他针对青年中存在的问题和不良倾向抽取形象，对症下药，为青年解开疑团，驱除歪风邪念。如张海迪的故事的讲述就是对青年中一些消极思想的治疗，鼓励青年在遭遇困难和挫折的时候不要怨天尤人，而要将挫折困难视为一种磨砺和锻炼，视为人生路上前进的催化剂；讲述青年勇士张军在极端危险的情况下，舍身进入炸药库抢出炸药包的故事，则是想消除青年中自私自利的观念，鼓励青年要有志士勇士的无私无畏精神。

李燕杰演讲中的人物形象让听众见其形、感其情、得其神，不仅强化了主题，深刻了说理，而且启迪了听众对事、情、物中理的探索，于生动感人的人物形象中孕育出思想和道理。

其次，李燕杰还善于利用小说般的情节，把听众带入审美的情境和意境中。如，在讲红楼美学时，他就对宝玉和黛玉之间爱情的发生、发展和结尾这一完整的爱情情节进行了描述，在铺排刻画中，让听众感受到了爱情之美，也让听众对何为真正的爱情有了一定的认识。

总之，李燕杰在演讲中对小说艺术手法的采用，让其演讲具有了更强的感召力和感染力，也让其演讲独具特色和风采。

三、电　影

（一）蒙太奇手法

李燕杰很善于把名人名言、古今诗句、有趣故事、时政热点、亲身经历、独立思考，巧妙地串联在一起，将材料进行有机组合，使用的就是电影蒙太奇的手法，用一条红线将材料衔接起来。他博闻强记，有着渊博的学识；他走遍欧美亚的各大城市，有着广博的见识和广阔的视野，他能从他丰富的学识和阅历中选取多层次、多侧面的生活图景，将政治、经济、道德、教育等方面的人和事，加以巧妙的组合剪辑，在演讲中表达深刻的思想和主题。总结起来，他对材料进行组合剪辑的方法主要有如下几种：

（二）意识流手法

以内心感受为线索组合画面，以情感意识感觉贯穿始末。如讲留学生的爱国精神时，抓住"心目中"三个字，分别从我们心目中的出国留学人员、出国留学人员心目中的西方世界、西方人心目中的中国大陆三个不同的感受侧面、真实体

验来安排演讲，前后联系紧凑，组织严谨巧妙。

（三）伏线铺垫法

以一个悬念或一个听众关心好奇的问题为线索，步步推进，扣人心弦。激发起听众的心中的疑、忧、探、试、惊、喜等情绪，启发听众的思考和感悟。

（四）对比映衬法

将正反、中外、古今等画面放置一处，对比鲜明，由表及里，让人豁然开朗。在《宏观战略与演讲育德》中，李燕杰将我国的精神文明建设现状与南斯拉夫、巴基斯坦、英国、波兰等地区对比，强调精神文明建设的重要性，消除了听众心中对此的误区。又与德国、日本做比较，道出中国人在动手能力方面与其他国家的差距，告诉听众教育对于各个年龄段的人都是需要的。在这样鲜明的对比中，让听众对事情的认识更加清晰、深刻，以此将画面组合起来，符合人们的认识规律。

（五）联想组接法

紧扣一个深刻的思想和主题，展开丰富的联想，将不同时间、不同地域、不同领域、不同人物的画面纵横剪辑、交错组接。

四、戏剧、相声、广播等

李燕杰说过，他的演讲目的就是让躺在纸上的字站起来，走向听众。这是一般播音员、主持人也难以做到的。李燕杰在演讲中借助戏剧、相声和广播艺术的合力在某种程度上真正地做到了这一点。他不仅非常注重演讲语言从这三种艺术形式中吸收营养，而且将这三种艺术表演的形式借用到演讲中。

在演讲语言上，他的演讲非常口语化，也具有声音美和修辞美的双重特点。在他的演讲中，语言是自然、清新质朴的口语，还兼具通俗化、群众化之质，在自然恰当的口语表达中，还带一点老北京的味儿；在特定场合他还运用经常挂在青年嘴上那些俗而又俗的语言，三言两语就能拉近与听众的距离；有的时候，他会原原本本引用青年人的话，这让他的演讲语言常讲常新，永远处于新鲜状态；在讲故事的过程中，他善于用生动形象的语言将人物性格化，同时又善于用大量老百姓喜闻乐见的熟语、成语、习惯用语，遇到听众不好理解的地方，他就用大白话加以解释。

李燕杰的演讲在运用句式上也非常有特色，他的演讲语言单句多，复句少，短句多，长句少，散短句为主，间以长、整句，整齐中见错综。为了便于听众的理解，他在演讲中时常把定语、状语抽出来，或把并列的几个部分分开成句，使得句子头绪简单，非常紧凑，直来直去、开门见山，听众一听就懂。遇上长句，为了不使得声音塌下去，他就把修饰语抽出来，把并列部分分开，句子变短，留下气口，量准气口，这样形成节奏起伏的效果，而且合乎停顿呼吸规律，如这样一句话："中国，是一个几千年的文明古国，从自然环境来说，它山川壮丽、气候相宜、资源雄厚、物产丰富；从社会环境来说，历史悠久、文化发达、民俗淳朴。"李燕杰善于将多种句式巧妙组合使用，达到不同凡响的效果。他用设问句——引入思考，配上感叹句、疑问句、反问句等来加强语气、加深感情，起强调和引人注意的作用，同时，大量使用可以增加气势节奏的排比句，便于倾泻激情，造成一泻千里、不可阻挡之势。多种句子杂糅起来，使得李燕杰的演讲时而如抒情曲，时而如进行曲，时而如交响乐。在词语的使用上，李燕杰有时会将一些词语拆开来用，将难解的书面语变为通俗上口的口语，如"将我一军"、"气得鼓鼓的"等，给人留下非常深刻的印象。此外，在李燕杰的演讲中，没有废话、油话，也无哼哼叽叽的口头禅。他的演讲语言给人顺当、庄正、简洁明了之感，总体上形成一种平仄相间、节奏明快、顺势顺口、音节匀称、声音响亮的音韵美感。

李燕杰在演讲中借用了戏剧艺术的某些艺术手法。他说："不少人也准备了不少活人活事，但讲起来不提神，就在于没把人物形象发展置于矛盾冲突中，这在演讲中一定要尽力避免。"闪光的细节、尖锐的矛盾扣住听众心弦，引发听众的悬念和好奇，李燕杰就借用了戏剧的这个特点，在演讲中善于设置矛盾冲突，设置悬念。如他在讲述中国第一位女博士和张军入炸药库抢炸药包的故事时，就采用了这样的手法。

李燕杰的演讲还有着相声的旁征博引和妙语连珠，在演讲中知识渊博的他诗词歌赋、名人名言信手拈来。他深谙笑的艺术、幽默的艺术，还善于借用杂文的讽刺来指责社会弊端。一次他出访欧美演讲时，遭到了西方人的挑衅，他采取了欲擒故纵的方法，先肯定西方人的观点，接下来话锋一转，说那是过去完成时，并描述了现在进行时，他说："当有人说中国仍有两亿文盲时，40岁以上的人由你们蒋委员长负责，二三十岁的应由江青女士负责。"给人反戈一击。他还善于借用对照等手法将中外古今、正反事例、事理、事物、人物进行对照，取得非常好的演讲效果。他还善于引用古典诗词、中外名言、日常对话，喜欢拆字析义，善于借用拟人、借代、夸张、比喻等多种艺术手法，共同来增强演讲的艺术魅力。

五、书 法 等

李燕杰是名副其实的书法家，在演讲中他不吝笔墨，经常现场挥毫，他大方赠送的书法作品达3万幅之多。美学大师宗白华曾说过，墨花飞舞的书法艺术充分展现了一个人的灵魂境界。李燕杰认为，书法是一种独特的审美刺激物，一幅成功的书法能长久地震撼人的心灵，给人以力的鼓舞、心的禅悟和智的开启。

他著名的书法作品是《千江有水千江月，万里无云万里天》。一次在广西民族学院的演讲——《天地人·精气神·真善美》，一开场他就拿出书法条幅《美》来，继而深情朗诵道："少女之心，美在无瑕；稚子之心，美在无邪；志士之心，美在无私；烈士之心，美在无畏。"一次在山东的演讲中，李燕杰打开一幅写有"鸡"字的书法条幅，语出惊人："首戴冠，文也；足搏距，武也；遇敌敢斗，勇也；见食相呼，仁也；守夜不失时，信也。鸡之五德也。"他接着讲："公鸡报晓不误时，搞市场经济，履行合同要守时。鸡会自己寻食，我们自己得去找市场。老母鸡下蛋孵小鸡，搞公司应像下蛋那样发展起来一大群，形成集团公司。养鸡投入少，产出多，做生意也应该如此。另外鸡就是鸡，实事求是，从不说自己是凤凰，办公司、做买卖，也要做到实事求是……"听众报以热烈的掌声。

李燕杰还善于在演讲中借用其他道具来为演讲增加力量。他被称为"扇子大

王", 他曾巧用扇子给艺术系上课。他还借用画像、照片、手稿、信件等有象征功能的物品来为演讲服务, 寓理于形, 加强了演讲的效果。

李燕杰认为, 演讲要有气、有情、有韵、有势。演讲要创造意境, 这个过程如同把粮食酿成美酒。花不能没有颜色, 鸟不能没有翅膀, 教育家的语言, 不能没有美感。这也正是李燕杰在他的演讲中所追求和所表现出来的总体艺术风格, 他的演讲集正、真、美、气、情等于一体, 同时也体现了他的价值观。

在他的一次演讲中有人将他的演讲总结为六动: 感情激动、上下互动、掌声雷动、笑声涌动、泪花闪动、积极主动; 五不: 不坐着, 不喝水, 不休息, 不拿稿子, 不要话筒。他说: "像这样坐着说话, 我很难受, 我所有的演讲都是站着, 几个小时来回走动, 那种气势能感染别人, 也能让自己始终激情昂扬。" 这也展现了他作为一代演讲大师的敬业精神和无人能及的大家风采。他说: "现在清华北大扔个砖头能砸仨教授, 但是找个教练很难, 因此我呼唤, 今后教授加上教练, 都走出象牙塔, 奔向十字街头。" 李燕杰就是率先走出象牙塔, 奔向十字街头, 走入青年中间, 走进青年心间的实践大教育论、弘扬传统文化的国学导师和教育家、演讲家, 是与鲁迅、闻一多等老一辈演讲家之精神一脉相承的。人生九级浪, 行走天地间, 擎着爱、美、力, 拥着德才学识, 凭着博与慧, 背负着国家与民族的大任, 李燕杰为我们演奏着恢宏的演讲交响。

作者系"全国三八红旗手"、中国演讲教育艺术界六大演讲家之一、中国演讲艺术协会副会长、云南省演讲学会会长、原中国人民解放军昆明民族干部学院教授。

演讲大师李燕杰先生的人格美

蔡顺华

40 年来，他一直以自己的演讲，弘扬真善美，鞭笞假恶丑。在当代中国演讲界，李燕杰先生堪称"爱的大纛，憎的丰碑"！

一

先生是我演讲路上的导师，多年来扶掖有加，一直激励我奋勇前行。

1990 年，我主编兼主笔的《演讲与说话艺术辞典》出版并再版，先生立即题词鼓励，并在他主编的《中华教育艺术家协会简报》出专号向全国推介。

1991 年 11 月 19 日，我在北京中华教育艺术研究会年会上演讲《小狗也要大声叫》，先生听后立即给予鼓励，希望我一直"叫"下去，不仅自己会"叫"，还要带出一批想"叫"、敢"叫"、能"叫"、会"叫"的小狗，争取成为大狗，但别做懒狗，更别做疯狗。他说，他最讨厌乱咬人的疯狗，尤其讨厌那些喜欢背后乱咬的那种。很快，他把《小狗也要大声叫》和我的另外 6 篇演讲词，在他主编的《教育艺术》杂志上发表出来，还专门配发了一篇题为《蔡顺华：在智慧的漩涡里快乐地游弋》的专访，更加坚定了我"叫"下去的决心。

我在演讲与口才杂志社工作期间，先生专门撰写了《没有智慧的演讲等于零》。这篇雄文是对那些不学无术却整天大喊大叫的演讲者的匕首和投枪，在演讲界产生了巨大影响。没有智慧的演讲等于零。口才，即口语表达的才能，它只是助推一个人成功的工具，既然是工具，就是被人使用，被人的智慧所指挥，被有智慧的人所驾驭，帮助自己达到成功的人生境界，也说服和激励更多的人走向成功，因此，没有智慧的演讲等于零！

先生鼓励我说，创意和发起春晖行动，就是大智慧。但要向全国全世界宣传和推广春晖行动理念，就需要口才，需要极富鼓动性和感染力的演讲。后来我主持《春晖》编务和《春晖感恩励志演讲》，先生又拨冗赠赐墨宝："寒雪梅中尽，春晖柳上归。"这副作品已刊登在《春晖》名人题词专版。这些，都是对我最有力的支持和鞭策。

高山仰止，景行行之。清华大学校长陈吉宁在履新大会上发言时指出，大学不仅是传授知识和技能的场所，更是培养人的思想、情感、意志、品质之所在，是铸造灵魂的地方，大学的根本不在于"大"，而在于"学"。

中国演讲艺术协会就是这么一所大学，李燕杰教授是当之无愧的大师，我们要学习他的大气、开阔、坦荡、宽厚、包容、沉敛、坚韧等这些君子风范，从而让自己人生更富有精神风采与人格魅力。

二

2012 年 9 月底"润晖·孝化"杯全国大学生演讲大赛期间，我有幸与恩师见面，和以往见面唯一不同的是，恩师的右手里多了一条文明棍。一问之下才知道，他前几天在吉隆坡演讲之后，腰部受了伤。但恩师精神矍铄，谈笑风生，一点把自己当成伤患的意识都没有。

李燕杰先生 9 月 21 日飞抵吉隆坡，22 日对来自东南亚地区的华人听众，做了一场关于《国学的智慧和力量》的演讲，随即受伤，23 日飞回北京，26 日飞抵上海，27 日上午在上海发表了题为《习熏悟化 —— 国学的现代应用》的演讲，下午又驱车两个多小时赶到江苏靖江。如此远距离连续作战，对于一个中年人来讲，早已吃不消，但我们的演讲大师已经八十多岁高龄，却毫无疲色，令我们惊叹之余，都赞佩不已。

那次演讲大赛的主题是"提升精气神，迈向现代化"。如果我是参赛选手，我一定会抛弃自己事先准备好的稿子，或者某个"好为人师"的枪手炮制的稿子，只讲一讲李燕杰老师的这次演讲之旅，就足以震撼人心，打动听众。

晚餐后，我立即跟随恩师来到他的房间，再一次听他面授机宜。首先得知，恩师的两部新著由清华大学出版社出版，一部是《人生九级浪》，一部是《不是唯一，就是第一》，并提醒我，演讲和出书相结合，是一条很好的路子，都是思想的传播、文明的传承，希望早一点读到你的《投入地爱一次》，书名我可是早给你写了。

谈到中国传统文化和演讲的关系，恩师进一步忠告，希望各位中青年演讲者，以易增智，以道强慧，以儒修身，以禅养心，在演讲的"气、情、韵、势"方面下工夫。在全球一体化和文化多元化的今天，一个强大的组织和一个优秀的个体，应该打造自己的硬实力、软实力、巧实力、格实力、魅实力和健实力，智慧而淡定，仁爱而持重，勇敢而从容，博识而谦恭。达到这样的境界很难，但不去做，就只有平庸。

谈完这些严肃的话题，恩师开始调侃起我来，他说，我发现你一个特点，就是平时很少说话，但上台了就口若悬河，这一点和我非常相似。正在我惶恐之际，先生笑道，这不是坏事。平时少说话，我们就倾听，没有智慧的演讲等于零，我的很多演讲智慧，就来自饭桌上的倾听。何况，在饭桌上少说话，我们还可以真正品尝美食，研究美食文化，民以食为天，你连吃饭这天大的事都不专注，你的演讲水平会高到哪里去呢？

诚哉，斯言！知我者，恩师也。我平时的确很少说话，甚至有些木讷，很多人都问过，蔡老师，看你这少言寡语的样子，哪里像个演讲家。呵呵，演讲家哪里是看出来的！

三

孔子曰："德不孤，必有邻。"一个道德高尚的人，不管处于何种境地，都不会感到孤单，因为有很多人会由衷地敬慕和追随他。李燕杰先生就是这样一位德高望重、可歌可敬的长者。

2013 年 10 月 6 日上午，我和吕亚洲先生一起拜望了李燕杰先生。

莫道君行早，更有早行人。中央党校的许振民先生比我们到得还早，他向燕杰先生赠送一幅书法作品：《种德收福》。

种德收福，正是先生人生的写照。1977 年以来，先生已经在海内外演讲 4 000 多场，一直播撒着真善美的种子，如今虽已 88 岁高龄，依然精神矍铄，孜孜不倦，依然为中国的演讲事业忙前忙后。他的最新演讲集《不是第一，就是唯一》成为畅销书，他发起的世界华人演讲家大同盟更是应者云集，实乃种德收福。

吕亚洲先生是春晖行动发展中心主任，春晖行动发展基金会理事长，"寸草报春晖，共圆中国梦"全国电视演讲大赛组委会秘书长，也是一位执着的演讲者。

作为当代中国演讲泰斗，李燕杰先生认真听取了吕亚洲先生关于春晖行动和春晖演讲大赛筹备工作的汇报，兴奋异常，表示将大力支持。当我们特邀先生届时莅临贵阳指导工作时，先生欣然应允。

四

2013年11月底，收到李燕杰老师从北京发来的快递，内有一封亲笔信和四个信封。

在信里，李燕杰老师委托我转达对首届"寸草报春晖　共圆中国梦"全国电视演讲大赛组委会的谢意。四个信封，分别是给共青团贵州省委副书记肖明龙、大赛组委会秘书长吕亚洲、副秘书长宋庆萍和我的，每个信封里，都有一幅先生的墨宝。

在贵阳期间，李燕杰先生专注地听取了从复赛、决赛到总决赛的绝大部分演讲，仅是决赛，他就记了满满9页的笔记，并拿着笔记和选手交流。

同期，先生在名家演讲会上做了1个小时的专题演讲，我当时不无感慨："任他华年如流水，依旧豪情似大江。李燕杰老师虽然80多岁高龄，但他的演讲依然大气磅礴、激情四射。"演讲过程中，先生向好几位年轻选手都赠送了他的墨宝。

另外，先生各赠送了我和肖明龙等五人每人一本《走近李燕杰》画册，画册很厚重，而这厚重的画册则是老人从北京亲自带过来的！

李燕杰，世界华人演讲家大同盟主席、中国演讲艺术协会名誉会长，在全球808个城市做过大型演讲的演讲界泰斗！

谈到李燕杰，中国演讲艺术协会副秘书长、浙江警官学院演讲学教授何欣赞叹："凡大师，总是最重情，最有爱……"

这是大师的礼数，这是大师的情怀，这也是演讲大师的人格美！

作者系中国演讲教育艺术界六大演讲家之一、中国演讲艺术协会副会长、贵州省演讲研究会会长。

李燕杰演讲艺术之"走进心灵去沟通"

邹 越

20世纪70年代起，新中国人开始关注演讲这个词，并且把演讲和一个人的名字紧密地联系在了一起，那个人就是——李燕杰。在20世纪80年代的中国，演讲就是李燕杰，李燕杰就是演讲……

同为共和国四大演讲家的彭清一教授在近万人的演讲现场大声呐喊："如果说在当今时代还有可以被称为大师的人，我认为，只有李燕杰当之无愧！"

作为李燕杰大师的弟子之一，我深感有愧于恩师的栽培和同门师兄弟姐妹的关爱，我感觉自己还不够资格评论师傅的演讲，但今天是大家在一起研讨恩师的演讲艺术，那么我将怀着对恩师的敬佩之心，谈一点对恩师演讲艺术的肤浅见解，说得不对的地方，还望大家批评指正。

一、走进心灵去沟通

李燕杰大师演讲艺术最核心的特点，就是能够直指人心，走入人的内心深处。80年代，一句"青年是我师，我是青年友"，瞬间走进了大学生的心田，拉近了彼此间的距离，所有的思想在没有障碍与隔阂的心灵中流淌，真、善、美，像欢快的音符，在有理想、有爱心、有抱负、有行动的青年人创造出来的五线谱上谱起了欢快的乐章。无数的青年人沉浸在李燕杰的演讲中，浑身充满了为社会主义奋斗的力量。

演讲家就是教育家，教育不是说教，而是行为的指导，不走进群众就不会发现问题，多和群众接触就能找到问题的根源和解决的办法，演讲时就能用群众的语言走进群众的心灵。李燕杰大师常告诫我们，空洞的说教和让普通人听不懂的大道理，只能入耳却不能入心，为青年人的发展着想，为青年人的迷茫指路，说的都是青年人最关心的事，讲的都是青年人的心里话，才能走进青年人的内心，从而跟他们进行思想上的沟通。

任何主题，李老都会用最贴近人心的语言表述出来，他每到一地便会研究当地文化，寻找相关联的地方。一次，在德国讲贝多芬，一讲完许多德国人都哭了，他们说，那一瞬间，李燕杰就是贝多芬……

二、走进群众找生活

从群众中来、到群众中去。李燕杰大师的演讲享誉大江南北，受到社会各界群众的高度评价和认可。这其中很大的一个特色，就是深入生活，从生活中找题材。他从不闭关自守，而是经常出现在群众当中。每次去大学做报告，他都要求住学校招待所、吃学校食堂，经常看到他和大学生们一起吃饭、交流。他的很多演讲言语都是在与青年人交流中学习得来的。

因为信任，才倾诉心声，一位女大学生因为处理不好同学关系经常苦恼，听了李燕杰教授的报告后到后台找到李老倾诉。李老对她说，人不能太在乎自己的得失，有大理想的人应该更多地考虑他人的感受，放下自我，才能融入群众，才能成为被群众爱戴的人。后来，这位同学毕业后在科研方面取得了很大成就，还当选为课题组组长。她的第一封感谢信就是写给李燕杰大师：是您的教诲让我成长，是您的报告让我找到生活的力量。

　　有一次，当地学校在演讲后邀请李燕杰大师和校领导共进晚餐，李老在席间提起酒杯走进厨房，专门给厨师敬酒表示感谢，与厨师沟通学校的饭菜如何提升学生的健康，令在场的每一个人都深受感动。

三、走进圣贤求智慧

　　向昨天要经验，向今天要成果，向明天要动力。

　　李燕杰大师的演讲蕴含着高深的智慧，聆听他如诗如歌的语言则是美的享受。在我的眼里，恩师就是智慧的化身，大道理简化成通俗易懂的小故事，小故事蕴含着深奥的人生哲理。师傅经常教导我们要多读书、读圣贤书，5 000 年文化积淀的人生哲理是我们中华智慧的大宝库，只有多向圣贤学习，只有多接触群众生活，才能将理论联系实际，深入浅出地做好每一篇不同主题的演讲。

　　每当一个论点被听众接受时，李燕杰大师都会通过引经据典，融高雅于平凡、出平凡于高雅，将美学融入到演讲中，极大地升华了演讲这种艺术形式。这和李燕杰大师的博学和自身修养是分不开的，从小饱读诗书，通读古今圣贤的著作，诗词、书法都堪称当代一流，且李燕杰大师的甲骨文书法在当今尚无第二人能够书写，遗憾的是，我们这些老师的弟子无一人能达到师傅的境界。

四、坚守真理的阵地

　　在瞬息万变的世界中明辨方向，是为有智；在声色犬马的环境中不为所动，是为有德。

改革开放伊始，为了尽快改变国内的落后现状，人们纷纷涌向深圳发展，深圳成为了全国最瞩目的前沿，但当时的激进思想却占据了全国人民思想的主流，一切向钱看，时间就是金钱、效率就是生命，只要能多赚钱，其他都不重要了，随着思想的放松，拜金主义横行，李燕杰、彭清一、曲啸三位思想教育家在深圳蛇口与当时在座的 70 多位年轻人的座谈引发了激烈的思想碰撞，成为轰动一时的蛇口风波事件。几十年过去了，现在人们回忆起当时的情景，反思当今社会上出现的种种道德缺失的现象，都不禁感慨，当时的老一辈演讲家是正确的，拜金主义所引发的问题，时至今日仍给社会带来了或多或少的麻烦。

五、自强不息的性格

当有人评价李燕杰是中国的卡耐基时，李燕杰当即回应："错，应该说卡耐基是美国的李燕杰！"

进入 21 世纪，中国年轻人无法抗拒西方文化的入侵，西方成功学横扫中国大陆，几乎所有的年轻人都读过、看过成功学的书籍。老一辈演讲家的名字在年轻人中知之甚少，面对西方文化的冲击，共和国四大演讲家再次出山，活跃在祖国大地巡回演讲，许多大型演讲活动的现场又开始出现了李燕杰的身影。当 80 高龄的李燕杰、彭清一等泰斗级演讲家重返演讲台时，人们开始惊呼：今天才知道什么是演讲！

看到讲台上意气风发的李燕杰，很少有人知道，已经年过古稀的李燕杰大师已身患癌症多年，他从不提及自己的疾病，却用乐观自信的姿态让人们看到了一位自强不息老人，这就是李燕杰，他就是强者的榜样！

作者系中国演讲教育艺术界六大演讲家之一、中国演讲艺术协会常务理事、中国梦·李燕杰演讲艺术团成员、郑州中原基础教育研究院院长、"教育·中国"演讲团团长、首席演讲家。

恩师李燕杰对我的人生影响

程社明

1981 年，我经过三年在职刻苦自学，完成了初中和高中的课程，经过两次高考后，终于考上了大学。

上大学不久，邓丽君的歌曲开始在校园流行，同学们纷纷用录音带转录，听得如醉如痴。不知为什么，当时有些领导视邓丽君的歌曲为靡靡之音，甚至感觉如同洪水猛兽，强令同学们自行消除邓丽君歌曲录音，并派年级辅导员抽检学生们的录音带，一旦发现有邓丽君的歌曲，立即强行抹掉。而事实上，邓丽君的歌曲还是屡禁不止，迅速蔓延。

忽然有一段时间，同学们开始争先恐后地转录一个人的演讲录音，他讲的《德才识学与真善美》很快就覆盖了邓丽君的歌曲。他的那些拓展知识视野、启迪心智、培养高尚情操的演讲，给我们年轻一代的心田里注入了丰富的精神营养，对我以后的人生发展起到了至关重要的引导作用。这位演讲大师就是中国现代演讲事业的开拓者、国学大师、哲学家、书法家李燕杰教授。

我大学毕业后在第一家中日合资企业工作，后又考上中法合办第一届 MBA，赴法留学、求职，回国创建中法合资企业担任总经理，完成管理学博士学业，创建咨询培训公司。我一直有一个梦想：亲眼见到恩师李燕杰教授！

2005 年 1 月 24 日，在师兄翟杰、孟昭春的引荐下，我有幸成为了李燕杰教授的入室弟子，有机会面对面向恩师请教学习，聆听教诲。

恩师幼年时由于生活所迫，做过小贩，当过工人，后来加入中国人民解放军，成为一名优秀的军人。大学毕业后，他教授过历史学、哲学、文学、易学等多种学科。1977 年 1 月 25 日，李燕杰教授第一次为社会公众做了演讲报告，从此拉开了中国现代演讲事业的序幕。

2010年，已是80高龄并身患癌症的李老对我说："社明，我们要组建一个全球华人演讲大同盟，要组建中国梦环球行演讲团，向全国人民、向全世界人民传播我们的梦想、传播中国的正能量。"我被恩师的伟大志向所震撼，同时又有怀疑和担心。心想：您已是80岁的人了，又癌症缠身，还是保重身体要紧啊！真没想到，李老不是说说而已，而是很快进入了具体规划、实际操作阶段。不久，全球华人演讲大同盟成立了，中国梦环球行演讲团正式组建了。托恩师的福，2014年我随颜永平、侯希平、翟杰、李志勤、郑宏彪、朱新民、王婷、罗雁、王亚芬、徐佐林等演讲大家，参加了中国梦美国行演讲团，去哈佛大学、加州大学演讲《职业生涯开发与管理》；2015年又参加了中国梦欧洲行演讲团，用我1990年留学法国、回国创业、成功创建合资企业的成功经历，到牛津大学、剑桥大学，为中国留学生和访问学者演讲职业生涯发展的规律以及职业锚的作用，反响强烈，受到高度好评；2017年又到东盟五国演讲职业生涯管理。我们做到了——踏着恩师李燕杰的足迹，传播友谊，宣传中国梦！

2016年年初，《职场成功的36个密码》初稿完成，我和另一位作者熊福林商量请谁写书序。当我把想请恩师李燕杰写序的想法告诉师兄翟杰时，还是有一些顾虑的：一则恩师年事已高，怕给恩师添麻烦；二则恩师仍然夜以继日地工作，每天都非常辛劳地演讲、著书，我真不好意思开口。翟杰师兄鼓励我："你去大胆求助吧，李老一定会热心帮助你的！"我把书稿用大号字打印出来，怀着忐忑的心去请恩师作序，让我始料未及的是恩师是在阴历年前难得的稍轻松的日子里通阅全稿，还提出了几处重要的修改建议，并在大年初一清晨四点多起床写完序言，让我和福林感动万分！

其实，李燕杰教授本身就是职场成功的最有说服力的楷模！那种"不是第一就是唯一"的进取心；那种"我是青年友、青年是我师"的谦逊心；那种不为名不为利的淡薄心；那种心系民族百姓的爱国心，都值得我们终生学习。

借此机会，我也感谢十五年来对我们职业生涯咨询培训事业给予关注、认同、支持和帮助的朋友们！

作者系管理学博士、管理学教授、职学理论探索者、职业生涯培训师、国家二级心理咨询师、CMC国际管理咨询师、美国ACHE催眠治疗师、英国CBH认知行为催眠治疗师。

真正的大师是活在自己的教导里

—— 浅谈李燕杰演讲艺术

金 雪

羊有跪乳之恩，鸟有反哺之情；滴水之恩，当以涌泉相报。今天我能站在演讲的舞台上，除了要感谢我的恩师彭清一之外，还要感谢我生命的恩人 —— 李燕杰教授。如果说彭清一老师给了我新的生命，那么李燕杰教授就是帮助我找到人生方向的贵人。真的有幸能够再拜李燕杰教授为师。他让我找到了人生最正确的方向，让我重拾儿时对于舞台的渴求，让我走上了对自己生命探索的道路，也让我在帮助别人的同时帮助自己成长！在我的新书《唤醒爱》中，恩师为我作序，送了我几句话：大爱无外，大爱无内，大爱无私，大爱无畏，大爱无怨，大爱无悔。其实这些话何尝不是师傅毕生的写照，他把这一生都奉献给了他挚爱的祖国、深爱的民族、热爱的人民！

十余年来，通过近千场的大型演讲和心灵成长的训练，使我懂得一个真正的大师是活在自己的教导中的。十几年来师傅并没有用太多的言语来教导我们什么，而是在我们和他相处的过程中，把他总结的人生智慧一点一点地用行动影响着我们每一个弟子。因为恩师，我走上了演讲的讲台，我用我的才华和智慧影响和改变无数人的命运，得到了他们的肯定和认可，也获得了属于我的掌声和鲜花。但是走到 20 年后的今天，我再也没有改变任何人的想法了，再也不渴求别人用鲜花来赞美我了。当拿起麦克风站在讲台上的那一刻，我知道唯一要做的就是用活出来的人生智慧和大家分享，用真心、用真情、用真诚去爱每一个和我们在一起的人！这是从彭清一师傅身上懂得的，也是李燕杰教授给我的启发。

恩师李燕杰身上具有传统读书人的精神风范 —— 狂狷而又飘逸，睿智又有担当。他博览群书，涉及古今中外，从书中获得了智慧。只有不断充实自己，提升自己，才能跟上时代的步伐，适应时代所需，这也是恩师给予弟子最好的一个教导——以书为邻，常伴左右。他有深厚的文化底蕴与思想底蕴，时至今日，恩师在演讲中引经据典，往往信手拈来，只字不差。一草一木皆是他学习的对象，他的博学与虚心造就了他今时今日的成就。在物质富裕的今天，人们的精神世界却逐渐空虚，许多人在生存竞争的巨大压力下日渐迷茫，在异化思维的慢慢渗透下世界观和价值观产生偏差，在生活方式的快速更新时感情观念却日渐淡薄。他是这个时代的所需，因为他的演讲总能让人豁然开朗，有柳暗花明又一村之感。所以他的演讲总是人山人海，他收到的掌声总是经久不息，他的演讲总是能给人以心灵的洗涤与供养、情感的滋润与共鸣。

他是一个时代的记忆，也是一个时代的骄子，新中国60多年的峥嵘岁月，他经历了、感悟了、奉献了。走遍中国，为青年演讲道德、理想、情操，红极一时，影响了一代又一代人，被誉为共和国演讲家、爱与美的化身、点燃心灵之火的人、铸魂之师、青年导师、演讲泰斗、培训鼻祖……这就是恩师，一个把一生都献给了这个舞台的人。

德国著名的释义学家伽达默尔认为，语言本身就是一种世界观，人因为有了语言，所以有了一个"世界"，同世界有了一种"关系"，对世界有了一种特殊的"态度"。换句话说，人类驾驭了语言，也就拥有了一个动物类所没有的丰富的"语义世界"。对于一个演讲家来说，语言就是武器。美国演讲学专家代尔·卡耐基曾说过："我们天天由我们所说的话被判定。我们所说的字句表示出我们的修养程度。它使有鉴别力的听者知晓我们与何种人为伍，它是我们教育文化程度的标尺。"李燕杰教授善于倾听，以无限的接纳和包容之心亲切地发表演讲，让听众觉得所处的环境中一切都是被允许、被接纳的。

李燕杰教授演讲的时候常说的一句话是：听我的演讲，一是美的享受，二是赢得智慧。恩师的演讲是他个人世界观、价值观、人生观的具体体现。通过演讲我们可以走入恩师的人生。他的演讲并不是空中楼阁式的教导，而像处于你身边熟悉的人，对你娓娓道来。那些岁月沉淀下来的爱与感恩、奋斗与坚持、乐观与积极，都是燕杰老师演讲的主题。因此，他的演讲是生活式的，也是真实的，而这份真实无疑又拉近了他与听众的距离。通过自身经历和分享生活中的真实感受，很容易就能让听众在脑海中浮现画面。

他就是一位真善美的传道士，穷其一生，奔走呼号。恩师近年不遗余力宣讲"大

爱·大智·大美"精神。大爱无外，大爱有内，大爱无私，大爱无畏，大爱无怨，大爱无悔；大智有谋，大智有慧，大智有德，大智有识，大智有学；大美至真，大美至善，大美至柔，大美至刚，大美至纯，大美至伟。他驰骋祖国大江南北、世界各地，让躺着的文字站立起来，让闪亮的思想插上诗的翅膀，飞向千万人的心中。他呼吁人们从感恩中获取生命前行的力量，懂得感恩祖国从而祝福祖国，懂得感恩父母从而孝顺父母，懂得感恩一切从而焕发新的生命力量。

对于演讲者来说，专业上的技巧也是必需的。恩师的演讲通常运用简短、流畅的语言，通俗易懂的语句，耳熟能详的比喻和民间的俗话、谚语、歇后语；使用不含偏见或晦涩的语言，使用"我们"语言，使用主动句和简单的词语和句型；他的语言的表达是深入浅出的，既能够让别人了解，又体现出了相应的知识水平。恩师在《演讲美学》中指出："演说家首先要有一个能体现美的前提条件，即一个物质与精神综合的基础。演说家只有自身具备了创造美的前提条件，才能创造出美来。这个创造美的前提条件就是一个演说家所具备的四大精神支柱：德、才、学、识。"演讲家要将信息传达给听众，让听众更容易接受和亲近，必须具备演讲家的素质。

人，不是因为美丽而可爱，而是因为爱与美结合，才可爱，才最美丽。古人讲人生三不朽，要立德、立言、立功。这三不朽，恩师李燕杰教授都做到了。此时此刻，他依然在自己认准的征途中跋涉前行，而我也会继续秉持恩师的教诲，把自己的光与热传递给更多有需要的人！把这种体现中国精神、中国形象、中国文化与艺术的中国式的表达——演讲继续传承下去。

作者系中国红色演讲家。

李燕杰教授的演讲艺术

余泓江

李燕杰教授是我的授业恩师，更是全国政协委员、著名演讲家、中华教育艺术研究会常务副理事长、世界华人演讲家委员会总干事长、著名教育艺术家。

在他身上有着几百个头衔，被中央领导同志誉为新中国的"教育艺术家"，被企业界称为"智慧高参"，被青年称为"铸魂之师"，被家长称为"良师益友"。他是真善美的传道士、爱与美的化身、点燃心灵之火的人。

40年前，李燕杰开启了他人生中的第一次演讲，这一次演讲也拉开了他成为中国演讲艺术大师的序幕。第一次演讲获得了巨大的成功，在北京掀起"李燕杰旋风"，并形成了全国性的"李燕杰现象"。有一次，某高层领导听了他的演讲后，非常振奋，感叹道："为什么不能让李燕杰拔一把汗毛，变出千万个孙行者？"他知道，全国有太多的人，特别是青少年需要李燕杰的演讲。这次演讲的成功，让李燕杰下定决心"为全国青年思想教育工作做点贡献"，从此，他走到了象牙塔之外，奔向了十字街头，挑起了教育和挽救广大青年的重担。之后，这股旋风刮到欧美，在世界上引起强烈反响。迄今为止，他已经在华人地区360多个城市和欧、美、亚三大洲130多个城市做过300多个专题5 000多场的演讲，直接听众数达百万人，创造了中国演讲史上的一大奇迹。

他的演讲将丰富的文史哲、天文地理、教育心理等学科用生动的语言表现出来，集思想性与艺术性于一体，既融和了天、地、人，又修炼了精、气、神。他的演讲旨在传播真、善、美。

李教授的演讲，充满着正能量，闪动着艺术的火花，宛如一块巨大的磁石，牢牢地吸引了听众的视线，牵动着听众的情感，调动着听众的情绪，激发着大家的热情。

李教授的演讲，为什么这么深深吸引人呢？其中一个重要原因就是李教授深刻把握了演讲的本质，他总说演讲要具有以下几个标准：

1. 应该言之有理，不是胡说八道、歪理邪说。

2. 应该言之有物，不是杂乱无章、空洞无物。

3. 应该言之有序，条理清楚、思路清晰。

4. 应该言之有文，就是要讲得有文采、有水平，要讲得生动、形象、活泼，让听众愿意听。

5. 应该讲得圆融，也就是以包容的方式掌握全局，做到滴水不漏。圆融就是左右逢源，做到该隐忍的隐忍，该退让的退让，讲究说话要应时而动、临机应变。

他是这样说的，自己也是这样做的，他更是这样教导他的弟子和学生的。

当然，演讲者还要有一种为了理想、为了信念而奋斗而献身的精神；为了事业、为了人类不惜牺牲的强大使命感。作为一位演讲者，既要有傲骨，又要有豪气。绝无傲气，却有傲骨。绝无酸气，却有豪气。久已浮云看福贵，宠辱从来两不惊。

在演讲方面，李燕杰深受鲁迅和闻一多的影响。他认为鲁迅是伟大的精神文明建设的光辉典范，鲁迅代表了民族的魂魄。他也像鲁迅一样著书立说、演讲。闻一多走出书斋，在民族危亡之际，走向青年，走向十字街头，为祖国和人民奔走呐喊，李燕杰教授也像闻一多一样迈出书斋，走向十字街头，承担起精神文明建设、塑造灵魂、教育青年的责任。

李燕杰教授就演讲而言，练就了扎实的"内功"。这个"内功"就是博学和博爱。李燕杰曾经说过："博学和博爱应当成为我们人生的信条。"在他的人生中也确实非常鲜明地体现出了这两点。

李燕杰学识的渊博在演讲中表现得尤其明显，一次他在清华大学演讲时说："我不是有什么卖什么，而是你们想吃什么，我当场做什么。"艺高人胆大，他之所以敢这样说，是因为他学识渊博，胸有成竹。李燕杰出生在一个典型的知识分子家庭，他的学识纵越古今，横跨中西，融合了哲学、经济学、文学、美学、教育学、心理学、艺术学等多个学科，他才华横溢，既是一位教育艺术家、演讲艺术家，又是诗人、哲人和书法家。

李燕杰不仅读书破万卷，还"行万里路"。他的足迹几乎遍布了全世界，每到一处，他都留心学习。除此之外，还结识"万般友"，拜学各家大师，如：张岱年、季羡林、文怀沙、南怀瑾、冰心、贺敬之、钱学森等。"三人行必有我师焉"，李燕杰虚怀若谷、胸怀广阔，他不仅善于向大家们请教学习、博采众长，甚至提出"青年是我师，我是青年友"，他还要向青年学习。"海纳百川，有容乃大"，正是这样博大的胸襟和包容性，使得李燕杰融汇了人类文明之精华，成为一位德才兼备的大家。

李燕杰对青年有博大的爱，对祖国有满腔的爱。

《论语》里有这样一段孔子和弟子冉有的对话。子曰："夫百姓者，庶矣哉！"冉有曰："既庶矣，又何加焉？"曰："富之。"曰："富矣，又何加焉？"曰："教之。"（孔子说："现在老百姓人口多了。"冉有问："既然人口已经很多了，还要再做点什么呢？"孔子回答说："让他们富起来。"冉有再问："富了以后还要再做些什么呢？"孔子说："对他们进行教育。"）

在孔子看来，国家发展必须具备三个基本条件：庶（人口众多）、富（富有）、教（接受良好的教育），这三者当中，教育最为重要。只有通过实施有效的社会教化，知识传播，才能进一步规范社会秩序，增强人民的素养，提高人民的生活质量，保证社会的长治久安。李燕杰教授用他的文章和演讲在践行着孔子的思想和理想。

有良好的教育才能培养出优秀的人才，有了优秀的人才，我们这个社会才能和谐有序，繁荣发达。对于我们做企业，建立团队，道理是一样的：要有良好的企业，必先有良好的员工！要有良好的员工，必先有良好的教育！做企业，就是做学校，做管理，更加要懂教育。我们很难看到，一个企业缺乏人才而能欣欣向荣的，一个没有接受过良好教育的人能成就一番伟业。李燕杰教授常常告诫我们，身正为范，学高为师，教育是个很神圣的事业，我们必须本着良知，怀着使命感，用全部的热情和激情去做这件事。

在李燕杰的演讲中，我们可以看到，其演讲的论题都博大高远，都是站在国家、民族、时代的角度来探讨大善、大美和大爱。李燕杰教授的演讲，处处充溢着智慧。李燕杰说过："嘴巴是智慧的窗口。"他的智慧在他多达5 000场的演讲中展露无遗。

如果全世界人民都理解并推行大爱、大智、大美，我坚信世界将趋于和平；如果在地球上有几个大国都讲大爱、大智、大美，我坚信世界将会变得更加美好。这三个"大"的前提是：大本大元求大智，大爱大美利大成，求真求善又求美，立德立言再立功。

如何做到以上几点呢？作为演讲者，首先，要提高自己。一个人是难以决定自己的人生长度的，却可以提高人生的高度和拓宽人生的宽度。高度，决定视野；

宽度，左右人生。提升自己助人的智慧，当然还要增强自己学问的厚度。

李燕杰的演讲中，处处洋溢着真、善、美。听李教授的演讲，能体会到许多以前没体会到的美好的东西，获得一种超脱的感觉。

李燕杰教授的演讲在内容上追求圆满，艺术上也追求极致。他说演讲要做到：一，要让听众有美的享受；二，要让听众赢得智慧；三，要从艺术形式上引人入胜。他说："曲是曲也，曲近人情，越曲越折；戏岂戏乎，戏推物理，越戏越真。文中有戏，戏中有文，识文者看文，不识文者看戏；音里藏调，调里藏音，懂调者听调，不懂调者听音。"

演讲是艺术，既然是艺术，就要有创造，他总是在演讲中创造艺术。他的演讲是一种艺术化了的演讲，也是一种演讲化了的艺术。

李教授在演讲中创造性地提出了"演讲美学"概念。他说演讲应具有：诗朗诵般的激情，电影式的蒙太奇手法，相声小品般的幽默，小说创作式的人物形象塑造，以及戏剧性地构建矛盾冲突的情节等特点。李燕杰教授还提出演讲时，要让演讲的语言诗化、美化、艺术化、哲理化，让演讲的语言插上诗歌的翅膀，飞到听众的心中。

李教授演讲的内容紧扣时代，40年来，开辟了300多个演讲专题，写下了3 000多首诗歌，写下了3万多幅字画。李燕杰的演讲艺术让人叹为观止，他的书法艺术同样令人惊讶。冰心赞道："诗之心，国之魂，诗如其人。"贺敬之说："李燕杰给语言插上诗歌的翅膀，飞到了青年的身上。"

将生活与事业完美地结合起来，在生活中发现美、追寻美，使得李燕杰拥有了诗化、艺术化、哲学化的智慧人生。他不愧为受人尊敬的长者、学者和教育家。

今年已88岁高龄的李燕杰教授，在全国各地思想教育的演讲台上，演讲时依然坚持着他的"四不原则"，即讲两三个小时的课，不坐着、不喝水、不拿讲稿、不休息。有听众是这样描绘李燕杰教授的演讲的："李教授是40岁的心态，50岁的容颜，70岁的年龄，80岁的智慧。"

人们需要李燕杰，离不开李教授。在李教授心中："人生的价值，在于活着的时候，人民需要你。死去以后，还能用你创造的一切继续为人民造福。"

作者系中华国学推广中心主任、干部培训中心主任、管理学博士、畅销书作家。

爱与美的追求者 —— 李燕杰从教演讲60年

浅谈燕杰老师的演讲艺术

徐佐林

20 世纪七八十年代，一位演讲大师迅速在神州大地走红，他讲遍祖国的大江南北，还到国外给留学生演讲，他就是我国的演讲泰斗，被称为"青年灵魂的工程师"的李燕杰老师。

我正是 80 年代初到长沙一所军校任教的，一个偶然的机会，在电视上看了李老师的演讲，当时精神为之一振！那饱含激情的哲理语言，像清新温馨的春风，吹拂着我的心田！于是我下定决心：向老师学习！从那以后，我处处留心关于李老师的消息，还专门去买了一本《塑造美的心灵 —— 李燕杰报告集》。1996 年时候还特意到北戴河聆听了老师的演讲，值得欣慰的是，老师还给我题了词，这给了我莫大的鼓励。

几十年来，我潜心钻研李老师的讲课艺术并付诸实践，有了不小的收获。迄今为止，已应邀到军内外演讲 3 000 多场，我的报告生动活泼，深刻感人，被誉为"鼓舞斗志的精神食粮，陶冶情操的艺术享受"。《解放军报》《光明日报》、中央电视台等媒体多次报道我的演讲事迹，我也被一些媒体称为"军中李燕杰"。

有些单位请我介绍经验，怎样把课讲得精彩？我学习了李老师的讲课艺术之后，做了如下讲述。

一、使整堂课具有艺术美感

一堂课怎样开头？怎样结尾？中间如何展开？安排一些什么样的矛盾冲突，使用一些什么样的材料语言，才能使得整堂课听起来波澜起伏，引人入胜？概括为六个字：凤头、猪肚、豹尾。即开头像凤凰展翅一样吸引人，结尾有如豹子尾巴甩起来有力，中间要饱满充实，有足够的信息量。

（一）起要美丽——巧妙有趣，先声夺人

通过"巧"、"妙"设计，出其不意吸引听众，迅速调动听众兴趣，造成良好的第一印象，至关重要。我曾用过下面一些开头方式：

1. 故事趣闻式

故事笑话，男女老少都爱听，一上来先讲个故事，可以迅速集中听众的注意力。

2. 设问悬念式

就是提问、设疑。对一些感兴趣的问题，听众可以迅速调动其思维，集中注意力。

3. 街谈巷议式

也就是随便侃侃大山，拉拉家常。这种开头的好处是让听众有一种亲近感、平等感，缩小甚至消除教育者与被教育者的距离。

4. 现场取材式

就是抓现场材料。现场材料是指刚刚发生或正在发生的事，也就是新闻。"喜新厌旧"是人之常情，如果能巧妙地抓住现场材料作文章、作引子，就能调动大家的情绪，活跃气氛，集中听众的注意力。我听过李燕杰老师介绍经验，他说，有一次给北京警官学校讲课，一进礼堂，看见大家穿着警服，很威严，他一上台就说了句："今天，在中国，有谁敢把中华人民共和国的国徽顶在自己的头上？那就是你们——我们亲爱的警官！"下面马上响起了热烈的掌声。还有一次给一个医院演讲，一上台就用一些美好的语言把白衣天使们赞美了一番，说得她们心花怒放，情不自禁地就鼓起掌来。这样一来，下面的气氛活了，接着他开始讲课。

还有许多开头方式。不管哪种方式，都要因人、因内容而异。总之，要通过一些技巧，达到"无意注意"的目的。

（二）中要浩荡——讲深、讲透、讲活

讲深，指程度，即对内容开掘要深，要扩充新内容，要提供足够的信息量。政治思想教育内容变化较快，有很强的"时效性"。因此，我们不能只抱住老教材、老讲稿、老观点不放。李燕杰老师提倡九个字：多信息，快节奏，大跳跃。现在年轻人掌握的信息多，我们的课只有在有限的时间里给他提供最大量的信息，他才觉得过瘾。另外，给年轻人讲课，不能是四平八稳的慢节奏。"大跳跃"就是古今中外，天文地理，都可涉及，旁征博引。需要注意的是，"跳"出去后一定要"拉"回来，否则就会造成逻辑混乱。

讲透，指高度，要根据理论的创新和发展，掌握其本质占据制高点，讲到最前沿。有的学员给老师提意见说："我们理解的你反复讲，我们不理解的你省略讲，我们想听的你又不讲"，这就是没处理好这个问题。总之，要把道理讲深讲透。讲道理是政治课的灵魂。

讲活，指方法，这是我们今天重点讨论的话题。方法就是技巧、艺术。如果只是开头搞活了，中间一大块活不起来，不能算是成功的。怎样活起来？李燕杰老师的经验是组织"兴趣链"，就像是一根完整的链条，上面设置一些兴趣点，使"兴趣"不断。这种兴趣点可以事先准备，即备课时心里就有数，知道哪里需要加"调料"。另外就是即兴发挥，即根据现场情况调节兴趣。这种现场调节如果抓得好，可以达到意想不到的效果。

（三）尾起高潮——升华、鼓劲、深思

听众的注意力不是始终保持恒定的，一般来讲，越往后注意力越分散。因此，在结束演讲前，就要想办法使听众的注意力回升，把氛围推向高潮，赢得听众的热烈掌声。李燕杰老师说，精彩的结尾形式也是多样的，但不管什么形式，大致要符合下列要求：

（1）升华——揭示题旨，加深认识。即在结尾时总结全篇，深化主题。

（2）鼓劲——鼓起激情，促进行动。到结尾处更要注重以巨大的情感力量，把听众的情绪推到最高的浪峰上，使之振奋起来，跃跃欲试。

（3）深思——令人深思，耐人寻味。即留有余地的结尾，使人觉得回味无穷，似"撞钟"声，清音缭绕。

二、让课堂语言产生艺术魅力

知识是前提，表达是关键。俄罗斯一位教育家曾说过，同样的道理，语言表达不同，效果会相差20倍。这说明了语言在演讲中的重要性。我们发出的声音包括音质、音色、语调和节奏，前者可以说是先天性的，爹妈给的，后者是后天练就的。语调节奏是演讲要素中最重要的因素，只有富于变化的语言，才能使听众觉得悦耳动听。这要下工夫练习，才能达到一定的境界，毛主席就曾告诫我们："语言这个东西，不是随便可以学好的，非下苦功不可。"

李燕杰老师提倡学习各种艺术形式的长处，如：相声的幽默语、小说的形象语、诗朗诵的激情语、老百姓的"溜溜"语（顺口溜）等。如能汲取这些艺术形式的长处，点缀在演讲中，定能大大增强语言的魅力。就拿顺口溜来讲，它是人民群众从生活中高度提炼而成的，也是人民群众心态的晴雨表。

需要注意的是，演讲报告要与狭义的演讲有所区别。狭义的演讲"演"的成分重，感情色彩浓。报告、讲课虽也有"演"的成分，也具有较强的情感色彩，但要把握尺度。

总之，要通过语言技巧，达到"三化"：抽象的道理具体化、深奥的道理通俗化、复杂的道理简明化。一言以蔽之，即大道理说大白话。

三、将倾向观点融入感情色彩

上面说到声音的抑扬顿挫，高低快慢，那么这种变化是什么决定的呢？就是感情。感情是根，声音是花，没有根的花是假花、死花。讲课要有情，讲政治课就更要有情，因为政治课的很多观点本身就带有很强的感情倾向。李燕杰老师概括为"三情"：

（一）要有热情

就是对所授的课要有高度负责的精神，对听众要有满腔的热情，这是前提。如果，你本身就不想讲，只是把它当成是工作安排的不得不完成的"任务"，那么必然会是言而无情。

（二）要有真情

就是坚定对所讲道理的信念。要想叫别人信，首先得自己信；要想打动别人，首先得打动自己。否则，会情不由衷。情不由衷，哪怕讲得头头是道，效果也会大打折扣。

（三）要有激情

就是要爱憎分明，情感炽烈，让听众在你的感情流露中，感受到应该拥护什么，反对什么，赞扬什么，鄙视什么。我在华天大酒店、长沙大厦等地演讲《社会主义与中国特色》时，许多人听到流眼泪。试想，如果我没有激情、没有强烈的情感，又怎么能打动这些年轻人呢？

四、选精彩例子震撼听众心灵

一堂课，能否产生巨大的魅力，在很大程度上取决于有没有真实的、具体的、生动的事例。李燕杰老师说过："一篇演讲稿，如果只有几条抽象的道理，是永远不会生动的。不生动的演讲怎能吸引听众呢？因此，我们一定要注意搜集、选取生动的例证，包括正面的反面的例子。"所以我们可以这样说，大量的资料收集是政治课成功的关键。昨天从电视报纸上获取的信息，就可以是今天讲课时非常好的例子。

用例子有"三条原则"或者说"三要三不"：一，要精选，即典型性。不是顺手拈来的例子，而是十里挑一，百里挑一，选那些最生动、最有说服力、最拔尖的例子。二，是剪裁，即针对性。有些例子尽管生动感人，但结合本课内容来看，不能全部引用，因此要进行二度创作。三，要熟记。对例子一定要记得滚瓜烂熟，讲起来才能行云流水，否则，对例子不熟悉，讲得磕磕巴巴，再精彩的例子也不精彩了。这就是"三要""三不"，也就是不故弄玄虚，不先定调子，不随意扭曲。

1998年我们战胜了世纪罕见世界罕见的特大洪灾。战斗胜利不久，株洲市建委请我去讲一讲抗洪精神。接受任务后，我开始收集资料。说实话，这些资料太好收集了，北方、南方近千万军民在三江大堤上奋战了近两个月，每天的报纸上都有大篇幅的报道，感人的例子数不胜数。例子多，但讲课却不能堆积例子。还是那个原则，要精中选精，筛选来筛选去，最后留下的都是那些最有代表性、最能打动人的例子。当时我以题为《跨向21世纪的时代精神》做了一个半小时的演讲。演讲后反响非常好，后来又在长沙等地加讲了许多场。1999年酒泉卫星发射中心发射第一颗神舟飞船，邀请我去演讲。司令员点名要讲这个报告，当时我在基地2 000多人的大礼堂演讲，不时就会爆发出雷鸣般的掌声，场面十分可观。于是就有了后来的，每一次发射神舟飞船，都要邀请我去演讲的"惯例"。

五、用多种手段造成艺术视觉

这里主要讲教学手段的运用，包括挂图、幻灯、影像、实物、多媒体等。据心理学家研究，视觉传感信息占83%，听觉只占11%。因此，在讲课中适当运用这些教学手段，可以大大增强听众的注意力。此外，听众不仅"喜新厌旧"，而且"喜动厌静"。再说从教育者的角度看，用直观形象代替空洞抽象，可以获得事半功倍的效果。

需要强调的是，不管哪种形式，都要讲究"艺术"。

上面讲了五个问题，最后再强调两点：

第一，三大禁忌与两项注意。

三大禁忌是：空洞无物、逻辑混乱、嗯啊拖腔。

这三个问题是通过问卷调查，从战士们那里反馈来的，都是战士们认为"最不喜欢听的课"。

两项注意是：目中无人和目中有人。

这两个问题看似矛盾，实际我强调的内容不同，前者主要强调自然、自信、不要紧张。上了台我就是老大，要"目中无人"。但是不是真的就目中无人？不是，所以我们又强调目中有人，要与听众进行双向交流，要亲切，这样才易于把气氛搞活。

第二，工夫下在上课前。

怎样把课讲好？关键在课前下工夫。李燕杰老师强调"三心"：

用心积累 —— 烂笔头、勤盘点、集装箱

俗话说，好记性不如烂笔头子。平常发现好的资料用笔记下来，最好记在活页卡片上。一段时间后，盘点盘点，整理整理，最后再分类，集中装在不同的袋子里。

精心设计 —— 备内容、备例子、备讲法

这是上课前的准备。一堂课，往往是教师各方面最高水平的综合反应。因此，准备一堂课必须翻箱倒柜，搜肠刮肚，精心设计，力争效果最佳。精心设计一堂课，概括起来就是上面说的"三备"——备内容，就是讲道理；备例子，就是摆事实；备讲法，即方法技巧。我把这三者列一个公式：

$$（道理＋事实）× 方法 ＝ 效果$$

如再进一步浓缩，内容求一个"新"字，例子求一个"精"字，方法求一个"活"字。新、精、活，这是今天我讲的精要。

苦心练习——一切都准备好了，还必须下工夫练习

李燕杰老师就是这样练出来的，比如他经常对着录音机认真矫正自己的发音，讲一遍，录一遍，再洗掉一遍，一练就是两三个小时。就算是世界有名的演讲大师也不外乎是如此。尼克松写了一本书叫《领导者》，上面说到许多世界著名人物，其中说到丘吉尔时有这样一段话："丘吉尔是一位非凡的公众演说家，他的演讲在会堂里能使几千人屏息，通过广播扩音器可以让几百万人入迷……我曾在1952年遇见丘吉尔的儿子伦道夫，我告诉他，他父亲的精彩演讲给我留下的印象是何等深刻。他笑着说：'那些演讲精彩是应该的，他用了大半生时间写讲稿并记熟它们。'"说到戴高乐，尼克松写道："戴高乐的演讲有一种几乎令人陶醉的效果。1969年他为我们访问团举行国宴时发表了一篇流畅的祝酒词，因为他不拿讲稿，看起来好像是即席致词。宴会结束以后，我的一个随员恭维戴高乐不背讲稿发表长篇讲话的能力，戴高乐答复说：'我写了讲稿，牢记在心里，然后把稿子扔掉。丘吉尔也常常这么做，不过他从来不承认就是了。'"

朋友们，我相信，只要我们有这"三心"，并无"二意"，就会有成功的一课。祝你成功！

跟随大师的脚步，时间走到了今天。2012年我到北京演讲期间，又与颜永平会长一起到家中拜访了李燕杰老师。翻开《走近李燕生》的画册，聆听大师的谆谆教诲，一颗崇敬的心再次油然而生！回到长沙不久，老师又给我寄来了书法作品：《山阻石拦，大江毕竟东流去。雪辱霜欺，梅花依旧向阳开》。这既是老师一生演讲的写照，也是对学生的殷切希望。是啊，一位80多岁的老人，还在为中国的演讲事业、为华夏的"铸魂工程"而操劳。我才刚刚60岁，看来还得追寻大师的脚步继续前行！

作者系原国防科技大学副教授、中华教育艺术研究会理事、中国演讲艺术协会常务理事、湖南省演讲学会副会长。

唯一中的第一

孙朝阳

不是第一就是唯一。李燕杰老师的这道哲学命题，令我顿悟人生拼搏之路上奋发有为的方向、方式和方法。

不是第一就是唯一。李燕杰老师用60年的从教经验、88年的人生阅历告诉我们，人生再大再凶的风浪，都是波澜起伏的生命光彩。

我在想，88年前，在那个战火纷飞的年代，一个生命诞生，一路走来，战乱、灾难、困惑、病痛……我不敢想象生命是如何的顽强，我却看到了一位年轻的老人乐观、智慧、完美的人生九级浪：

> 有艰而无苦
>
> 有战而无伤
>
> 有灾而无难
>
> 有困而无惑
>
> 有惊而无险
>
> 有风而无波
>
> 有病而无痛
>
> 有老而无朽
>
> 这一朵朵浪花，击出美丽的人生！

我在想，60年前，一个20多岁的小伙子走向讲台，教书育人，一路走来，传道、授业、解惑，立德、立言、立功……我不敢想象需要如何的付出才有今天的泰斗，我却领略了不朽的力量！

我在想，五年多前的2011年8月20日，一个日月同辉的日子，在广东演讲学会成立大会上，李燕杰老师作为广东演讲学会的终身荣誉顾问，用智慧、幽默、激情给我们做了一场自认为是人生最"微型"的演讲。从此，南粤大地上，演讲之花由微到大、由含苞欲放到遍地开花。

两年多来，广东演讲事业秉承李燕杰老师"中国演讲事业桥头堡"的嘱托，满载李燕杰老师对演讲教育事业的希望，一路走来，坚定、执着、奋发、进取……永无止境地追求和实践着李燕杰老师倾心题写的广东演讲学会宗旨：

> 为时代鼓与呼！
>
> 为正义呐与喊！
>
> 为青春诗与歌！

多年来，我作为一个演讲爱好者，在李燕杰老师等演讲界前辈的教诲、帮助和推动下，仰望着璀璨的星空，在演讲之路上一步步走来，我感恩有李燕杰老师这样一座灯塔，让我在茫茫大海中航行能够朝着一个正确的方向，让我在风起云涌的浪涛中勇敢地拍打岩石，激起生命朵朵浪花。

> 不是第一就是唯一，我在逐浪中坚定地追求，
>
> 不是第一就是唯一，我在演讲中努力地实践，
>
> 不是第一就是唯一，每一位有志之士绽放生命的向往。
>
> 人生九级浪，击醒梦中人逐梦而行，实现梦想，
>
> 唯一中的第一，李燕杰老师赐予了我们榜样的力量！

作者系中国演讲艺术协会副会长，广东演讲学会会长，国家教育部高校辅导员能力培训导师，正能量演讲商城创始人。获得中国当代演讲教育事业突出贡献奖、中华爱国工程教育成就勋章、中华演讲教育艺术勋章。曾在军队和地方党政机关任职20多年，多年从事思想政治、港澳联络和地方经济工作，多次获得全国、省、市及部队演讲大赛一等奖，多次策划、组织、评审国际和全国演讲大赛。从事演讲近30年，始终秉承为时代鼓与呼、为正义呐与喊、为青春诗与歌的宗旨。演讲与口才、良效沟通、辩论技巧、创新思维、魅力情商等《正能量》系列励志课程深受欢迎，为党政军等部门和企事业单位授课1 000多场。

李燕杰老师演讲的艺术魅力

冯 书

众所周知，李燕杰老师是北京师范学院资深教授、中国著名德育教育专家、演讲大师、共和国四大演讲家之首。他从教 60 余年，为人师表、严谨治学、尊师爱生、德高望重、桃李满天下，也是人类灵魂的工程师。如今，已是 88 岁高龄的李燕杰老师，还在为中国的演讲事业拼搏奋斗，他是现任世界华人演讲大同盟主席，他是中国教育界的一面旗帜，演讲界的泰斗和领军人物，是名副其实的大师。

作为晚辈和李燕杰老师的学生，在自己的人生历程中，特别是在立志、成长、成才、成熟的关键时期，能够听到恩师、大师的演讲，是人生的一件幸事。20 世纪 80 年代中期、90 年代初期我有幸数次在昆明国防体育馆、昆明拓东体育馆等地聆听李燕杰、邵守义、景克宁、曲啸等演讲家的精彩演讲，深受启迪、深受教育、深受感染，并使我从此爱上了演讲。尤其是 2013 年 8 月 10 日，首届"金控基金杯·让世界充满爱"华语国际演讲大赛在昆明举办，李燕杰老师以《演讲铸魂与圆梦》为主题，在开幕仪式上的首场演讲，更是让人大开眼界，大饱耳福，也使我又一次真实地感受到了大师的风范。通过多次倾听李燕杰老师的演讲，我认为，他演讲的艺术魅力主要体现在以下七个方面：

一、讲修养，专业权威

所谓修养，是指人在思想道德、知识能力方面经过长期的实践锻炼和培养所达到的一定水平，也指从事某项事业的人应具备的基本条件。李燕杰老师作为一名教育家、演讲家，他的修养主要体现在五个方面：一是有正确的世界观，他对自己所讲的事物的认识达到了当代的最高水平；二是有丰富的社会实践、阅历和经验，对自己所处的社会尤其对所讲的事物有丰富而深切的自我体验，并形成了一定的社会使命感；三是有渊博的知识和巨量的信息储存，包括社会科学、自然科学和日常生活知识；四是有精湛娴熟的语言表达技巧，在表达演讲内容时，对听众具有听觉、视觉相统一的艺术感召，能唤起美的享受；五是崇高的人格，作为以道德为主体的演讲家，达到了真善美的统一，给人以崇高感。

二、讲真话，值得信赖

真实是新闻的生命，也是演讲的生命，失去了真实，新闻就没有价值，演讲就失去了意义。在李燕杰老师的演讲中，但凡涉及的人和事物都是真实的，并且通过他的提炼升华，字酌句斟，再情真意切地讲出来，其韵味就大不一样了。他说："一个人的成长、成才、成熟、成功是有规律可循的，一般来讲不外乎：家庭父母的影响，学校老师的教导，单位领导的重视，各级组织的培养，个人不懈的努力，同事、朋友的关心、支持和帮助。"他还现身说法，以自己为例：家庭教育的熏陶，学校教育的规范，部队熔炉的锻炼，长期的学习积累、感悟和实践，身边名人、文人、领导、专家、教授、学者的成功之道和各自的特点、风骨等，对他产生了不可磨灭的影响，乃至无形中去学习和效仿。

三、讲正气，可敬可佩

毫不夸张地说，李燕杰老师的演讲，从始至终都充满了各种各样的气：士气、志气、勇气、豪气、大气、灵气和正气。俗话说："正人先正己""教书育人，为人师表，尊师爱生，崇尚教育"，这是教师的职责；"教书的人先受教育，要当好先生，必先做好学生""师者，传道、授业、解惑也"，这是教师的义务；"三人行必有我师""能者为师"，这是对教师更广义和更深层次的理解。在60余年的教学生涯中，他忠于党的教育事业，全面贯彻党的教育方针，坚持德、智、体、美、劳全面发展，为我们国家和社会培养了一批又一批的优秀人才，得到了党和国家领导人的高度评价，受到了国家多个部委的表彰和奖励，赢得了教育界、文化界、艺术界、演讲界和社会各界人士的广泛赞誉。他把教学、国学、人学有机结合起来，把做人、做事、做官有机结合起来，把讲话的艺术、讲课的乐趣、讲学的要求、演讲的技巧有机结合起来，把自己60多年教学和演讲的心得体会、经验与现实有机结合起来，形成了自己独特的教学和演讲特点及高超的艺术风格。

他临场应变、常讲常新、寓教于乐、循循善诱、别开生面、口若悬河、语惊四座、掷地有声、娓娓动听、激情澎湃、现身说法、振聋发聩、使人耳目一新。正所谓，聆听大师一席话，胜读十年书。李燕杰老师永远是我们学习的榜样。

四、讲文化，弘扬国学

李燕杰老师在他的教学和演讲实践中，一以贯之，坚持不懈地传播中国优秀的传统文化。他给大家灌输了这样一个思想："中国的传统文化源远流长，并享誉、影响全世界。中国的传统文化特别强调修身、养性、格物、致知、齐家、治国、平

天下。我们一定要知道，这个顺序是很重要的，其中修身、养性是根本。我们之所以叫中国人，而不是叫美国人、法国人、德国人、意大利人……是因为我们的文化不同。中国是一个有着悠久历史的国家，5 000年的中华文明，使她屹立于世界历史和民族文化之林，这就是我们特殊的生存之道和发展之道。仁、义、礼、智、信，这是我们的祖先给我们留下的珍贵的政治、文化遗产，是人性永恒的和谐音符。朴实、善良、宽容、厚道、吃苦耐劳这些宝贵的品格，作为中国人永远不应该丢掉。如果这个社会都提倡并做到仁、义、礼、智、信，做到朴实、善良、宽容、厚道、吃苦耐劳，我们的社会，就一定是一个和谐的社会，至于在我们这个时代，仁、义、礼、智、信有什么新的内涵和表现形式，这是可以探讨的。"

五、讲奉献，大师风范

在李燕杰老师的教学和演讲中，始终都贯穿着一条"爱国守法、明礼诚信、团结友善、勤俭自强、敬业奉献"的红线，围绕这条红线，才不会迷失前进的方向，围绕这条红线，才会懂得人生的真谛。因为这不仅是对中国传统文化、民族文化的学习和传承，而且也是对弘扬中华民族的思想品德、社会公德、职业道德、家庭美德，宣传真善美、抨击假恶丑的最好诠释。他大声疾呼："我们的社会呼

唤良知、呼唤道德、呼唤公平、呼唤正义、呼唤责任、呼唤和谐的声音越来越大，而且这个欲望也越来越强烈。"他语重心长地说："在中国经济建设取得巨大成就的今天，在建设中国特色社会主义、全面建成小康社会的伟大历史进程中，我们已经具备了一定的物质、文化和社会条件，在社会变革、经济转型、全面深化改革的关键时期，我们必须坚持以马克思列宁主义、毛泽东思想、邓小平理论、'三个代表'重要思想、科学发展观的指导；必须认真回顾过去，牢牢把握现在，科学谋划未来；应该多想想我们的孩子，多想想我们祖国的未来，一定要为实现国家富强、民族振兴、人民幸福伟大的中国梦而不懈努力奋斗。"

六、讲大爱，走遍世界

首届和第二届"让世界充满爱"华语国际演讲大赛，从总体策划、筹备酝酿到组织实施，都由世界华人演讲家大同盟主办，云南省演讲学会倡议并承办。李燕杰老师在演讲中铿锵有力地说："我们的华人遍布世界各国，在世界各国的华人圈中，很多人都懂得并擅长演讲，通过'让世界充满爱'华语国际演讲大赛，参赛者的魅力和水平将会得到进一步的提升，中国的演讲事业也将会在更广阔的舞台上得到展示。""我们始终坚持以爱为主题，为构建和谐中国与和谐世界，祈福所有的地球人：但愿世界无灾难，但愿人们无病患，但愿世界无争战，但愿世界充满爱。其指导思想和核心价值观是：大爱无外、大爱无内、大爱无私、大爱无畏、大爱有志。"

七、讲学习，终身拼搏

下面是李燕杰老师演讲关于学习的几段精彩语录："书山有路勤为经，学海无涯苦作舟。""人的一生就是学习的一生，奋斗的一生，选择了学习，就选择了进步，选择了成功；放弃了学习，就要落后，就放弃了成功。学习不是可有可无，而是生活之必需，它不是一阵子的事，而是一辈子的事。""在这个世界上，没有天才，别人比你更有能力，更成功，只是因为别人比你更爱学习，更会学习。但由于我们长期采取应试教育，使得大家对学习有了反感。我们现在很多人，大学毕业参加工作后，学习就画上了一个句号，表明学习结束了，再也不学习了。其实在离开学校时，人应该是一个问号，因为学校的学习只是掌握了一些基础知识和学会学习的方法，真正的学习是从学校毕业后，走向社会才开始的。""学历再高，也只能代表你过去在学校的学习经历和成绩，并不能说明你未来也很优秀，现在企业最需要的是好学、上进、勇于求知，具有积极主动的自学能力的人和优秀的领悟知识能力的人，而不是那些只流于书本上的知识，却在实际工作中一筹莫展的人，在这个伟大的时代，文盲不是不能读和写的人，而是不能学，无法抛弃陋习和不愿重新再学的人。""好学上进的人，在学习上一定是永不自满的人，他会抓住一切机会，利用所有时间去学习。因为他知道，知识就像牛奶、青春一样，都是有保鲜期的，如果不及时更新就会过期，最终必将被淘汰。""要知道，学习不是一蹴而就的事情，而是一辈子的事情，每个人都要养成终身学习的习惯。既要学习专业知识，又要学习自然科学、社会科学知识，还要不断扩展自己的知识面，一些看似无关的知识往往会对未来产生重大的影响，甚至成为我们成功的敲门砖。""学习是自我超越的永恒动力，要想在激烈的市场竞争中永远立于不败之地，就必须终身学习、勤奋不辍、直至成为业绩非凡者。只有通过不断学习，才能不断提高自己的能力，从而一开始就把事情做对。"

比如，如何学习写演讲稿，李燕杰老师是这样传授经验的："会写演讲稿，是演讲者必备的一种能力。演讲稿写作必须做到以下四点：一是内容符合听众的实际需要。有的放矢，言之有物，而且观点正确，态度鲜明，赞成什么，反对什么，毫不含糊其词，吞吞吐吐。二是有理有据、情理交融。要用充足的事实，中肯的分析说理，用真挚、炽热的感情震撼听众的心灵。三是条理分明、重点突出。让听众听起来清楚、顺耳、易记。四是语言形象、生动优美。明白如话，讲究语言的艺术性和表现力。"

他还运用了海量的信息和各种成功的案例、故事，与听众学习交流互动、分享、激励、鼓励、勉励青年朋友胸怀祖国、放眼世界，立志成才、报效祖国，敬业创业、回报社会，立足本职、岗位奉献，感恩师长、感谢父母，并用"薪火传承"四个字，寄语、希望、传递着人间大爱，以唤起大家追逐伟大的中国梦的激情、热情和动力。

在李燕杰老师从教 60 周年和演讲艺术研讨会及天地正气大型公益演讲系列活动举办之际，我谨以此文，挂一漏万地谈了谈自己的一孔之见，以表达对李燕杰老师的崇敬之情。不妥之处，敬请李燕杰老师和各位朋友批评指正。

作者系云南省演讲学会副会长。

爱与美的追求者 —— 李燕杰从教演讲60年

响语的图腾

—— 我与李燕杰恩师三次会见的心灵跃动

李 梅

2014年4月11日上午10点39分，我在人生第二次宣誓的誓词上慎重地签上了我的名字。第二次宣誓的誓词是：我志愿加入中国梦·李燕杰演讲艺术团。我愿意把自己的思想与情感，奉献给挚爱的演讲事业；我愿意把自己的智慧与才华，奉献给伟大的民族振兴；我将服从指挥、听从安排、全力以赴讲好中国梦；我将虚心学习、激扬文字、弘扬正气、传播真善美；我将以李燕杰老师为榜样：圣智乐善、生命不息、演讲不止，为时代呐与喊，为人民鼓与呼，为祖国唱赞歌！宣誓人：李梅。这第二次宣誓，可谓是我在永平兄发来的《中国梦·李燕杰演讲艺术团成员申报表》上的一次心灵跃动。与其说是一次追梦李燕杰——演讲巨擘——演讲大师——演讲泰斗的心灵跃动，不如说是我与李燕杰恩师三次会见所形成的演讲艺术的图腾潜藏于体内的一次心灵跃动。三次会见，燕杰老师心灵深处发出来的智慧之光，照亮了响语演讲的图腾，令我终生向往。

第一次会见是在2001年3月5日。很偶然，也必然。李燕杰老师应中共衡阳市委宣传部邀请演讲，事先我并不知情。3月2日、3日，衡阳电视台连续采访我，请我这个开启衡阳市演讲与口才之先河的人介绍李燕杰老师的演讲风格和主要成就。这时，我才知道李老师来到了衡阳。衡阳主流媒体渲染了气氛，我国著名演讲家兼教育家李燕杰教授将在衡阳市红旗影剧院作题为《理想·成功·智慧》的演讲。3月5日上午，红旗影剧院座无虚席，我怀着渴望已久的心情，聚精会神地聆听着老师的精彩演讲。第一次，在现场为老师的智慧喝彩，为老师的艺术喝彩，为老师的博学喝彩！老师的《理想·成功·智慧》演讲博得掌声阵阵，我的心灵再次被精彩的演讲所震撼！演讲一结束，我便奔向舞台追上了我演讲的梦想之巅。第一次见到李老师，第一次握手，第一次合影。我们一南一北，终于见面了！见得很突然，但并不陌生。1998年（戊寅年）冬，李燕杰老师为我书写了"（李梅同志）梅品若梅花香在骨，人如秋水玉为神""风卷海浪花万朵，雁上晴空诗一行"的题词。2000年（己卯年），又为《演讲艺术报》题写报头并为我作"美、博学、博爱"的题词。李燕杰老师很亲切很和蔼很有智慧，像对待老学生一样对待我这个"知其名而未见其人"的不速之客。下午，阳新丽部长安排李老师的活动。我便在激动难抑之下回到单位欣然挥笔作诗一首——《礼赞演讲大师李燕杰》：

> 诗歌切题本土亲，书法赠友丕字明；
> 智慧光照千人座，妙语连珠辞典贫；
> 左脑右脑并驾驱，智商情商双峦骋；
> 高屋建瓴豪气壮，大师演讲开心门。

我用诗歌权作听后感言，表达了我对老师的崇拜和敬仰。

晚上，我带着《衡阳日报》实习记者来到了燕杰老师下榻的雁城宾馆。在雁城宾馆与李燕杰教授交流畅谈长达三个小时。正如采访记者李英姿在《李燕杰访谈录》中所言："李教授与李梅先生就演讲理论、演讲实践、演讲界的一些有趣的问题进行了广泛而深刻的探讨，使我大开眼界。"那天，我似乎也被感染了激情，自然而然地就谈到了情商。李燕杰老师说："演讲家没有情商，就等于没有感情色彩，就无法将事业推上新高度。屈原歌《离骚》、司马迁作《史记》、文天祥谱《正气歌》、岳飞吟《满江红》，哪一样不是情商作用下的结果呢？演讲家要对祖国、人民和社会主义事业有无限的热爱之情。要用饱蘸情感的笔去书写演讲文章，用激情与智慧去表达演讲技巧。做演讲不能胡说乱侃。以前胡乔木说过："燕杰，你做演讲没别的，不就'一个观点俩故事'嘛！"我说，的确是这样。"一个观点两个故事。"可老师的观点很有高度，老师的故事充满哲理。"用情感，让'死'的观点'活'起来！让纸上一个个'躺'着的方块字'站'起来！一串串儿地向听众们'走'过去！"老师高屋建瓴，妙语连珠。

演讲是艺术不是说教，更非哗众取宠，最忌商业化、庸俗化，它要求演讲人厚积薄发、读万卷书、行万里路、识万般友。谈到演讲技巧，燕杰老师讲了三点体会：首先，要注意地域、人文特色。像我来衡阳演讲就得注意雁城的特色，我特意引用了南岳半山亭对联"遵道而行，但到半途须努力；会心不远，欲登绝顶莫辞劳"，大家听了就觉得有滋味。其次，要书法、诗歌、哲理相结合，像曲啸的演讲风格就是这样有志士般的刚毅、书法家的气韵、诗歌般的真情、戏剧般的冲突矛盾、小说般的形象、相声般的幽默、电影般的蒙太奇……这样的演讲才有吸引力、说服力。真是诗歌切题本土亲，书法赠友冞字明……高屋建瓴豪气壮，大师演讲开心门。

我与老师第一次会见之后，一晃就是13年。老师那成功的演讲故事，我忘不了；老师那深邃的演讲观点，我忘不了；老师那"燕语莺啼处处春"的声音，我忘不了；老师那"杰俊悍廉正人品"的身影，我忘不了。2001年3月5日当晚，我被聘为首都师范大学教育艺术研究所暨演讲中心客座教授。老师的莫大鼓励，我——忘不了。

第二次会见是在南国的广州市。2011年8月19—20日，我与燕杰老师会见于华南师范大学。因为广东演讲学会在此正式成立。

早在8月2日，我受颜永平先生的委托，代表中国演讲艺术协会写贺信。8月3日，我又以湖南响语演讲团团长的身份给广东演讲学会负责人孙朝阳写了一封长达600字的贺信。我在信中写道：湖南与广东山水相连，习俗相近，龙脉一线、经济一体。湖广合作自古默契愉快。国民革命的先驱、改革开放的先锋，唯广东马首是瞻。近日在湖南的投资项目和投入的资金，数广东之最。不仅如此，今日广东演讲学会之成立，既是标志，又是盛事。更具意义者乃演讲南派之诞生，在广东演讲界乃至全国演讲界更具里程碑意义。凡此种种，湖南响语演讲团愿精诚向朝阳先生及所在的广东演讲学会学习！愿在精诚合作于演讲实践活动中学习！愿在精诚合作于演讲理论交流中学习！愿在精诚合作于发挥地缘优势实现资源互补中学习！在中国演讲艺术协会的大旗下，在全国所有的演讲协会、学会、研究会和社会贤达、公权志士的共同关心关注关爱下，在科学发展观构建和谐社会中

共同致力于中国的演讲事业——将演讲进行到底！据说，恭贺广东省演讲学会成立的港澳台及全国各地的单位和个人有53个，为全国创成立大会祝贺单位之最高纪录。全国演讲界其他组织和团体只邀请了李燕杰、颜永平、李梅三人现场与会。中国演讲艺术协会常务副会长、著名演讲家颜永平说：广东学会也是全国唯一的一个有我国演讲泰斗李燕杰大师到会祝贺并发表演讲的演讲学会。

19日晚上，我带着我的儿子李笑（时湖南师大附中高二学生）一起拜见了我的恩师李燕杰。恩师身体欠佳，师母陪伴照顾吃药。遵医嘱，恩师在晚上9点必须休息。晚上7点，我与恩师会见，恩师靠在三人的沙发上，拉着我的手叫坐，孙辈的到来，自然会平添几分喜色。尽管当时恩师的身体状况不佳，只要打开演讲的话匣子，便另有一番精神面貌了。这次会见，我得到了两个重要信息：其一，1977年1月25日，李燕杰首次在北京运输公司礼堂为"七二一"大学的学员演讲，是他演讲生涯的里程碑。其二，解放战争时期，李燕杰随部队为保护首长来到了长沙。第一个信息令我心动的点是：他演讲生涯的里程碑应该对我国新时期的演讲里程碑有着举足轻重的地位。第二个信息令我心动的点是：湖南的解放、长沙的解放有我的恩师的身影。谈到演讲市场，他说，演讲的市场靠群众去评说，如果不和时代合拍、远离社会，那就是空洞的说教。他每天都要翻看大量的海内外读物，如果不了解这个信息时代，思想会很闭塞，也说不出什么新东西。令他感到自豪的是，他的演讲依旧震撼人们的心灵。去南京演讲时，大学生穿上印有"南京欢迎李燕杰"字样的T恤；去山城重庆演讲，西南师范大学近万名学生冒着大雨听了他2小时的演讲。

"老李啊，明天还要演讲，早点休息吧！"师母在提醒老师。其实也在给我提个醒。我一看时间，11 点差 5 分。我起身告辞，李老师谈性未尽。明天演讲哪些该讲，怎么讲？《西游记》《水浒》《红楼梦》《三国演义》四大名著是讲人物性格好，还是讲人的服装好？聊天其实就在备课。恩师如此安慰不懂事的学生。

2011 年 8 月 19 日的晚上，李燕杰老师为我颁发了 5 月份就应该领取的一项大奖牌——中国当代演讲教育事业突出贡献奖。

8 月 20 日上午，李燕杰老师在华南师范大学——广东省演讲学会成立的地点开讲。他说，这是他已做 4 000 多场演讲中听众规模最小的一场演讲，也是为省级学会的成立做的第一场演讲。这场演讲历时一个多小时，其中有五次提到"李梅"，并与我的心灵进行了对话。

"……

老凤苍亮言九鼎，

雏凤清脆开万窗；

高空银河声似梦，

地老天荒语如绵。

……"

燕杰老师是只苍亮言九鼎的演讲老凤，我想，我应该是老凤孵育下清脆开万窗的一只雏凤。

我与李燕杰老师的第三次会见，是在 2013 年 8 月 29 日。地点是祖国的边陲——昆明市。昆明市举办首届华语国际演讲大赛，主题是爱的奉献。颜永平、李志勤是总干事，李燕杰老师是应邀去演讲的，我与向梅林带着湖南响语演讲团是去参加比赛的。

大赛开幕，我坐在燕杰老师和师母的正后面的第二排正中间位置。师母帮我求来了老师一个非常艺术的签名体。2010 年 10 月，老师在他的智慧书苑为我的《李梅演讲三字经》写了序。这次正好可以把序作者李燕杰的名字写到书本上。写序和题词得感谢永平兄，是他往返北京与湖南之间为序而奔波。同时还为我求得了刘吉部长的亲笔题词。

燕杰老师来啦！达官贵人来握手，参赛选手来照相，追星粉丝来求签，好朋讲友来问候……一个四季如春的城市，比赛现场，风景这边独好！

当主持人万分激动地向大家介绍开讲嘉宾是李燕杰时，整个大礼堂爆发出经久不息如雷鸣般的掌声。大家把目光又齐刷刷地聚焦到台上的燕杰老师。"同志们，朋友们，我今年 84 岁了，再过六年，我就 90 岁了，六年后我们还要再相见！我虽然老了，但心依然年轻。演讲事业长江后浪推前浪，一代新人接替旧人。所以我今天的演讲就叫作'演讲铸魂与圆梦'！加个副标题，叫作'让世界充满爱'！……"

昆明会见，我再一次感受到了老师那博大而精深、宽厚而无私的大爱！

赛事结束后，颜永平给我打了两个电话要我到老师下榻的南疆宾馆拜见自己的老师。来自各省市的朋友都是燕杰老师的好朋友，尽管见面不是很多，但可以用四个字来形容，叫作"心心相印"。燕杰老师在谈到我的演讲时一个指头一个指头地扳着如数家珍。他说："李梅办报纸、办学校、又演讲、又出书，还出了本《演讲三字经》。"燕杰老师说他没有做到，李梅做到了。燕杰老师说李梅是藏龙卧虎之人啊！

我的确住在藏珑，旁边也有个卧琥。然而，我是演讲界藏龙卧虎之人吗？我的心又一次跳动起来，一次比一次厉害。

一个多小时的会见，李老师又掏出事先准备好的洁白折扇，叫现场十几位同志都题上自己的名字，他准备连同以前收藏的上百把扇子一起送到中国演讲博物馆，以见证中国演讲事业的辉煌。大家一一题字、合影留念。

"李梅，来。你在扇子的后面写一句总结性的话。"

写什么呢？我即兴写道："祝首届华语国际演讲大赛圆满成功。"

我从《李梅演讲日记》里，寻找到了我与燕杰老师三次见面的资料。与老师信息往来、电话记录、每幅书法我都写进了日记。我不会放过任何机会或者任何形式的学习。我追梦的目标是：国内效仿演讲泰斗李燕杰，国外模仿演讲大师伊索克拉底。

作者系著名演讲家、中国演讲艺术协会副会长、响语演讲团团长、湖南省演讲与口才学会副会长、教育部中央电化教育"中国职业技能在线学习项目 COSE 演讲口才培训师"全国考评委员会委员，中国梦环球行赴牛津大学、剑桥大学、俄罗斯新大学、圣彼得堡国立理工大学演讲主要成员之一。先后荣获"中国当代演讲教育事业突出贡献奖"、"中国梦"演讲艺术勋章、全国演讲大赛执行主任、副主任、评委监审、评委等荣誉。

爱与美的追梦者

李燕杰从教演讲60年

共和国演讲家李燕杰老师谈演讲

赵 璧

2017年3月15日下午，我们随颜永平老师一行人到中国当代演讲泰斗李燕杰老师家拜访和看望他老人家，并给李老带去了新励成吉祥物"牛奶"以及新励成卓越会创刊杂志。尽管李燕杰老师今年已经88岁高龄了，但依然思维敏捷，充满精气神；尽管李老师最近身体日渐消瘦，但依然豁达健谈，声若洪钟；尽管医生多次强烈要求李老师住院疗养，但依然乐观开朗，笑对人生！

感恩德高望重的李燕杰老师一直以来对新励成的关心和厚爱，对青年一代寄予的殷殷期望和鼓舞。李老师传递的这股德重于山爱重于言的力量，教诲着我们青年一代在奋斗的同时也要不忘"修德、读经、著书、传道"，不忘教育的初衷和本源。愿新励成新鲜出炉的吉祥物"牛奶"给这位慈祥大爱的老人家带去吉祥和欢乐，祝福李燕杰老师身体安康，幸福长寿！

在拜访李燕杰老师的过程中，李燕杰老师对我们提出的以下四个问题，进行了高屋建瓴的精彩的解答：

（一）回溯中华民族发展历史，我为什么要演讲？

咱们深一步去研究中华民族发展历史，我也同意你这里边的提法，是勇者智慧竞争到最后的发展历史，因为要前进的时候总会有矛盾嘛，也就只有勇敢分子才能走到最后，其实你、我、咱们干的事都是勇敢分子干的事。我在1977年1月5日，敢走上社会该多难，文革期间多说一句话都把你打倒，而且大学是明确提出"上管改"：上大学、管大学、改造大学。什么叫改造大学？实际上是改造教师、改造教授。谁都是三缄其口作金人，父亲天天跟我们议论，什么梁启超、王国维，当时日本鬼子一来父亲就被打到最底层了，最穷最穷没有比他再穷的人了，饭都没有吃的。在家里兄弟姐妹中我是老大，看着父母亲挣不来钱，那个时

代在日本压迫之下，不给日本人干事情你就得失业，你一失业你孩子就得失学。所以底层工人的生活状况就是，一个炕睡四十个人，那虱子爬到我身上来我身上的虱子爬到你身上，没有一家能够洗澡的，泥巴一抠就抠下来。

再说点很不好听的，今天我们用解手大便纸不知道用多少张，那个时候全北京没有一家用大便纸，一般人都是在街上用大石头解决。所以那个时候捡一块石头当个宝，没有石头用树叶儿，甚至像女同志们什么例假之类都是弄得一种病一种病的，造成社会矛盾很大。我们就是这么活过来的，即便如此，当时有一个很明显的大反差，在那样的环境下我脑子里想到的是梁启超，想到的是王国维，想到的是这些大人物，当时我生活在最弱势群体里的最底层，工人当了、农民当了、部队的军人我也当了，是真正打过仗的。我这个军人跟阎肃不一样，阎肃是文艺兵，我们那个时候真正在第一线，那时候说送给你钢笔没人要、手表也没人要，说缴获了美军一些什么美元，那也没人要。为什么？都是准备今天上战场，明天就不准备回来的。这叫军人！在这个情况之下，我的思想感情跟某些人根本不是一回事，因为我脑子里想到了国家民族的根本利益，怎么样出现几个新时期的。如果说不懂共产党之前，脑子里是梁启超，因为他是改革家，那时候总觉得孙中山先生革命是对的，但是怎么"革法"呢？梁启超写了很多文章，做了很多报告，他在我脑子里是楷模。有那个楷模以后，我即使每天生活在底层，还是在想怎么样形成改革、改进、改良革命这条路。这时候我想起了从小就注重的一个问题，也是中华民族历史发展到今天非常重要的一个值得研究的课题：怎么改朝换代的，改朝换代里边谁起了作用？这里进入课题的时候又有一个新的问题，中国古代众所周知的有"文景之治""康乾之治"，那不为大家所知的也很多，周朝的、商朝的、汉朝的、唐朝的、宋朝的、清朝的一个个"之治"。

（二）就当今社会，我为什么要演讲？

从伏羲氏那个时代有中华传说，没有伏羲氏咱们怎么能懂龙文化呢？怎么懂八卦呢？后又怎么发展成易经呢？黄帝可能不是一个人干，黄帝太聪明了，黄帝四经、黄帝内经、黄帝外经等等，这么多东西对这个民族起多大作用啊。这些个"之治"里面，我认为都得把这些个演说家找出来，每一个"之治"对这个民族起多大作用啊。

那今天需要不需要呢？那当然是需要的，习近平就是一个典型的例子，既懂得传统文化，又能中外对比，然后又考虑中国实情，所以他把国学学透了。"之治"问题上，这就形成一个思路，形成一个框架，即中华民族不重视演讲是不对的。而我们今天重视演讲，必须有正能量，必须有主旋律，也必须有我们的思维方式。因此在第三个问题上，我主张把培训搞好。这个问题我为什么这么积极？1977年那一年我压力太大，一个很好的人，头一天说是模范楷模，明天几百张大字报一下就打倒。为什么呢？就是没有真理，白的说成黑的，黑的说成白的。基于这个问题就思考一下我为什么要演讲，全国第一个演讲家绝对是我，1977年到1982年你能找到一个演说家吗？一个都没有，没人敢，我是豁出去了！

那时候很无奈的，我就想有朝一日我要教育人，教育他们不能背叛党背叛教育背叛真理。所以文革刚一结束，刚好碰到一个机遇我就上台了，还给日本人讲了两场。当时中国人想听中国学者演讲，因为没人敢讲，后来就找到我了。我就给他们讲了《鲁迅与周恩来》，同乡同志同趣同源。他们很意外，没想到这个老教授还能从这个角度来讲。后来我又讲了一个题目《四人帮是鲁迅的死敌》，姚蓬子、江青等人鲁迅都批判过，我一讲这个大家一下就轰动了。大家就发现李燕杰真能讲，真敢讲。前两天长春有个演讲论坛，我因为身体原因不太想去，他们跟我说是一个国学论坛，让我去讲几十分钟就行了。我想着讲几十分钟又是国学论坛，那差不多就四五十人，撑死四五百人吧。一进去，我就震惊了，8 000人！我经受了一个个的考验，所以我总结出，演讲是一个伟大的事业，光靠你我是不行的，因此必须大规模地团结人。演讲的目的就是教育人、团结人。

在那个战争年代，有笔杆子、有枪把子、有嘴把子。我作为北京一个大学生，参加了革命以后，我就感觉要懂演讲。文革期间，我又懂得了不演讲树不了正气。所以，我第一个走上演讲台来了。作为中国第一个走上演讲台的演讲者，这让我意识到，我有这个责任、这个使命去做好演讲，我演讲的目的不是为了我个人。我都88岁了，李敖是我小学同学，昨天台湾公布他是83岁，他比我小5岁，他说他顶多再活3年，那我觉得我自己能活3年也没准。我觉着我们这些演讲者都应该有神圣的使命，这个使命应该是关系到国家命运的。而且今天中华民族优秀传统文化——和谐、和平、和美一直在传承，这是全人类的智慧，所以没有智慧就没有演讲，没有大智慧就走不向全世界。

（三）为什么要让演讲走向全世界？

我要让演讲走向全世界，这一点都不过分，现在需要走遍全世界，实际上我最开始就是瞄着全世界去的。并不只是对国内某个城市，或少数人，不是这个想法，所以我开始做演讲的时候，一下子得到中央领导的支持和重视，有两个政治局委员到我家和

学校来，当时我们谈的时候都是传达一个信息：走向全世界。为什么走向全世界呢？力争培养一批人来，学习孙悟空，拔一把汗毛变成千万个孙行者，走向全世界去干什么呢？把伟大中华民族最美好的东西传到全世界去。而且这也符合社会的、中国的、人类的实际需要，这是我想说的第一点。

第二点呢，作为中国人来讲，嘴巴上没有像西方把演讲讲得那么重要，也不像美国有演讲席，有演讲教授，又有演讲博士，咱们都没有，没有这些对于中国来讲是一个明显的大缺点。咱们再说说大学，和西方相比我们的确不如人家，像西方的古希腊罗马他们弄的修辞学实际上是演讲学，所以这一点我们做得不够。作为中国来讲，怎么把演讲弄得更符合实际、更科学，党中央领导乃至于广大的

孩子家长都能够理解，我建议你们可以从这个角度考虑：好好研究中华民族怎么发展到今天，如果把两千五百年之前这一段时间中国出现的圣人好好总结，伏羲、黄帝、老子、孔子、庄子、孟子、荀子等，其实他们都是演说家。如果他不是演说家怎么就成了孔夫子呢，孔夫子虽然只有14年的上课时间，但孔夫子确实能讲，而且他利用一切机会去讲，所以一部论语就是他的演讲语录。

（四）作为一个合格的演讲者，应该做到这四点

我有一个想法，我想要培养一批人，这些人都争取达到这四条标准：

第一条，真正修德。第二条，真正读经（不是圣经、佛经，而是所有的经，基督教、天主教、资本论的、马克思等这种最好的经书）。真正想要做演讲界的领军人物，就都得略知一二，从中吸取真正的营养，取得最大公倍数，找到对今天最给力的东西，不然一场报告就没有东西讲下去了。你们哪天可以到我这儿来细翻一翻我的演讲稿，不计其数，单就为咱们新励成，我这里就有6个讲稿。我记得有一次演讲在台上没有稿，结果当场设计演讲稿，去的时候我以为就咱北京的同学，结果一进门一看那么多人，还有别的省的，然后根据现场听众的现况我改变了演讲的提纲，其实挺好玩的。我把我的讲稿分类整理，大概30—40种，其中有一个部分就是类似咱们新励成这类做教育的单位，北大、清华、人大、师大为一种，培训界又为一种。所以我主张第一修德，第二读经，如果你什么都不读，肚子里没学问，整天念你过去的可不行啊。张海迪行，因为她自身的经历就是一部演讲史，她可以跟大家讲她是怎么念书的、她是怎么努力的、她是怎么战胜困难的。她可以这样讲，但咱们不行，咱第一不是雷锋，咱第二不是张海迪，没有那么英雄那么光辉的事迹。咱们的生命不仅要有长度还要有宽度。你刚刚说的，有高度、广度、宽度、深度、厚度之类的，我还得加一个词，就是热度，咱们得有点温度。你们过来看望我，我对你们挺亲的，这就是温度，如果对你们冷冷淡淡的，这就不好了。接下来第三就是著书（述），如果说我们的思路没有形成真正好的著述人家会瞧不起你，现在知识分子阶层个别就有这个毛病，一看你有两本书就会觉得"哎，这个人有学问"，这个书写的什么他都不知道。第四个就是咱们说的演讲，也是传道。

作者系广东新励成教育科技股份有限公司董事长、总经理，曾在华为公司、IBM公司任职。中国演讲口才培训大联盟发起人。

李燕杰演讲艺术探秘

李彩英　陈苗苗

　　现任首都师范大学青年教育艺术研究所名誉所长李燕杰教授没想当旅行家，却到过世界上800多城市；没想当书法家，却为海内外听众写出了30 000多幅作品；没想当活动家，却获得了828个社会头衔；没想当名人，他的名字却进入170部名人大辞典；没想当演讲家，却演讲了6 000多场。伴随着李燕杰教授的名字驰骋海内外，若究其原因，也许是个说不完的话题，但一定和他塑造美的心灵的演讲息息相关。他爱党、爱国、爱人民，爱科学、爱和平、爱家人、爱人类一切美好的事物，正是因为拥有了这博大的爱，他担纲"国家巡回演讲大使"的重任，成为青年的"良师益友"，被尊称为"爱与美"的传道士，中国演讲艺术界的"常青树"。他被亿万青年称为"点燃心灵之火的人"，被联合国和平基金会称为"世界上最可爱的人"。那么，他创造演讲艺术奇迹的奥秘究竟何在呢？让我们一同走进李燕杰的演讲艺术世界，总结他的演讲魅力带给我们的种种启示。本文立足对自我、对他人、对社会、对世界这四对基本关系范畴，对他的演讲艺术魅力进行探索。

一、面对自我：重视魂和道

　　早在1941年4月4日，当时的李燕杰年仅11岁，他的文章《我志愿当教师》在《北京晨报》发表并获奖，由此爱祖国的教育事业并为之奋斗成为他坚守的职业操守。之后他经历了辍学、当学徒工、随军南下参军打仗，直到他从军队转到地方，以军转干的身份来到北京师范学院（今日的首都师范大学）中文系学习，并于1962年毕业留校当教师，他终于实现了毕生当教师的职业夙愿，在传道铸魂的教师生涯中践行着自己"献身使命"与"崇尚荣誉"的思想。

爱与美的追求者

1. 爱国育才铸魂是李老师坚守的"魂和道"。他常说：谁关心祖国的未来，谁就首先要关心青年一代；谁关心青年一代，谁就首先要关心青年教育事业。20世纪80年代，作为北京师范学院中文系讲师的李老师在讲台上尽情挥洒着自己的才华，他的古典文学课上得妙趣横生，吸引了越来越多的学生。一传十，十传百。1980年，在北京师范学院党委的支持下，李老师在北京东郊体育馆小礼堂向首都高校领导介绍教书育人经验，受到北京市高校的普遍重视。新闻媒体对此进行广泛报道，引起中央、北京市委及国家教委等部门的极大关注。1982年，李老师应邀到上海演讲，出现了"李燕杰热"和"李燕杰现象"。李老师在文化广场、黄埔体育馆演讲，6天听众逾5万人，在上海产生轰动效应。

2. 与时俱进成功传递"魂和道"。如今88岁高龄的李老师，把讲好中国梦、社会主义核心价值观作为自己的追求。对于如何成功传递魂和道，他进行了创造性的总结：对青年人要爱，要信任，要善于和他们做朋友。给青年人演讲，应充分调动诗朗诵般的激情、相声般的幽默、小说般的人物形象、戏剧般的矛盾冲突，吸引他们，形成铸魂育才的"磁场"，让青年人对你讲的内容入座、入耳、入脑、入心。不仅如此，在对青年人进行演讲过程中，李老师常常探囊取物般地亮出独门道具，让魂和道自然流淌。

比如，他对青年讲革命传统，他拿出了线装本《五四运动手稿》；对青年讲爱国与美，他给大家观赏他拍摄的瑞士街头女交警照片；对青年讲人生哲理，他展示并赠送给听众他亲笔书写的书法作品："品若梅花香在骨，人如秋水玉为魂""远望方知风浪小，凌空乃觉海波平""思九州而博大，横四海以焉穷""千江有水千江月，万里无云万里天"这些饱含人生哲理的李燕杰经典语录不仅让青年人观赏，引领青年人思索，而且赠送给大家陪伴着大家成长成才。

在李老师传递魂和道的背后，有着他长久而深厚的积累。儿时受家庭的影响，耳濡目染，习熏悟化，在中华传统文化素养方面他打下了深厚的基础，养成了博学博爱的青年教育艺术演讲理念；成年之后为做好青年教育工作，他先后购书3.5万多册，荣获了北京市藏书状元与学习之星等称号，不断增添着他的演讲活力；为实现演讲的感动力和感染力，他创作了易听、易感、易记、亦悟的演讲诗3 000多首；为使他的演讲理念实现延伸力量，他书写、赠送励志演讲书法条幅3万多帧，长久保存在听众的身边；他的以《塑造美的心灵》为代表的演讲集在海内外总销售量逾1 000万册。

二、面对他人：诗化心灵世界

艾青曾评价李老师是"真正的诗人"，这种赞誉并不为过。因为为了做好青年教育工作，他创作了 3 000 余首演讲诗，此数量几乎可与唐代诗人白居易创作的诗歌数量比肩而语。爱诗、懂诗、写诗、诵诗不仅是李老师有效从事青年教育的法宝，也是他受到几代青年人欢迎的重要原因。对于李老师而言，诗化的语言表达已成为他的一大特点，他本人就具有浓郁的诗人气质。

年年岁岁花相似，岁岁年年人不同。难道李老师的演讲不会受到代沟的阻碍吗？在李老师看来，代际冲突是客观存在的，毕竟不同代人在价值观念、思维方式、行为方式、道德标准等方面会存在差异。但是在填平代沟方面，李老师会使用"神奇魔术"。这个魔术的名称就叫：诗化心灵世界。

1. 精心创作开场诗，瞬间引领听众进入诗情画意的演讲情境。李老师常说：诗歌是交流思想和情感的媒介，在演讲中创作和引用诗歌，一定会拉近讲者和听者情感的距离，从而收获预期的演讲效果。将诗歌艺术与演讲艺术进行无缝衔接，是李老师开展青年教育的重要特色，也是他受欢迎的重要原因。他曾到一家医院演讲，由于是下午，医务人员的注意力不够集中。面对这种情况，李老师马上吟诵出一首即兴小诗："每当我忆起那病中的时光，白衣战士就引起我深情的遐想。他们那人格的诗，心灵的美，还有那圣洁的光，给我以顽强生活的信心，增添着我前进的力量。"又如他曾以《教育艺术与创造智慧》为题，鼓励青年教师勇于教改。开头讲了这样一段话："为了加深印象，我刚才用了两分钟的时间编了一首小诗，中国第三届教育大会礼赞：南来的风北来的鹰，教育专家聚京城；教育改革多创意，课程改革领先行；大本大源求大智，大本大爱求的成；立德立言再立功，山岭绝顶我为峰。"他的话一开口，马上如巨大的磁石吸引了在座所有人的心。他与听众瞬间产生情感上的共鸣，构建起教育艺术爱与美的磁场。

2. 敏锐地捕捉青年人的诗情，让自己的诗情与青年人的诗情相融相通。他主张"青年是我师，我是青年友"，在表达爱国情怀时，在引导青年人增强爱国情怀时，他常常朗诵他的学生写的诗，他说："我有一个学生写了一首诗：不管母亲多么贫穷，儿女对她的爱也绝不含糊，我只喊一声祖国万岁，更强的爱在感情的深处。越是远离祖国越感到祖国亲，越看别国的技术发达越看到自己的肩上责任重。"他的诗一样的语言使现场的青年人产生了强烈的共鸣，更增添了他的教育魅力。姚全兴曾在他的《生命美育》中谈到生命诗化的有关理论，指出个体生命的诗化需求。他认为人在心灵深处都渴望诗意人生，渴望诗意地栖居。李老师正是敏锐地捕捉到了人类心灵深处的这个秘密，并妙手施之，因而获得了巨大的成功。诗情来源于青年，又运用于青年，达到演讲引导青年的目的和效果。

3. 腹有诗书气自华，借助诗歌朗诵延伸演讲意境。李老师为了演讲艺术事业呕心沥血，他写的诗被冰心老人评价："诗之心，国之魂，诗如其人。"艾青挥墨给李老师题词："青年导师，无尚光荣。上帝与魔鬼都是人的化身。"贺敬说："李燕杰给语言插上诗歌的翅膀，飞到了青年心上。"李老师总是主动地去把握当代人，特别是当代大学生的审美需要、审美心理能力和审美意识的一般特点，以此为基础，结合当前社会文化的具体状况及青年人在其中所面临的身心发展问题，有针对性地、客观地把握青年人审美心理的特定发展，使青年教育演讲活动紧紧围绕当代性问题而进行。如引导青年对祖国要忠诚时，他引用了诗歌："我是不会变心的，就是不会变！大理石雕成的塑像，铜铸成的钟！而我这个人，是由忠诚铸造的，即使是碎了，留下的每一片，每一片，仍然是忠诚！"他不仅自己动情地朗诵，还带领全场听众一同朗诵，达到了带领青年人向祖国一同表达忠诚之心的宣誓效果。他自己常说："我特别崇尚一首诗歌：火把是美丽的，它散发着灼人的热力，她燃烧着道德与智慧。愿大家都做支火把，让生命的火焰熊熊燃起，去赶走失望者与不幸的苦闷和孤寂。我要努力做高举道德与智慧火炬的人。"他这样说也这样做，由此带动和感染身边的青年人发扬薪火传承的精神，高举着真善美的火炬，唱响着时代的最强音。

4. 从人生宝库中提炼心理精华，营造优雅而现实的心灵世界。李老师总善于从自己的人生宝库中提炼心理精华，通过精心创作和美好的表达，引导青年进入富有诗意的心理殿堂。他在演讲中为听众展示富有哲理的艺术天地，营造优雅而现实的心灵世界。比如一次应邀到秦皇岛演讲，在海滨看到很多大学生游泳，有几个女孩一边走，一边唱着由琼瑶的小说改编的电影插曲《月朦胧，鸟朦胧》。他想到既应营造"大风起兮云飞扬"的豪迈诗意，也应根据青年人的喜好创作人生哲理诗，由此他的《秦皇岛遐想》一诗诞生了："山葱茏，海朦朦，秦皇岛夜空。月光照帆影，渔歌晚唱灯火红。来也匆匆，去也匆匆。今夕海上生明月，明朝天涯忆涛声。风卷云舒岁月多峥嵘，花开叶落荣辱不须惊！大海多一分波澜，人生则少一分平庸！久历沧海难为水，深经海浪傲险情。魏武挥鞭，碣石安在哉？

浩浩长空，山海关上月色明。来也匆匆，去也匆匆。山光水色收眼底，青年的忧乐到心中。山色葱茏，海也朦朦，秦皇岛夜空。"这首诗蕴含的情感内在而深沉，可谓是清新隽永而又耐人回味，其中也体现了他作为演讲诗人的优雅淡定与睿智幽默。这首诗一经朗诵，马上受到青年人的喜爱，达到了非常好的传递人生智慧的理想效果。

在这个已然诗化的心灵世界里，听众获取了人们待人处世的豁达心境，积极向上的人生理想，克服困难的坚强意志，真挚丰富的情感生活，融洽和谐的人际关系。这一诗化的心灵沟通，无疑对听众有着巨大的吸引力，有助于走向审美的人格塑造，并匡正一个个心理误区。听众着迷于他呈现出的艺术天地，并在欣赏之后赞赏世界与人生的美好。

和蔼、可亲、快乐的李老师总是能在最短的时间拉近和听众的距离，说他的演讲影响了中、青、少几代人毫不为过。对于40后、50后、60后的人来说，李老师的精彩演讲曾是精神成长的源泉。大家评价说，李老师的演讲是阳光，是空气，是水分。70后、80后读着他的《塑造美的心灵》，奠定了人生观、道德观、价值观。如今，在倡导建立小康社会、和谐社会时，他与青年教育艺术研究所的老师们一起驰骋祖国大江南北、世界各地，让躺着的文字站起来，飞向千百万听众的心灵。

三、面对社会：重视公民道德建设

"当前，中国社会的转型使社会的价值观日益走向多元化。"李老师言语清晰、明快，总是击中事物的本质："中国的道德教育面临新的课题，急需重塑美的心灵。不断增强人们对中华民族的归属感、对中华文化的认同感、对伟大祖国的自豪感，我们每一个人，尤其是教育艺术工作者担当着重要使命。"他希望每一位中华儿女都是热爱祖国、愿意为中华民族复兴贡献力量的优秀人才。

40年来，李老师坚守演讲舞台，一项重要的工作是致力于国家公民道德建设，他的工作成效获得社会各界的认可和赞誉。他被听众誉为"真、善、美的传道士"、"铸魂之师"、"青年的良师益友"。他在海内外获有828项社会职衔，获奖60余种，近年更获得以国学为代表的18项终身成就奖，名字进入170种名人大辞典。在他看来，引导社会群众和青年一代追求真善美，为促进社会和谐尽一份力，是一个演说家义不容辞的责任与义务。而这，也是李老师筹办首都师范大学青年教育艺术研究所的初衷。他说，演讲要为提高青年人的思想道德、科学文化与身体健康等素质服务。

1. 加强社会主义精神文明建设。在李燕杰教授锲而不舍的努力下，首都师范大学青年教育艺术研究所多次主持或参与组织大型演讲比赛，多次为中央机关、部队及各省、市的辩论大赛担任评委。这些演讲比赛，都是高扬爱国主义、社会主义的主旋律，充分体现时代精神的成功教育活动，产生了积极的社会影响，赢得了广大青年的欢迎和信赖，为提高广大群众的思想道德素质与文化生活品位做出了积极的贡献。

2. 加强思想政治工作。20世纪90年代以后，李燕杰教授是最早涉足思想道德培训领域的学者，足迹踏遍千山万水，听讲人上亿。为提高广大干部、群众对党的中心工作、对国内外形势的认识，李燕杰教授带领青年教育艺术研究所积极支持国家各部、委，各省、市及各级各类教育部门举办各种培训班，认真授课，主动与广大干部、群众交朋友，为他们答疑解惑，进行思想交流与心理沟通，起到了桥梁与纽带作用。

3. 开展心理咨询活动，为青年一代健康成长做出贡献。李燕杰教授抱着"我是青年友，青年是我师"的满腔热情，绝不把任何一个求教或求助的青年拒之门外，正是这种热忱扶持、无私奉献，培养出一大批德才兼备、勇于创新、富有实干精神的年轻骨干，他们在各自的工作岗位上取得了出色的成绩，成为教育艺术事业值得信赖的接班人。在李燕杰教授的精神指引下，青年教育艺术研究所不仅回复了大量青年来信，而且常年接待来访青年，迄今已达数万人次。

四、面对世界：传递中国好声音

经验证明，演讲是国际通用可行的提升对外传播效果、加强国际传播能力建设的有效载体，非常有助于国家国际形象的建构。1981年，时任总书记胡耀邦在中央书记处会议上提出："要总结李燕杰的经验，培养千万个李燕杰。"要让李燕杰同志出国做"巡回大使"，为驻外使节团及中国留学生演讲，旨在通过大使们讲好中国故事，向海外学子传递祖国的亲情，同时提升中国的国际影响力。

李老师不辱使命，作为中共中央国务院赴北美、欧洲代表团成员，他从1982年开始，为海外使节团和留学生演讲，在世界各地宣讲国学及中华文化，迄今已在海外125个城市演讲，包括华盛顿、纽约、温哥华、渥太华、伦敦、巴黎、罗马、柏林、东京、伯尔尼、蒙特利尔等，直接听众逾400万人。

他的演讲，以跨文明、跨语言、跨族际的思维和表达方式，打破文化障碍，赢得国际观众普遍的心理共鸣和情感体验，联合国和平基金会曾特别在李老师过生日那天，送来了大大的花篮：献给世界上最可爱的人 —— 李燕杰教授。国际文化组织因为李老师的文化影响力和贡献力，给他颁发了多种奖项，包括国际文化圣贤荣誉称号等。

在全球视野下传递中国好声音，使李老师的青年教育艺术演讲更多了一份生命力。北大艺术学院院长叶朗先生曾谈道：以审美的眼光和审美的心胸看待世界，可以帮助他人跳出自我，回到精神家园，体验无限的意味和情趣。

1. 营造大文化，向世界铸中华的世界之魂。李燕杰教授的铸魂工程，不止于祖国大陆，其走出国门、走向世界，铸海内外中华儿女大中华之魂。无论是造访旧金山、在日本讲学，还是接受荷兰鹿特丹记者的采访，李燕杰教授无时无刻不忘把铸中华之魂的伟大使命系于心间，向世界展现一个真实的中国。

2. 全球视野与民族审美的多元融合。李燕杰教授在长期的教学、科研和教育实践活动中，形成和发展了自己独特的教育思想体系。他以跨文明、跨语言、跨族际的思维和表达方式，打破文化障碍，赢得国际观众普遍的心理共鸣和情感体验。美国报刊称他为"东方的贝瑞格拉姆"，西方一些高等学校的图书馆中，专门收存了他的著作，众多的外国报刊对他的教育思想、教育方式加以报道和评论。

3. 创新宣传方式，传播中国好声音。习近平总书记在 2013 年全国宣传思想工作会议上指出，要精心做好对外宣传工作，创新对外宣传方式，着力打造融通中外的新概念新范畴新表述，讲好中国故事，传播好中国声音。得知习总书记讲话精神后，身为世界华人演讲家大同盟主席、中国演讲协会名誉主席的李燕杰教授深感责任重大，他认识到这是中国演讲家宣传中国梦、讲好中国故事的重大历史机遇，是华人演讲家报效祖国、传播中国好声音的最佳时机。他不顾高龄，多次指示，要筹备组成中国梦赴美演讲团，主题就是"让世界了解中国"，这种胸怀祖国、放眼世界的情怀，谱写了极具正能量的演讲诗篇。

作者李彩英系首都师范大学副教授，硕士生导师，青年教育艺术研究所副所长；陈苗苗系首都师范大学副教授，青年教育艺术研究所国内青年研究室主任。

星辰在高处照耀

——《李燕杰在2015年的日日夜夜》有感

罗 雁

2016年大年初三，对于我来说，是极富意义且值得珍藏的幸福时光。

这一天，敬爱的李燕杰恩师与我电话交谈1小时7分钟，令我倍觉幸福！我的心中充满了喜乐，这是多么珍贵而又暖心的时辰！一代演讲大师与他的第42位弟子进行了精神的洗礼和心灵的对话。这于弟子我而言，真是美妙万分、快乐无比的精彩时分！与此同时，我又倍感歉疚，竟占用了我心中的偶像、今生的榜样、一个年近九十岁的老人无比珍贵的时光……

交谈中，老师的声音亲切而又饱满，内容丰富而又感人。时至今日，虽然事情已经过去半月有余，但在我的心中激起的浪花，却是一浪高过一浪！

2015年，我们的恩师李燕杰身体力行关心着国家的大事：他出席一带一路大会，会上有十国政要、十位企业家、十位学术界学者发言，他的讲演受到好评。他积极参加抗日战争、第二次世界大战胜利70周年纪念活动，一方面写文章，一方面在演讲中介绍抗日活动，深受青年人欢迎。他与联合国原秘书长安南会晤，与韩国原总理李寿成会晤，与众多的国内外友人会晤，通过友好交谈促进国与国之间、人民与人民之间的友情，架起了一座座和谐的桥梁。

人们从胡耀邦的纪念活动中看得到他深情的缅怀文章；从中国梦赴欧演讲团出征仪式上见得到他矫健的身影；从全国大学生演讲大奖赛的舞台上听得到他激励人心的主旨演讲；从全球道德日活动中感受得到他日复一日的正能量。可以毫不夸张地说，他振奋人心的演讲，是历史上光辉的一页；他深情的怀想，激起了无数青年的爱国之情；他谈儒、释、道精髓，开悟了一个又一个向往美善、憧憬真理的心灵。

山高谁为峰？这青年之问、社会之问、历史之问、时代之问，早已在无数的事实和数据面前有了它应有的答案，而无须我们作答。

2015 年，我们的恩师李燕杰在北大为 EMBA 班讲《国学·智慧与力量》，在清华大学为研修班讲《国学·智慧与易经》，在人民大学为演讲班演讲美学，在上海、在福州、在合肥、在新励成，在许许多多需要他的地方讲演中国的传统文化如何与当今社会的现实结合起来，并焕发出新的光彩之高见……

唐朝诗人云："居高声自远，非是藉秋风。"道出了我们心驰神往的境界。2015 年，我们的恩师用他 86 岁高龄的行动语言和赫赫战果阐释了圣贤古人的深情向往，这怎能不教我们放声歌唱！

2015 年，每一次上台，老师都精神矍铄；每一次演讲老师都用心演绎；每一篇文章，老师都留下思考；每一次行动，老师都释放激情；每一天，我们的老师都在清晨人们的酣睡声中起床……可以说，2015 年，我们的恩师是在无比紧张的日夜中度过的。

老师说他老了，他要争分夺秒抢时间！这是多么感人而激励年轻人的念头和做法呀！老师每天 5 点半到 6 点起床，他竟然还说身体不好，起得太晚了！这是何等令人感慨啊！老师这样做，为的就是跟时间赛跑！哪怕是他刚刚住院回来！他读书、他写作、他演讲、他参加各种活动，他为中国的演讲事业东奔西跑，为的就是给我们的国家、我们的民族、我们的社会带来思考，并留下宝贵的精神财富！这是多么崇高的思想境界！这又是多么令人动容、感人泪下……

走进2015年，走进2015年李燕杰老师走过的日日夜夜，他老人家有着太多太多令人诧异的故事和使人惊心动魄的境况！2015年，一个86岁的老人以他充满诗情的言语和构想表达着对祖国的眷恋，用智慧书写下一代宗师思想之华章！

瞧，传习馆的总体规划里凝结着他的智慧，讲台上呈现着智慧的华彩，一次次精心的宣讲亮出了他拳拳的爱国情怀，一件件整理出来的历史资料汇聚了他的汗水，一批批迎来送往的交流汇聚了他的心力！

听，新华社、中央人民广播电台、中央电视台的采访里传出了他铿锵有力的声音，那觉醒、洒脱的言语渗透着他的使命，那热血荐轩辕的英雄气概阐释着他思想的烈焰，一个引领时代并赢取人心的音波震动在民族复兴的舞台，响彻在广袤的华夏大地！

看，2015年，恩师精心编写了10本书籍和25种学习资料！令人可喜的是，如今，这十种号称是"蓝皮书"的学习资料，已然成为了师生之间交流的平台和思想碰撞的策源地！

面对着这一切，面对着一个86岁的演讲的老人，面对着在2015年日日夜夜奋力前行的中国演讲界的领头雁李燕杰老师的所作所为，我们怎能不伸出拇指为他点赞？！我们又有什么理由不为这个辛勤劳作、勤奋耕耘的老人热烈鼓掌？！

试问，如今，有哪个86岁的老人会如此如饥似渴地学习、写作、演讲、教学、规划、总结、与人约谈？又有几人送出书法500余幅，赠书籍500多册，赠光碟帮助他人成长？有哪个年近90岁的学者会马不停蹄、四处演讲，为中国梦的实现而无私奉献？！朋友，请伸出您的双手，放开您的喉咙，为这个卓越的世纪老人而疯狂喝彩吧！！

最后，我想用颜永平同仁的一段话结束我的思考和表达："一个年近九十的癌症患者、一个耄耋老人都能如此地呕心沥血、鞠躬尽瘁、全力以赴地为祖国、为社会、为中国的演讲事业忘我地无私奉献，舍我地大爱付出，我们作为师傅的血气方刚的弟子为什么不能为老师分担一些事情呢？我们作为恩师的精力旺盛的学生还有什么理由不发奋地学习和拼命地工作呢？我们作为受李燕杰老师的教育感召和培养起来的晚辈又有什么个人私利和烦恼不能抛弃呢？"

我的朋友、我的同仁、我的兄弟姐妹，现在，此时此刻，让我们双手合十，在2015元宵节这万家团圆的美好之夜，为我们时代的楷模、演讲的泰斗、灵魂的导师李燕杰师傅深深地祈福吧！

爱是唯一的答案

——李燕杰老师演讲艺术

刘育良

初遇燕杰老师，是多年前在大学的阶梯教室，在人生最纯美的大学时光，在人生最混沌最需要定位之时，缘聚大师，实在是人生的大福报。那天，老师说有一位老师的视频演讲，大家一定要好好看一看。一向坐最后一排等着溜号的我，竟然神奇地坐在了第一排。只记得燕杰老师排山倒海的气势，谦谦君子的仪态，在我心中掀起狂澜，让我大开眼界。印象最深的是，燕杰老师说，一位外籍美女，希望请燕杰老师将中文的"爱"这个字写在美女的胸前，席间同学们纷纷大笑，然而老师的语态，那份自信、从容和洒脱，至今让人难忘。

再见燕杰老师，已走上工作岗位，在一个巨大的礼堂，与上千号同仁，共同聆听大师的演讲。记得老师用了许多排比，让我们应接不暇，耳目一新，气势之恢弘，文华之丰盛，无以复加。更使我明白演讲是艺术，更是一份大美。

能有幸又一次和燕杰老师相见交谈，是在巨海公司四周年之际，亦是千人盛会。燕杰老师是第一位嘉宾，那天他老人家向现场的朋友们送出许多珍贵的书法，分毫不取，让我们顿感其人格的力量，不循私利，大爱无疆。

燕杰老师的演讲艺术，我不揣简陋，归结为三个字：脑、身、心，是三位一体，融会贯通的艺术。脑，指的是思想，老师思想之浩瀚，不可言喻；身，指的是演绎，活力就是影响力，老师曾说自己年轻时，在操场上倒立行走，激情四射；心，指的是爱的力量，老师演讲中，无数次地提到爱是一切的核心。

大脑是指挥棒，笛卡尔曾说过，我思故我在。思考是全世界最困难却最有意义的事。喷泉的水位无法超越它的水源，只有具备了充沛的思想，才能源源不断、滔滔不绝。

身体是放映机，思想的大餐，只有用五彩斑斓、绘声绘色的方式演绎出来，才能吸引观众，取得绝佳的共鸣。

心是一切艺术的基石，如果心中没有爱，一切都会枯竭，一切都会失色。在《论语》中，"仁"这个字出现了 105 次。佛的伟大在于慈悲和智慧！基督教的教义是"爱、信心、希望"，爱是恒久忍耐……其实三大教的核心理念合一，语境相同，仁和慈悲的意思都是爱，"爱"正是一切的答案！

脑、身、心三者如何修炼呢？如何锤炼我们的脑呢？如何丰富我们的思想呢？

第一是积累，不断地学习，聚沙成塔。如孔子言：朝闻道，夕死可矣；如荀子的劝学：锲而不舍，金石可镂。燕杰老师的藏书有几万册之多，坐拥书城，手不释卷。我们不可浮躁，不可图虚名，莫学了一点知识，就急匆匆地去贩卖，必须要建立自己的个人"图书馆"。厚积薄发，方是王道。

第二是反省，从自身的经历中来顿悟。如曾国藩天天写日记，日日精进，从不间断，自有大成。如下围棋之复盘，归纳自己，教练自己，复盘已成为联想的核心管理哲学。

第三是逻辑，学会归类和整理，在一团乱麻中找到头绪；学会因果和联系，在纷繁世界中找到规律。推荐麦肯锡的《金字塔原理》，还有大前研一的《思考的技术》。如老师说的变易、不易，事物永远在变化，不变的是规律，智慧就是找到宇宙万事万物的规律。

如何修炼我们的身体的活力呢？第一是动从静来，比如书法和静坐，老师把书法比作香功，凝神静气，泼墨挥毫，也是人生一大快事。《大学》中提到，定而能静，静而能安。南怀瑾先生说，"静坐可长生不老"；吴清源先生每天静坐，现在已经过百岁；搜狐的 CEO 张朝阳用静坐治好了自己的忧郁症。第二是运动。李嘉诚每天早上七点在浅水湾打高尔夫；王永庆每天早上要跑步，风雨无阻 50 年，台湾女首富、HTC 创始人王雪红，她说父亲王永庆每天和她的交流就在清晨四点半的运动场。我在纽约的海岸边，看见许多的年轻人健步奔跑，时值秋日，身着短裤，汗流浃背，真是让人触动，中国的公园，都是老人家在锻炼。第三是饮食，想必大家是高手，不探讨了。

我想李老最大的秘诀只有一个，就是心中有"爱"！有大爱，对民族的爱，对同胞的爱，对中国的爱，一个人真正立于世间，最大的力量就是爱！

李老说：有了爱就有了一切。没有爱就没有诗歌，没有爱就没有散文，没有爱就没有演讲，没有爱就没有教育。一个真正的人，是用爱武装起来的，它是大写的人，有大爱、有大仁、有大智，也有大勇。一个人，只要有了真爱，就如同身居天堂，即使遭遇苦难与不幸，也不会失去信心，因为爱在支撑彼此的心，形成爱心相依的命运。

一个真正拥有爱的人，就如同有一颗纯金的心。

李老还说："爱，高于法律！爱，高于道德！爱，高于一切！爱，是真理，是火焰，是纯净的元素！失去了爱情，就像断了弦的琴，没有油的灯，夏天也寒冷。爱是生命本质的需要！爱，因美、善而生，但愿它不会随年龄的增长，而淡化，而消逝。"

也许爱能使愚人变得聪明，也许使聪明人变得愚笨。但人间毕竟有了爱，才能使人成之为人。

每当夜深人静的时候，总有一个声音在叩问我的心灵："人活着的目的是什么？"直到我明晰，我活着的目的只有一个字，那就是"爱"。只有爱，才会让这个世界变得更美好。

若干年前，我大学毕业，第一份工作卖啤酒，奔波了一个月，挣了390元，弄丢了同学的自行车，赔了350元，几乎是白忙活了。第二份工作是卖保险，据说这是一个非人类的工作。作为一个讨生活的业务人员，记得我穿着长袖衬衫，系着领带，背着一个大包，穿梭于大街小巷。在古城南京炎炎夏日的中午，奔波了一个上午的我毫无斩获。疲惫和无助的我依靠在路旁的花坛上睡着了，一觉醒来，定定神，又冲进了茫茫人海之中。

每一天，我蹬着一辆破旧的自行车早出晚归，一个月下来，业绩非常"理想"和"卓越"——零。此时的我看见马路的红灯都神情恍惚，被打击得毫无激情。绝望之际，我必须要激励自己，于是我告诫自己，我做的是一份"神圣、崇高、伟大"的工作。在路边我不断地大声呐喊，我发现我的内心注满了力量。这份力量叫作"爱"。那天晚上我签了人生中的第一份单，我几乎没有宣讲任何产品，我用爱的状态和客户交流，发现了激发卓越的最大秘密。三年以后，我成了公司的销售总监，部门有近100名伙伴。代表公司在东南大学礼堂做全员培训，台下1 700人，我若有所悟。

经年以来，我一直在这个世界奋斗、碰撞、跋涉，住了无数的宾馆酒店，流连于无数的飞机场火车站，试图提高我的生活品质。后来我才悟到哪里是我的原点，什么是真正的快乐，直至最后发现那无限的喜悦来自于我内心的世界！

我一直在求索成功的秘密，上了无数的行业领袖和知名讲师的课程，甚至去了哈佛和西点，去了印度顿悟，直到现在我才明白，我曾经无意中做对的，就是我一直要寻求的答案！钻石就在自家的后院！我一直在思考，支撑我生命的动力是什么，我终于发现了，那是爱。

老师说：爱，一旦呈现在人间，四处都会五彩缤纷，都会使人感到幸福、愉快。

爱，在奉献中向往。

爱，在牺牲中追求。

爱，不是索取，更不是为了占有。

爱，使人纯洁，爱使人高尚，爱使人在彼此间圣洁而无邪。

爱会让一切更美好！

无论问题为何，答案都是爱！

生命就是关系，关系的核心就是爱！

一切皆是虚幻，只有爱才是真实的！

很多次课程闭幕，我们都会躬躬感谢客户！无上收获为一个字——"爱"！爱自己，一个不爱自己的人没有信心；爱家庭，一个不爱家庭的人没有幸福；爱事业，一个不爱事业的人没有成就；爱生灵，一个不爱生灵的人没有喜悦；爱客户，一个不爱客户的人没有敬畏。我们是爱的化身！多年以前，我写了一篇关于"爱"的小诗，直到今天这篇文章还广为传诵，很多朋友的QQ签名，很多销售同仁名片的背后，都印着这句话，这也使我明白，我们的人生使命和动力。原文如下，与您分享：

> 我祝愿贫穷的朋友富裕，
>
> 我祈祷富裕的朋友健康，
>
> 我希望健康的朋友长寿，
>
> 我全身心地努力，让世界充满爱！

老师说，爱心如梦寐，在朦胧中显示一种美；爱心如火炬，一代一代传下去。

拜师的那天，老师充满深情告诫：我的一生，源于这句话，为天地立心，为生民立命，为往圣继绝学，为万世开太平！让我们谨记老师的教诲，把爱的火炬代代相传！

作者系七色坊商业连锁副总裁、首席人力资源官，巨海教育集团董事、副总裁、国内知名人力资源专家、演讲家。

学习李燕杰老师，做时代精神的引领者

张亚芬

我叫张亚芬，是吉林省四平市人。每个人来到这个世界上都是有使命的，我的名字中就包含着我的使命：张（彰）显人格魅力，让中国的演讲与口才之花，飘香亚洲，芬芳世界！从年轻时候起，我就一直有一个梦想，梦想着像李燕杰老师那样，把自己的一生都奉献给最神圣的演讲事业，生命不息，演讲不止。在李老师从教 60 年，演讲 40 周年之际，感叹李燕杰老师 40 周年在中国演讲史上创造的奇迹，回顾自己的成长历程，深深感到：30 年来，自己的每一个进步，每一点收获都源于李燕杰这位功德无量的演讲大师对我的谆谆教诲。

李燕杰老师是中国当代演讲界的孔子，他的思想理论是中华民族优秀文化的精髓。李老师为中国的演讲事业做出了卓越的贡献，他一生到过世界 100 多个国家，演讲 6 000 场，可谓为中国演讲和文化事业无私奉献、鞠躬尽瘁了 60 年。李燕杰老师的演讲理论与实践，就是中国精神之魂，是中国当代精神文明的大厦，这座辉煌的大厦有着雄厚的科学与文化基础。他既是中国泰斗级卓越的演讲家，又是当代最有影响力的教育家！我信奉他就是中国演讲界的孔子，春秋时的孔子以其自己的卓越思想影响了他的三千弟子，孔子的儒家思想至今仍是中华民族传统文化的瑰宝，而李燕杰老师的演讲思想和理念则影响了几代人，激励了几代人的心灵成长、激发了几代人成才和成功！

李老师的演讲对于不同年龄、职业和性别的人都能引起强烈的共鸣，都能产生震撼心灵的巨大感召力，这是源于他深得"知己知彼，百战不殆"的精髓；李老师在演讲中对真、善、美的剖析可谓鞭辟入里，这源于他对美学和逻辑学运用得出神入化。李老师的演讲是他生命之花绽放的缩影，信手拈来的诗歌、散文和哲理，使得李燕杰的演讲艺术之花有着穿越时空的恒久魔力，无论何时何地品味他的演讲内容，都充满着德灿润泽、芬芳四溢之美感。他的演讲思想、演讲艺术和理论是当代中华民族文化艺术宝库中最璀璨的一颗明珠。随着时代的发展，李老师的演讲思想和理论魅力将放射出更加夺目的光芒！

李燕杰教授是我的精神导师，他的演讲改变了我的命运！

1988年，当我第一次从广播里听到李燕杰老师的演讲时，《和青年谈美》《塑造美的心灵》《青年是我师，我是青年友》那激情澎湃的声音、那充满哲理的名言、那美轮美奂的艺术魅力深深地震撼了我的心灵。从此，我爱上了演讲，并成为李燕杰老师的崇拜者和终身追随者。我发现，无数的事实都在证明着：唯有演讲能产生拯救灵魂、塑造心灵、改变命运的作用；唯有演讲能让一个人重新认识生命的价值和人生的意义。当时，我把李老师的演讲放在录音机里，每天都让李老师激情的演讲和具有无限魅力的声音，伴随着我渡过那段物质虽然匮乏，精神却异常富有的难忘岁月。

李燕杰老师的演讲理论惠泽国人，提升了我的心灵品级。

30年来，我一直都是李老师演讲理论和演讲思想的忠实实践者。80年代初期，在李老师演讲魅力的感染下，我也积极投入演讲实践中。因为参加省地市三级演讲大赛均获得一等奖，我被直接调入市委讲师团，并担任吉林省四平市青年演讲学会会长。这一切让我的个人品质和心灵品级得到迅速的提升。30年来的干部理论教育课程，我都是采用李燕杰老师的演讲教学方式来完成，无数次的教学效果证明：以演讲的技巧去讲授任何理论（哪怕是最枯燥的政治理论）都能收到极好的课堂效果！所讲之处，得到广大干部和听众的热烈欢迎和一致好评。

李燕杰老师的人格魅力征服了国人，更让我终生受益无穷。我要感恩李老师，若没有李老师的演讲事业就没有我今天的一切！

是李老师的演讲改变了我的命运，让我实现了自己的人生价值。李老师的那句："宠辱不惊，看庭前花开花落；去留无意，望碧空云卷云舒"，让我的心胸豁然开朗，我一直以李老师为榜样，辛勤耕耘，乐于奉献，从不计较个人的利益得失，而命运也总是厚待我，让我在事业与人生的每一步都很顺畅，从一个知之甚少的工农兵大学毕业生成长为一名党校的正教授。

李燕杰老师演讲赋予了我神圣的使命，激发了我的无限潜能。

与李老师接触的点点滴滴是我今生今世最宝贵的财富。李燕杰老师演讲艺术的魅力与他自身的美德都化为我的灵魂与艺术的养分，滋养着我。1992年秋季，我曾专程到北京拜访过李燕杰老师，就在他汗牛充栋的书房，亲耳聆听了李老师关于演讲艺术和中华教育艺术的教导。90年代我们四平市委党校在北戴河举办全国思想政治工作培训班，参加者有各大型国有企业党委书记和各市委宣传部组织部部长。当时，我们特别邀请到演讲界的泰斗李燕杰老师为那些领导干部做专题演讲，我很有幸地成为那堂课的主持人。亲眼目睹了李燕杰老师的大师风范和李老师的演讲向中国宣传理论界及组织部领导传播正能量的过程。从他的精彩演讲中，我深深感悟到人生真谛，极大地激发了自身的潜能。90年代末，我在充分调查研究的基础上，以演讲者独特的思维力与洞察力，先于中央三年提出"科学政绩观的理念"，被人民日报和《理论前沿》所登载。来到佛山之后，也先于中央三年提出：绿色发展模式。我的著作《循环经济：发展转型中的佛山智慧》被中央党校免费出版发行到全国各地。因为演讲口才的优势，使我在460多个应聘者中独享殊荣，成为佛山党校建校50年来第一个超龄引进的教授。因为演讲的魅力，我多次在《广佛都市论坛》《中国和文化论坛》《国际生态城市建设论坛》及《世界华人联合会绿色论坛》《品牌中国世界五百强论坛》上做专题演讲！

2013年5月21日，我和中国梦赴北欧演讲团一行，在颜永平老师的陪同下，第二次来到李燕杰老师的书房，拜见这位让我无限崇敬的恩师。当时，李老师将送给习近平总书记的一幅题词书法送给了我，还将与习总书记的握手照片赠送我留念。题词的内容，是我做人做事的准则：智慧而淡定，仁爱而持重，勇决而从容，博识而谦恭。李老师的题词让我心潮澎湃，热血沸腾。我在万分感激的同时，深深觉得肩上的责任厚重。

传承李燕杰老师的演讲魅力，是我人生与后代的荣光。

　　传承李燕杰老师的演讲魅力，让演讲口才造福国人，是我和我家族的共同理想。李老师的演讲魅力不但让我终生受益，也为我儿子的前程带来无限光明。儿子逯登宇从小就是李燕杰老师的忠实粉丝，在中学、大学都积极参加学校的演讲和主持人大赛，并成功竞聘为学生会和学团联副主席的职务，在校期间就入了党。如今，先后在北京师范大学珠海分校担任过国际学院的团委书记、院党组织副书记等职务，经常组织大学生们搞演讲比赛。我的孙女宁宁（李老师起名），现在4岁了，也在开始学习演讲口才了，我要让她早日成为李老师演讲事业的继承者与传播者。我相信，我们所有的演讲受益者世代相传李老师的演讲思想、演讲精神和演讲艺术，中国的演讲事业必将推动社会的物质、精神、政治、制度、生态文明的发展，将鼓舞所有中国人为早日实现中华民族伟大复兴的中国梦而奋斗！

　　学习李燕杰老师的高尚品格，做时代精神的引领者！2013年6月9日，我们佛山演讲与口才学会在李燕杰老师、中国演讲艺术协会常务副会长颜永平老师和广东省演讲学会孙朝阳会长的关怀与指导下，在全体核心成员的积极努力下，终于成立了！成立的当天，李燕杰老师为我们做了一场震撼心灵的演讲，当在场的所有人全体起立，以热烈的掌声表达了对李老师万分崇敬的心情时，泪水模糊了我的眼睛。李老师在现场与佛山的演讲爱好者互动着，并赠送我们与会者大量的最珍贵的书法艺术品。每当想起这一切，我激动的心情就久久都不能平静。我决心永远以李燕杰老师为楷模，带领这支团队将李老师创立的中国演讲事业大旗高高举起，将李老师的演讲精神发扬光大，引领时代前进的步伐！我要以佛山演讲与口才学会为平台，为国际国内一流的演讲家们提供大有作为的广阔舞台！让中国的演讲事业在岭南佛山的沃土上生根开花结果！以演讲所产生的非凡的正能量，打造佛山人的精气神，铸牢中华民族的魂灵根！

　　通过演讲事业的发展，将佛山、广东乃至中国的企业品牌和优秀文化传播到世界各地，通过我们的演讲让全世界认识佛山、了解中国、仰慕中国，让中国人的声音穿越时空响彻在世界的每一个角落！让整个世界都竖起耳朵倾听到我们中华民族伟大复兴的足音！

　　作者系中国演讲艺术协会常务理事、广东演讲学会副会长、佛山市演讲与口才学会会长。

恩师李燕杰教授的演讲艺术

赵 勇

　　我的恩师李燕杰教授，是著名共和国演讲家、首都师范大学教授、著名教育艺术家、中华教育艺术研究会常务副理事长、世界华人演讲家委员会总干事长、**中国国学研究院名誉院长、国际易经研究院名誉院长、第五届**中共北京市委委员、第六、七届全国政协委员、北京市劳动模范、先进教育工作者、有突出贡献专家、被中央领导同志誉为新中国的"教育艺术家"、"国家巡回演讲大使"；企业界称他为"智慧高参"，青年称他为"铸魂之师"、"良师益友"、"爱与美"的传道士，中学生称他为"F5"，大学生称他为"奔腾5"；并被联合国和平基金会称为"世界上最可爱的人"。

　　他是真善美的传道士、爱与美的化身，也是用演讲点燃千万人心灵之火的人，更是青年人的铸魂之师。仅2006年以来就荣获演讲界终身成就奖、教育培训界终身荣誉奖、2006年国学导师十大金牌导师奖、"和谐杯"书法一等奖等6项大奖。他的名字被收入《世界名人大词典》《剑桥名人词典》等170余种名人辞典。

　　1977年1月25日，李燕杰教授在北京市做了他的第一次面向社会的演讲，

这一次演讲开启了他成为中国演讲艺术大师的序幕。第一次演讲引发的轰动，在北京掀起"李燕杰旋风"，并随之扩展为全国性的"李燕杰现象"。

李燕杰老师从20世纪70年代起至今，在全球已经走了800多个城市，在海内外演讲6 000余场，讲了数百个专题，直接听众逾500万人，创造了我国演讲史上的一大奇迹，突破了世界演讲史上的最新记录。

李燕杰教授演讲艺术主要体现在如下几个方面：

一、博　学

李燕杰学识的渊博在演讲中表现得尤其明显，一次他在清华大学演讲时说："我不是有什么卖什么，而是你们想吃什么，我当场做什么。"在清华学园里敢说这样的话，足见其胸有成竹。李燕杰出生在一个典型的知识分子家庭，良好的家庭教育，为他打下了坚实的国学基础。他说，我生在北京一个高级知识分子之家，家父早年是清华大学、北京大学两所大学最早的研究生。在我幼年，经常听到梁启超、王国维、陈寅恪、赵元任四位国学大师的名字，又常听到三沈二马两周七位大学者：沈伊默、沈兼士、沈士元、马衡、马裕藻、周树人、周作人，还经常听父亲谈起蔡元培、李大钊、陈独秀、胡适之、叶圣陶、冰心、丁玲……从他们身上我学得文化与智慧，学得文韬。后来，我作为华北大学的学生，参加解放军，有幸从南工团到第四野战军，从基层到高层，曾在野战军、兵团、军、师、团、营、连、排、班实践过，不仅了解到战役与战术，还接触过四野的首长，林、罗、邓、谭、赵、陶、苏，在战火纷飞的年代，经受了南下行军乃至战争的考验，特别是在野司、野政，接触到战略战术，以及《武经七书》，懂得一些兵法及军事哲学，从元帅将军身上学得武略。

李燕杰是当代为数不多的，集哲学、经济学、文学、艺术、教育、心理于一身的世界知名学者。他博闻强记，知识渊博，将丰富的文史哲、天文地理、教育心理等用生动的语言表现出来，在演讲时旁征博引、深入浅出、鞭辟入里、言之凿凿、听之跃跃。

二、厚德载物

在德、才、学、识这四者中，他把德排在第一位，他教育青年为人要"仰不愧于天，俯不愧于人"，要有至大至刚的浩然正气，读万卷书的目的就是要从中

追寻到真善美的轨迹。他说："一个人无德无行，不可能成为一个真正好的演说家。"他认为一个人如果道德败坏，无论逻辑性有多强，语言有多美，在演讲中都起不到好的作用。他为自己定下五条原则来规范自己的言行：在政治上和党中央保持一致；在经济上不拿一分不义之财；在组织上不拉帮结派；在生活和道德上没有不检点的地方；在业务上尽量多讲课，比别人多教几个班。他明确地提出德、才、学、识为演说家的四大支柱，其中德包括品与行。

三、境界高远

李燕杰教授的演讲总是胸怀天下，境界高远，思想深邃。他曾说：我已年近80岁了，深深懂得一个人是难以决定自己的人生长度的，却可以提高人生的高度和拓宽人生的宽度。高度，决定视野，争取站得高些；宽度，左右人生，争取把视野放得宽些，从而增长自己助人的智慧，当然还要增加自己学问的厚度。

李燕杰的演讲主题都是站在国家、民族、人生、时代的高度来探讨大义、大美、大爱、大智慧。70年代末，他的演讲主题为"粉碎旧的枷锁"，80年代初他的演讲主题为"塑造美的心灵"，80年代末他的演讲主题为"发扬拼搏精神"，90年代他的演讲主题为"投身改革大潮"。他的演讲主题总是紧跟时代脉搏，与时俱进。

四、爱的深沉

李燕杰从小就有一颗博爱之心。他的爱总是与国家、民族紧密相连。他认为爱是比金子还珍贵的东西。在他的文章中有这样的句子："爱，是一种美好的凝结。爱，是一种美好的存在。"在他的演讲中，他也时常鼓励青年要学会去爱，不仅要有对祖国、民族的爱，也要有对事业、理想的爱，要有对同志、朋友的爱，还要有对他人的友爱和关爱。他还引导青年在人生中追求高尚的爱情和婚姻。

他在演讲中说："如果全世界人民都理解并推行大爱、大智、大美，我坚信世界将趋于和平；如果在地球上有几个大国都讲大爱、大智、大美，我坚信在世界上会少些战争，会减少自我污染。"他说："大本大元求大智，大爱大美利大成，求真求善又求美，立德立言再立功。"

最为人尊重的是他对青年人深深的爱。他用博大的爱挽救了许多走了歪路、失去信念、犯了错误的青年。他像蜜蜂采蜜一样，辛勤采撷青年心灵深处闪光的东西，酿造那至真、至善、至美的蜜汁，再把它输入青年的心里。2006年他因此获得了世界华人爱心大使奖。

五、启迪智慧

他在演讲中曾经向大家承诺：听我的演讲，一是美的享受，二是赢得智慧。其中有爱的智慧、美的智慧、心灵的智慧、做人的智慧、做事的智慧等，这些都是他多年来思考积累的心血结晶。

李燕杰说过："嘴巴是智慧的窗口。"他通过演讲将他的智慧传达给听众。他将哲学、美学、心理学、艺术学、文学等多种学科思想融入演讲当中，给听众呈现丰富美妙的视听盛宴。

他说演讲要具备如下几个要求：

（一）应该言之有理；

（二）应该言之有物；

（三）应该言之有序；

（四）应该言之有文；

（五）应该讲得圆融。

六、美到极致

在李燕杰的演讲艺术中，美是一个非常重要的概念。李燕杰认为："真、善、美本来就是一个有机的整体，如果说真是本质，那么善就是内涵，而美则是真与善的外在表现。"在他的演讲中，总是追求一种至真、至善、至美，听众能从中获得美的感受和超脱的感觉。他认为演讲是艺术不是技术，而美是艺术最重要的内核，"美是艺术的生命"，"演讲是科学，演讲更是美学"，在演讲中必须有美的追求。"我每天的生活中，无论是在烟波浩渺的滇池，还是在层峦叠嶂的天山，无论是在美加之间尼亚加拉大瀑布前，还是在水城威尼斯的邦迪小船上，无论是在斗室之中读书、写诗、写书法条幅，还是面对成千上万人侃侃而谈，为青年演讲，我都沉浸在一种美的享受中。"他进一步总结道："教学为了传播美，科研为了探讨美，演讲为了歌颂美，劳动为了创造美。我生活的一切，都在美的追求中。"

在演讲语言上，他的演讲非常口语化，也具有声音美和修辞美的双重特点。他的演讲，对于美有六大要求：演讲者要善于引发听众的审美快感，如此才能让听众乐于接受；演讲者要善于构筑审美的磁场，如此才能产生共鸣；演讲者要善于运用审美刺激物，如此才能将听众感情调动起来；演讲者要善于形成审美意境，如此才能给听众回味无穷、身临其境之感；演讲者还要善于促使审美意象得到延伸，如此才能给听众留下深刻印象；最后，演讲者还要善于对审美意象进行哲理概括，如此才能达到入情入理、情理统一的效果。

七、艺术之花

李燕杰认为演讲不仅是艺术，而且还是艺术之花。他说："演讲是艺术不是技术"，"如果说教育是一门艺术，那么，演讲就是艺术中的艺术，是花中之花"。他还这样形容："演讲不是白开水，至少应是碧螺春。"

他强调从演讲形式上引人入胜。"曲是曲也，曲近人情，越曲越折；戏岂戏乎，戏推物理，越戏越真。""文中有戏，戏中有文，识文者看文，不识文者看戏；音里藏调，调里藏音，懂调者听调，不懂调者听音。"

李燕杰说过，他的演讲目的就是让躺在纸上的字站起来，走向听众。李燕杰说："我的演讲演绎出了戏剧的矛盾，所以演讲本身得有志士般的刚毅，诗歌般的激情、小说般的人物形象、戏剧般的矛盾冲突，另外还有书法的气韵、电影的蒙太奇手法。"

李燕杰是名副其实的书法家，他认为书法是美的载体、艺术的化身，一幅成功的书法能长久地震撼人的心灵，给人以鼓舞，给人以启迪。在演讲中他不吝笔墨，经常现场挥毫，他大方赠送的书法作品达3万幅之多。

听李燕杰教授的演讲，无论听众是中国人还是外国人，是企业员工还是企业老板，是教师还是学生，是普通民众还是政府高官，没有人心不在焉，更没有人中途退场。李老的演讲，宛如一块巨大的磁石，牢牢地吸引了听众的视线，牵动着听众的情感，调动起听众的情绪，激发了大家的热情。

李老的演讲似一部波澜壮阔的史诗剧，似一部情节跌宕起伏的电影，他把演讲艺术做到了极致。他的演讲会场，听众时而鸦雀无声，时而笑语朗朗，时而庄严肃穆，时而嘤嘤啜泣。

凡听李老演讲者个个激情振奋，场场掌声雷动，故其被称为当代"国际教育艺术家"。

十几年前，对李燕杰教授的盛名，我如雷贯耳，对李燕杰教授熠熠发光的人格魅力高山仰止；对李老的演讲艺术心慕手追。后因机缘巧合，认识到李老。2004年，在北京郊外的天下第一城有幸拜李燕杰教授为师，至今已有13年。

李燕杰老师常常告诫我们说教育的根本方法是：上所施，下所效。作为教育者、演讲者，我们要规范自己的言行，标杆自己的业绩。所谓学高为师，身正为范。告诫我们在生活和工作方面要做到：为人，有方有圆；工作，有声有色；事业，有板有眼；同志，有情有义；夫妻，有恩有爱；生活，有滋有味。

在恩师的教导之下，我对人生的感悟与认识有了质的飞跃，正所谓：天地间，人最大；乾坤里，师最尊。

作者系中国十大杰出培训师、三生中国副总经理。

让时代声音更有力量

—— 浅谈"一言九鼎"演讲法

郑宏彪

要说机缘，我与演讲的机缘还真是不浅，因为我参军入伍走向广阔社会舞台的时候，也正是中国新时期演讲拉开大幕的时候。这种机缘，为"一言九鼎"演讲法的孕育与形成创造了条件。

"一言九鼎"演讲法的产生背景

20 世纪七八十年代，有两股力量把我推上了演讲的讲台。一股力量是改革开放的大潮，另一股力量是中越边境自卫还击的战火，再加上以李燕杰老师为代表的新时期演讲骄子所形成的榜样力量，使得我这位热血青年、铁血战士与宣传干事不由自主地走上了演讲的征途。特别是我在80年代中期相继走上广州军区政治部组织部青年干事岗位与《战士报》文化主编岗位之后，也走向了更大的演讲舞台。我的演讲之声开始鸣响于中山大学等高等院校、"八一学校"等中小学校和其他社会单位。通过研究演讲泰斗李燕杰教授的演讲艺术与演讲成就，通过欣赏彭清一、颜永平等演讲大师们的高水平演讲，通过总结我自己演讲的经验与体会，我"炮制"了一套"一言九鼎"的演讲方法。

"一言九鼎"演讲法的基本含义

当然，这个"一言九鼎"区别于原成语的意思，是为了一种表述上的方便，也是为了利用人们对于原成语的熟悉程度，加深人们对"一言九鼎"演讲法的认知与记忆。"一言"，指的是演讲的责任与使命，即"发言"、"建言"、"立言"。"九鼎"不是"九个鼎"的意思，而是指在演讲中要有九个"支点"，或者说要有九个"基本点"。

多少年来，这个"一言九鼎"演讲法既是我在演讲创作、演讲策划、演讲实施过程中的基本思路和方法，又成了我评价演讲水平高低的基本标准。也就是说，一场高水平的演讲，最好要以"一言九鼎"的方法进行，要符合"一言九鼎"的要求。

"一言九鼎"演讲法还是我进行演讲教育、演讲培训的基本教材。从20世纪80年代中后期开始，由于我在部队宣传工作和共青团工作的岗位上，所以演讲培训成为我的重要职能之一，应该说"一言九鼎"演讲法萌芽、成形于演讲培训之中，为部队培养了一批又一批演讲骨干。这两年，我又把"一言九鼎"演讲法与培训体系运用于广州卡耐基成功素质培训学校的演讲艺术培训之中，从许多学员的反映来看，这个方法和培训体系是科学而有效的。

"一言九鼎"演讲法的具体内容

"一言"，突出强调的是一个"言"字。演讲，不是为了演讲而演讲，而是演讲者带着责任与追求走上讲台对社会发言、对生活建言、对人生立言。这个"发言"、"建言"、"立言"，可以是自我思考的表述，也可以是民众心声的传达，还应该是时代强音的发布！

被誉为共和国"四大演讲家"之一的李燕杰老师，从20世纪70年代中后期率先走上新时期演讲舞台以来所进行的6 000多场演讲，无一不是在"发言"、"建言"与"立言"，无一不是在表述民众的心声与时代的声音。更重要的是，他善于把握时代特征，每隔几年就提出一个新的演讲专题。在80年代，他的演讲突出的主题是"粉碎旧的枷锁"；90年代初突出的主题是"迎接新时代的挑战"；1995年左右突出的主题又是"投身改革大潮"。也正因为如此，他才被誉为"真善美的传道士"。我倒认为，李燕杰大师还是演讲讲台上的"时代代言人"！

李燕杰大师的风范与品格对我影响很大，促使我在部队的演讲舞台上也做出了一些成绩。在中越边境自卫还击战场上经历过血与火、生与死考验的我，于80年代初在"当兵吃亏"思潮中带着自己的思考与心声走上演讲讲台。革命先烈夏明翰面对砍头，在1928年英勇就义时能够高唱"砍头不要紧，只要主义真。杀了夏明翰，自有后来人"的壮歌。而我们年轻一代共产党人和部队官兵面对"当兵吃亏"又该如何？于是，我在1982年的演讲中唱出了20世纪的第二首"主义诗"，即"吃亏不要紧，只要主义真；亏了我一个，幸福十亿人"。这首"主义诗"只是把夏明翰"主义诗"中的"砍头"换成了"吃亏"，体现出了伟大的"红色信仰"与"红色传承"，使得不少官兵从中受到启发。后来，我又把这首诗投稿到《战士报》发表，再后来就在前线部队中流传开来，又通过《解放军报》《中国青年报》等报刊对这首诗的报道而流传全国。这首通过演讲讲台流传开来的"主义诗"（当年在媒体上称为"战地诗"），不但成为部队化解"当兵吃亏"思潮的有力教材，而且还为新时期全国思想道德建设发挥了一定的作用。

跟随李燕杰等演讲大师的脚步追求演讲事业，演讲事业也成就了我，使得我创造出了载入史册的两个"经典"。第一个"经典"就是上文说的继夏明翰之后的第二首"主义诗"；第二个"经典"则是以"郑宏彪巧对话"为题被收入《世界名人幽默精品大全》《古今中外善辩、奇辩、诡辩实战大观》等书籍，还被一些教授、讲师作为经典案例运用于演讲、口才教学之中。这个在演讲中"巧对话"的故事最初刊载于《演讲与口才》杂志，后才被沉淀为"演讲与幽默"的经典故事。

可以说，我在演讲讲台上发言、建言、立言，追求精彩，而演讲讲台又成就了我精彩的"演讲人生"！

"九鼎"，突出的是演讲的方法与手段。在演讲讲台上发言、建言、立言，必定要追求"时代声音"的力量！那么，怎么才能使演讲中的"时代声音"更有力量呢？根据我自己的经验就是要在讲座型演讲和艺术型演讲中体现"九个支点"。有了"九个支点"，演讲才会更有感染力、震撼力、审美力。最近，我多次欣赏著名演讲家颜永平老师、孙朝阳老师的演讲，发现他们的演讲对"九鼎"的艺术手法更是体现得淋漓尽致。

切入点——智慧、机巧、有力的演讲切入角度和切入方法，是给听众的"第一印象"，因此对演讲是否成功的影响很大。所以，演讲的"开头"与"角度"要精心设计与策划。我常用的"切入点"有"故事切入点"、"幽默切入点"、"侧面切入点"；在出场方法上则有"隐形出场法"、"造型出场法"、"团队出场法"、"影像出场法"等。

演示点——通过某些道具在演讲中进行现场演示，以说明某个观点，从而达到出奇制胜的效果。当然，所演示的内容要经过精心的选择，要新奇，让人意想不到。最好是以大家熟悉的道具，通过演示得出大家没有想到的"结论"。

幽默点——幽默如烹调中的调料，在演讲中是必需的元素！没有了幽默，一场演讲很可能会减色一半。演讲中的幽默，类似于单口相声，自"捧"自"逗"，有的是自抛"包袱"；有的是不露声色的"冷幽默"，让听众自己发笑；有的则是直接的"搞笑"。运用好各类幽默，可以体现出演讲者的"表达智慧"、"审美智慧"和"生活智慧"。

煽情点——演讲在"以理服人"的同时，很大程度上要"以情动人"。要"以情动人"，就必须要掌握和运用好"煽情元素"，在演讲中使用最多的应该是"煽情"的故事与细节。故事与细节，最有感染力，也最能拨动听众的心弦。

互动点——演讲者如果在较大型的演讲中一直是"我说你听"与"高台教化"，这会给听众产生一种"被冷落"的感觉，因此，演讲者在演讲过程中要善于调动听众参与到演讲中来，使得"互动"成为整场演讲的一部分。互动，可以是让听众回答问题，可以是让听众向演讲者提出问题，可以邀听众参与做游戏，可以让观众发表"大演讲"中的"小演讲"等。

才艺点——朗诵、唱歌、曲艺、现场挥毫、小魔术等才艺展示，可以增加演讲的吸引力，也可以让听众觉得演讲者多才多艺，从而产生敬佩感和亲和力。

记得颜永平老师有一次在广州演讲时，突然来了一段"口技快板"，引得全场掌声雷动，一下子使演讲出现一个"高潮沸点"，让听众赞叹不已。

文学点——可以是"文学手段"在演讲中的运用，如"形象"手段、"细节"手法和诗情画意等，也可以是文学名篇、文学名句和文学人物形象的运用。"文学点"在演讲中的适当体现，能够极大地提升演讲的审美水平。

哲理点——一次几分钟的小型演讲或即兴演讲，也许只有一两个"哲理点"，而一场较大型的演讲，很可能是由无数个"哲理点"串联而成。一次演示、一次互动、一个故事，都可能引发出一个哲理点。哲理点，是演讲中理性的闪光点，标志着演讲的理性高度。

升华点——其实就是演讲主题的完成，是对整个演讲所作的概括、提炼与升华，将听众引导到一个"高度"，从而再一次从总体上完成对演讲主题的理解与认同。

必须强调的是，无论是"一言"也好，还是"九鼎"也罢，都必须是服从演讲主题的灵活运用，而不能游离主题之外。一旦游离演讲主题，再好的"幽默点"、"煽情点"、"才艺点"等都是做作与枉然！

作者系中国演讲艺术协会副秘书长、广东演讲学会常务副会长。

爱与美的追求者

——李燕杰从教演讲60年——

大演说家李燕杰的道义担当

马柏华

西塞罗在他的名著《大演说家及其训练》中写道：在数量众多的学者中，有大批精通本业的专家和许多最杰出的天才，但演说家却为数甚少，能使人们屏息聆听的演说家过去和现在都屈指可数。这确实是一个客观存在的事实。而令人高兴的是，自20世纪70年代末开始，我国出现了一批伟大的演说家，如璀璨的明星，增添了人类演说史上的光辉。李燕杰教授就是其中的杰出代表。我们研究李燕杰的演讲艺术，就不能不为他崇高的人格而深深感动。以演说为最主要的方式，承担起一个教育家对祖国、对人民、对人类社会的神圣责任，这正是李燕杰教授作为一个大演说家的伟大之处。本文在此试作粗浅探讨。

李燕杰教授的道义担当，体现在他始终把思想道德教育、把传播真善美作为自己演讲事业的永恒主题。

作为演说家的李燕杰，首先是一位杰出的教育家、教育艺术家。他说："演讲，有各种形式与目的，我所从事的演讲，是面对成千上万听众，进行教育艺术的演讲，目的在于宣传弘扬真善美，抨击假丑恶。"他专注的是人的教育。他说，思想道德教育是永恒的教育，40年来自己的使命不曾改变，那便是"铸魂育才系统工程"。"诗人是捕捉灵魂者，教师是塑造灵魂者，演说家则是唤醒灵魂者。"作为首都师范大学的老师，他在教书育人的课堂开始了自己的演讲事业，而且始终没有离开过这一岗位，但他又能将教育人激励人的讲坛延伸到社会和世界。除了演讲，他还广泛利用谈话、通信、著述等一切可能的宣传形式，去教育青年、影响社会。他对教育事业充满着无限的热忱，曾创办或领导青少年责任与成长大讲堂、青年教育艺术研究所、教育艺术杂志社、中华教育艺术研究会、世界华人教育促进会、

世界华人教育艺术家委员会、北京自修大学等多个教育机构。他提出政治教育不能搞简单化，要诗化、美化、艺术化、哲理化，并创立了教育艺术论及演讲美学。胡耀邦同志曾说："希望有更多的同志像李燕杰那样做青年的思想工作，希望有更多的同志像李燕杰那样成为青年之友。"他被社会所广泛接受、热烈欢迎，被誉为真善美的传道士、铸魂之师、青年的良师益友，在我国现代教育史上占有重要的地位。

尽管技艺卓著的口才艺术家甚至可能将菜单朗诵得催人泪下，但真正伟大的教育家、演说家，首先必须是一个思想家。因为，思想苍白、内容空洞的演说，即使辞藻华丽、声音动听、口若悬河，也是空洞可笑的，也许可能有一些娱乐消遣的作用，但绝不会达到教育人、影响人甚至产生"一人之辩，重于九鼎之宝；三寸之舌，强于百万之师"的巨大力量。西塞罗说："语言必须通过知识的滋养，才能臻于华美绚丽、旁征博引；演说家若不能理解并感受到处于表面以下的事物，演说术就会变成近乎儿语的连篇空话。"君子不器。李燕杰教授幼承家教，对中国传统文化有着深厚的研究功底，是一位国学大师，同时他不拘一格、博览群书，对哲学、经济学、诗歌、书法等诸多领域都有着精深的研究，均可称大家。而且李燕杰追求的不仅是知识，他崇尚的更是智慧，甚至连企业界都称他为"智慧高参"。

李燕杰教授的道义担当，还体现在他对国家、对青年、对人民、对人类无比热爱，具有崇高的"大爱"情怀。

李燕杰教授对共产党、对祖国、对人民、对人类无比热爱。他爱祖国。他在

众多场合表示自己最敬仰的人是屈原、文天祥、鲁迅、闻一多。而这些人都是伟大的爱国主义战士、学者和诗人，鲁迅、闻一多也是伟大的演讲家。他"一爱祖国的山川，二爱祖国的亲人，三爱祖国的传统文化"，更爱"热爱社会主义新中国，热爱共产党所领导的新社会"，并且旗帜鲜明、大张旗鼓地在全世界各地进行演讲宣传，为祖国赢得了尊严和荣誉。他特别爱青年。他在《青年是我师 我是青年友》演讲中说："我认为作为四五十岁的人，就应当把二三十岁的人看成是自己的亲生儿女，首先要真诚地爱护他们。有了这种爱，才会有耐心，才会把自己的时间、精力用在他们身上，而不会感到厌烦。"可以说，作为一名教育家，他无时无刻不在关注、关心着青年，把引导、教育、帮助青年端正理想、信念，增长知识、智慧，健康成长、成才作为自己的职责。李燕杰教授常说："青年是我师，我是青年友。"他对青年的爱，也赢得了青年对他的信任和欢迎。大学生称他为"奔腾5"，高中生称他为"F5"。对人类社会，他同样有着一种深沉的爱。正因为如此，他才关注人类的生存、生活、智慧与发展，关注人的精神生活，弘扬正确的人生观、价值观、道德观。可以说，李燕杰的爱，是一种大爱，而演讲则是他自己对这种大爱的最直接、最酣畅、最完美的表达。一位香港知识分子听了李燕杰的演讲后激动不已，专门写信给他说："李燕杰的演讲是黄金、白银、钻石？不是，他的演讲是阳光、空气、水分，只要有人类存在，李燕杰讲的真、善、美就不会绝灭，而且永远受到广大群众欢迎。"

李燕杰教授的道义担当，还体现在他主动顺应时代发展的潮流，积极满足了时代的需要。

20世纪70年代末期，刚刚走出"文革"的中国，尽管经过了"拨乱反正"，但人们的思想混乱，许多人的理想和信仰迷失了，人们特别是青年一代的情绪中充满了对社会对国家前所未有的失落、迷茫、沮丧。人们的心灵创伤需要治疗，社会情绪需要抚慰，社会信仰需要重建。

正是在这样的历史转折关头，当时作为讲师的李燕杰以强烈的社会责任感、历史使命感和敏锐的洞察力，及时而准确地把握住时代发展的脉搏，勇敢地承担起了社会历史重任，以极大的热忱，从1977年1月25日开始，让自己思想道德教育的讲坛"走出象牙塔，走向十字街头"，以"粉碎旧的枷锁"为主题，义无反顾地投身到重建社会道德体系这一伟大工程中去。80年代初，李燕杰教授又以"塑造美的心灵"为主题进行巡回演讲，产生了巨大的反响，很快红遍中国，极大地推进了国家倡导的"五讲、四美、三热爱"思想教育活动，让其深入人心。许多人听着李燕杰的演讲、读着他的《塑造美的心灵》，奠定了人生观、道德观、价值观。中央领导同志也称他为"巡回大使"。他与同时代涌现出的曲啸、景克宁、刘吉、朱伯儒、张海迪等演讲家，被中央领导同志誉为新中国的"教育艺术家"。

此后，李燕杰教授总是与时俱进，从80年代末的"发扬拼搏精神"，到90年代的"迎接新时代的挑战"、"投身改革大潮"、"做时代弄潮儿"，再到新世纪的"探求超凡智慧"等等，不断推出新的演讲主题。他说："我的思想紧随时代变化不断在变，变了才能赢得听众，回看自己30多年讲到的话题，每一个都在与时代的脉搏一同跳跃。因而，既是我要讲，也是别人要我讲，时代要求我发言。"

古人说："太上有立德，其次有立功，再次有立言。虽久不废，此之谓不朽。"李燕杰教授以自己崇高的人格和道义担当，达到了立德、立功、立言的完美结合，实现了一名大演说家的伟大价值。

作者系中国演讲协会联盟成员、湖南省演讲与口才学会会员。

李燕杰演讲艺术给思想政治教育工作者的启示

张 强

思想政治教育是社会或社会群体用一定的思想观念、政治观点、道德规范，对其成员施加有目的、有计划、有组织的影响，使他们形成符合一定社会所要求的思想品德的社会实践活动，是精神文明建设的首要内容，也是解决各种社会矛盾和问题、建设和谐社会的主要途径之一。

习近平同志强调："宣传思想工作就是要巩固马克思主义在意识形态领域的指导地位，巩固全党全国人民团结奋斗的共同思想基础。"但在当前社会主义市场经济条件下，面对各种思潮和观念的冲击，我们在思想政治教育中遇到了许多新情况、新问题，致使一些思想政治教育者感到困惑，政治工作难作为、大道理没人听的为难情绪在一些从事思想政治教育的同志中占有一定市场。有的同志把工作为难的程度形象地总结为"四去"，即"给大企业家讲半天讲不上去，给弱势群体讲半天讲不下去，给80后90后讲半天讲不进去，给老革命讲半天打回去"。造成思想政治教育不力的原因固然很多，但其中一个重要的原因是教育者自身缺乏做思想政治教育所必需的德学才识。

那么，怎样才能把道理讲好，把思想工作做实，使被教育者心悦诚服呢？李燕杰老师40年来在教育艺术上所取得的非凡成就为我们做出了最好示范。对李燕杰有这样的评价："李燕杰同志，就是像蜜蜂采蜜一样，辛勤采撷青年心灵深处闪光的东西，酿造那至真、至善、至美的蜜汁，再把它输入青年的心里。"的确，他就像一只辛勤的蜜蜂，将他的心血和精力都奉献给了广大青年。

李燕杰老师走向社会演讲40年来，企业界称他为"智慧高参"，青年称他为"铸魂之师"，家长称他为"良师益友"，中央领导称他为"巡回大使"，中学生称他为"F5"，大学生称他为"奔腾5"，被誉为新中国的"教育艺术家"、真善美的传道士、爱与美的化身、点燃心灵之火的人、铸魂之师、青年导师、演讲泰斗、培训鼻祖、国学大师、中国大陆民间美的教育家、中国当代成功智慧学第一人等，成为了思想教育战线上的一棵常青树、不老松。

在最近由中央文献出版社出版的《习仲勋传》中，习仲勋同志两次提到李燕杰老师的名字，就怎样才能有效地做好思想政治教育工作时，习仲勋讲道："北京师范学院有个李燕杰老师，他为什么那样受欢迎呢？他讲的不是空洞洞的一些大道理，不是口号式的，而是结合学生的实际进行教育，有好些思想不对头的学生都转变过来了。"那么，李燕杰老师的示范作用，对于我们当前做好思想政治教育有哪些启示呢？通过学习李燕杰老师的著

作，笔者感到，李燕杰老师的教育艺术对我们做好思想政治教育至少有五点启示，具体可归纳为"五真"。

启示之一：要说真话，增强教育的亲和力

思想政治教育作为教育人、培养人、引导人的一个重要手段，其中的一个重要任务就是要引导人们分清"真善美"和"假恶丑"，从而推崇"真善美"。它的"真"，体现在实事求是、满足人的合理需求、符合人的成长客观规律；它的"善"，体现在符合党和人民的利益、要求；它的"美"，体现在人的能动的创造力量。换而言之，思想政治教育实质上是围绕"真善美"的内容，通过"真善美"的手段，培养"真善美"的人的活动过程。关键是要讲真话。就是在摸清受教育对象基本状况的基础上，坚持不回避、不空谈，认真吃透上级指示精神，注重从受教育者普遍关注的问题等方面入手，把大道理讲实，小道理做实，使受教育者心服口服。

有人问李燕杰老师："您做了6 000多场报告，收到十几万封的来信，原因何在？有什么诀窍？"李燕杰老师答道："没什么诀窍。我认为赢得群众信任，关键在于一个'诚'字，因为你一个人在台上讲，一千人在台下听，也就是有两千只眼睛在看，两千只耳朵在听，你想说假话，想骗人，是不行的。一个演说家，首先要讲真话，讲实话，不能讲一句假话。俗话说：精诚所至，金石为开。""演讲家、公务人员工作的目的在于说服群众，赢得群众。因此，必须真诚、真实，不得说假话，更不得哗众取宠去骗人。""对上不欺天，对下不欺人，对内不欺心，对外不欺世。""要真，使真走近听众；要善，使善走进听众；要美，使美贴近听众。"

李燕杰演讲中的人物形象都来自于现实，有的甚至要经过他亲自的社会调查，在经过艺术的提炼加工后，给听众留下深刻印象。他曾经在河北承德听人讲述了一个著名歌唱家的弟弟与青年女工相爱不离不弃的故事，这位青年女工因患疾病导致瘫痪，这位男子始终坚贞不渝，年复一年尽心照顾着这位女子，终于女子战胜病魔而两人也得以结成眷属。李燕杰听说这个故事后就亲自来到承德市的一个偏僻角落找到了这对夫妇，与其交流沟通，提炼人物情态、动作、内心世界，展现人物形象的魅力。他将这个故事用到了演讲中，这个坚贞纯美的爱情故事感动了无数的年轻人，取得了很好的演讲效果。

启示之二：要动真情，增强教育的感染力

感人心者，莫过于情。思想政治教育要以情感人，要把尊重人、关心人、理解人作为基本的指导原则，真正做到动之以情。所谓尊重人，就是要充分尊重群众的人格、权利、尊严、爱好及习性；所谓关心人，就是要给人以热情和温暖，在解决思想问题的同时为大家排忧解难。思想政治教育只有在尊重人、关心人的基础上，才能实现理解人、激励人、塑造人的目的。

在谈到李燕杰老师的演讲为什么受到群众的欢迎时，李燕杰老师说："一时成败在于权和力，千古成败在于情和理。我手中一无钱二无权，为什么受欢迎呢？一靠情——真情，二靠理——真理。两者结合，必然产生良好效应。情，就是要体察民情，要将心比心，从群众的切身利益出发；理，要实事求是，要以马列主义为指南，结合群众实际，把道理讲通。做到以上两点方能赢得群众。"

有人将他对青年的演讲总结为"五性"：贴心性、针对性、哲理性、趣味性、

思想性。李燕杰老师总结出他做青年教育工作的成功方法：动之以情、晓之以理、喻之以义、施之以爱、导之以行。他主张对青年要"教之以德、识，授之以才、学"。他认为自己对青年的教育是"取之于历史，用之于今天；取之于青年，用之于青年"，他善于用青年带动青年，用先进青年作为榜样来教育青年。他喜欢活跃在青年之中，他不仅了解青年，最重要的是他对青年怀着一种博大无私的爱。有人问："您这个人很宽厚，所以青年喜欢您，您是怎样做到的？"李燕杰老师说："我是爱青年的，只要一看到青年，就感到快慰。"当思想教育工作者们都在诉说着青年的教育工作多么的难做，并指责青年是"歪瓜烂梨"时，李燕杰却大胆地提出了"青年是我师，我是青年友"，"学生是我师，我是学生友"的大胆论点。

基于这些，他非常善于发现青年身上的闪光点，从凡人小事中挖掘出先进事迹，"榜样的力量是无穷的"，他积累了许多典型事例并将它们运用到演讲中去。他善于利用座谈、讨论、谈心的形式，以丰富动人的事例给予青年润物无声的感染和教育。因此，李燕杰的演讲受到了青年的热烈欢迎，在山城重庆就出现了数万名大学生冒大雨举伞聆听他演讲的场景。李燕杰老师说："教育艺术是抒情、造形、达理的美学。情与理不能相悖，形与情亦不能相悖。三者应融合为一，相辅相成，相得益彰。理中有形，理更明；理中有情，情更深。"万绍芬同志在评价李燕杰老师的文章中说："李燕杰老师对祖国和人民怀有真挚的感情，不仅对留学生、领导干部、知识分子等人士演说，更喜欢走进广大群众和青年学生中间，与他们谈人生、谈生活、谈理想。在他看来，引导社会群众和青年一代追求真善美，为促进社会和谐尽一份力，是一个演说家义不容辞的责任与义务。"

启示之三：要求真知，增强教育的喷发力

俗话说："要给人家一碗水，自己要有一桶水。""台上几分钟，台下十年功。"一堂思想教育课，实际上就是对教育者语言表达、知识结构、政策水平、实践经验等多种素质的综合检验，没有扎实的知识积累是难以在教育实践中得心应手的。在这里，李燕杰老师为我们树立了光辉的榜样。

他在散文《读书·人生·感悟》中写道："在漫漫人生路上，书成了我的伴侣，它寄托着我的梦。买书、看书、写书、教书、藏书……平实而又浪漫的一生，就是在书中度过的。书，一本本地买；书，一页页地读；书，一字字地写；书，一堂堂地教；书，一堆堆地藏进地下室。近几十年来，在演讲之余，读万卷书，

行万里路，识万般友，吃万般苦，渐渐地才读懂人生。综观全球，已走了许许多多的城市。放眼世界，又结识了众多的朋友。这几十年来读了许多有字的书，也读了许多无字的书。"

正是李燕杰老师这种孜孜不倦的求知精神使他的学识智慧达到博大之境。他的学识纵越古今，横跨中西，跨越哲学、经济学、文学、美学、教育学、心理学、艺术学等多个学科，他才华横溢，既是一位教育艺术家、演讲艺术家，又是诗人、哲人、书法家、旅行家、易经学家。李燕杰的精神世界、思想境界、学识智慧之博大还在于他注重读另外一种书：大家和大师。他不仅"读万卷书，行万里路"，还结识"万般友"，拜各家大师。在中国历史上，他最敬佩和敬仰的有四个人，古代的屈原和文天祥，他们为国家和民族，为了真理和大义甘愿牺牲自己还有现代的鲁迅和闻一多，这四位都是伟大的爱国主义者、哲学家和诗人，他们作为优秀的榜样给了李燕杰以巨大的影响。他始终认为，人生有四大憾事："遇良师不学，遇良友不交，遇良机不握，遇良医不信。"应该做到："不倚老，不言老，不服老，不怕老，老当益壮；有朝气，有正气，有志气，有骨气，气贯如虹。"

香港的报纸在《美的传教士李燕杰》一文中这样评价他："这位被誉为'像普罗米修斯那样点燃了青年心灵之火'的人，他的超人之处是学识渊博，思想敏捷又长于辞令，他的演讲既富有知识性和哲理性，又生动风趣，充满鼓动性但又不是空调和说教。"李燕杰在演讲中旁征博引、妙语连珠，诗词歌赋、名人名言信手拈来。

启示之四：要下真功，增强教育的驾驭力

台上三分钟，台下十年功。有人问李燕杰老师：记得您在给演讲班上课时曾提出，一个人在工作中要学会三个字，一个"讲"字，一个"写"字，一个"干"字，您是怎么想的？老师回答说："一个干部，或一个教师，要想在事业上做出一些成绩，需要三才，我这样概括：一口才，二文才，三干才。一口才。口才是交流思想、传递信息、抒发感情的工具，无论到什么时候，口头表达总是不能消灭的。二文才。文字表达也很重要，写文章，写讲稿，写报告，写通知，写总结，都要动笔。三干才。要想事业发展，必须实干。毛泽东讲：我们要的是实干家，不是空头理论家，要会干、会实践。以上三才相辅相成，相得益彰。在实际工作中，这三才往往融为一体，所以，我再三强调年轻的演讲家要在上述三个方面同

时提高。"他说："要想取得超人的智慧，必须有超人的实践。要取得超常的业绩，必须有超常的勤奋。教育艺术家，要想教人育德，乃至铸魂，都需要有个基本功。有了基本功，就如同一座大山，有了山之基、山之座，才能形成坚忍不拔的巍巍高山；倘若没有基本功，则如山上浮云，看来似山，其实是云，虚无缥缈，似是而非，将一事无成。教育艺术魅力，是教育美感动力系统所产生的多因一果作用，即诸多因素形成的一种诱人的力度。"有人将他的演讲总结为"六动"：感情激动、上下互动、掌声雷动、笑声涌动、泪花闪动、积极主动；"五不"：演讲半天不坐着，不喝水，不休息，不拿稿子，不要话筒。李燕杰老师说："像这样坐着说话，我很难受，我所有的演讲都是站着，几个小时来回走动，那种气势能感染别人，也能让自己始终激情昂扬。"这也展现了他作为一代演讲大师的敬业精神和无人能及的大家风采。

李燕杰老师在演讲中善于调用各种手段增强演讲的效果，力求做到：抑扬顿挫悦耳动听，遣词造句规范适中，语言流速节奏分明，举例说理情寓其中。他广泛吸取相声语言的幽默有趣、戏剧语言的紧凑明快、朗诵语言的意境韵味等各种优点来丰富自己，把革命道理寓于知识和趣味之中；他善于用励志并富有哲理的书法条幅和扇面为道具，通过现场讲解与听众共享共勉；他善于引用古典诗词、中外名言、日常对话，喜欢拆字析义；他善于借用拟人、借代、夸张、比喻等多种艺术手法，共同来增强演讲的艺术魅力。从而引发听众的学习兴趣，在潜移默化中，受到美的熏陶，逐步培养高尚的理想和追求。

启示之五：要做真人，增强教育的说服力

孟子说："以力服人者，非心服也，力不赡也；以德服人者，中心悦而诚服也，如七十子之服孔子也。"

做思想政治教育，不仅是语言的交流，更需要行为的交流，思想教育的效果如何，不仅取决于语言的生动与否，更在于教育者的智慧和德行。要给别人讲理，自己首先要信理、懂理。如果台上讲大话，台下讲怪话，上课讲正理，下课讲歪理，那么课堂上讲得再正确，针对性再强，表达得再生动，也不会使人信服。直接影响教育的效果，降低政治工作的威信。换句话说，听众不仅听我们讲些什么，更看重我们做些什么，一半靠说，一半靠做。正如老一辈教育家徐特立指出的："教师有两种人格，一种是经师，一种是人师，经师是教学问的，人师是教行为的，

经师易得，人师难求。"我们思想教育工作者是活的科教书，不仅要练好讲功，更要练好做功，既当经师，又当人师。走上讲台不仅做演讲，而且要做人格的示范。李燕杰老师不仅在学识上为我们树立了标杆，在人格上更为我们做出了很好的榜样，他老人家既是经师更是人师。

一是"正人先正己"。在生活中，李燕杰为自己定下五条原则来规范自己的言行：在政治上和党中央保持一致；在经济上不拿一分不义之财；在组织上不拉帮结派；在生活和道德上没有不检点的地方；在业务上尽量多讲课，比别人多教几个班。在他的《演讲美学初探》中，他明确地提出德、才、学、识为演说家的四大支柱，其中德包括品与行。"一个人无德无行，不可能成为一个真正好的演说家。"他认为一个人如果道德败坏，无论逻辑性有多强，语言有多美，在演讲中都起不到好的作用。

他说："教师要为人师表，他们的灵魂美不美，直接影响着他们的学生。这就是所谓上梁不正下梁歪，中梁不正垮下来。"为避免出现"台上你讲，台下必然讲你"的不良恶果，李燕杰老师以诸葛亮"我心如秤，不能为人低昂"和韩愈的"仰不愧天，俯不愧人，内不愧心"的高洁人格来鞭策自己，这种不为人低昂和"三不愧"的精神，正是他一个正直的教育艺术家教书育人的基本准则。他引用孙敬修老师话讲道：" '老师的一言一行对孩子都是极有影响的。孩子的眼睛是"录像机"，耳朵是"录音机"，脑袋是"电子计算机"，录下来的信号装在电子计算机中存储起来，然后指导他的行动。' 这些话讲的多好啊，我们每个演讲者都应当成为听众的楷模。俗语云：身正为师，德高为范。我们的一言一行都要考虑对听众的影响。"有人问李燕杰老师，你在演讲中，一再强调以身作则，自身要言行一致，我很同意，请您再从您的体会中讲讲道理。答："一个演讲家必须言行一致、表里如一，否则台上你讲，台下必然讲你。据我所知，一些贪官在台上讲廉政，必然遭到听众的唾弃。特别是在给青少年演讲时，更要言必由衷。"要" '言必信，行必果。' 一个教育艺术家，一定要率先垂范，言行一致，以身作则。言传必须与身教相结合，否则，一念之差、一行之误，就会使你那许多正确言论，被一个言不由衷所抵消。教师应当是大写的人"。

二是表里如一，台上台下都讲一个理。李燕杰老师强调"讲给别人听的自己先信，要求别人做的自己先行"。为了做到这一点，他很重视自己的品德修养，增强政治纪律观念，对于各种错误倾向和歪风邪气错误观点，不搞被动的迁就，不搞讨好式的迎合。有人问李燕杰老师：现在一些人总着眼于钱，强调在物质上先富起来。在这个"争富"潮中，您为什么在演讲中还讲精神文明？李燕杰老师旗帜鲜明地说："让一些人先富起来的目的，是带领全民族、全国都富起来。所以我对一些人先富起来是支持的。但与此同时，还主张让一些人在精神上先富起来。如果人们只注重钱，把钱看得高于一切，那将是人类文明的一种倒退。"他说："作为一个演说家，必须大义凛然，要有种浩然正气。"做到"坚持原则，不僵化；坚持改革开放，不自由化；坚持正面教育，不简单化"。

总之，李燕杰老师作为真善美的使者，天地人的倡导者和精气神的拥有者，圣智乐善集于一身，成为我们每一位思想政治教育者的楷模。他带给我们的精神财富就像宋·苏轼《前赤壁赋》描写的那样："唯江上之清风，与山间之明月，耳得之而为声，目遇之而成色，取之无禁，用之不竭。"

思想政治教育是一项艰巨而复杂的系统工程，它的作用不是万能的，许多社会矛盾和问题需要通过制度和法律手段方能解决。但如果我们每位从事思想政治教育的同志都能像李燕杰老师那样去想、那样去讲、那样去学、那样去做，存在于心底的许多困惑就会被消除，许多问号就会被拉直，其思想政治教育的针对性和有效性就会有效提升。

作者系"中国好人"，全军二级英雄模范，辽宁省道德模范；原大连市开发区海青岛街道办事处调研员，宣讲团团长，机关党总支书记，中国演讲艺术协常务理事，中华教育艺术家研究会会员。然而，正当张强同志的演讲事业辉煌灿烂时，天嫉英才，中国演讲界最忠诚、最执着、最优秀、最正直、最无私、最勤奋的张强老师因连续演讲，过度劳累，在他人生最后一次党课讲授之后，突发心脏病，于2016年8月24上午在大连市不幸逝世，年仅54岁。张强同志耿直、正义、善良、勇敢、刚毅，他在演讲事业中的执着与奉献精神，成为我们每一个演讲人心中的楷模，成为我们中国演讲界光辉的榜样。张强同志是我们心中永远的英雄，是我们演讲人永远的楷模！张强同志生命不息，演讲不止的精神将永远激励我们中国演讲人前行！

谈李燕杰的演讲哲言

李彩英

恩师李燕杰教授 88 岁华诞回望，教育艺术演说家的功绩历历在目。正可谓：春风绿遍了山河，桃李飘扬着芬芳。今年隆重纪念李老师从教 60 载，演讲 40 年可喜可贺。1977 年 1 月 25 日，李老师走上社会倾情演说，谱写了塑造心灵美的精彩华章；40 载魅力演说使社会杏坛熠熠生辉，照亮了他行遍中华、走过世界 800 多城市的日日夜夜；40 载 6 000 多场演说，李老师演讲声名远扬，人格感召云集了浩浩荡荡的演讲队伍星河灿烂。我们盛赞李老师演说家的功绩，文学家的优秀，哲学家的睿智，国学家的底蕴深厚，更敬仰他是教书育人的楷模。

李老师的演讲享誉海内外，他的演讲影响了我国老、中、青、少几代人。可以说 40 后、50 后、60 后把他的演讲当作精神成长的源泉；70 后、80 后、90 后听着和读着他的《塑造美的心灵》奠定了三观。他的演讲激励感染几亿听众，其中的原因很多，而最重要的一点在于他的演讲处处充满人生哲言。这些哲言不仅包含有美好的信念、理智与情感，而且有美好的意喻和意境，传递人生智慧，也起到了警醒世人、催人上进的作用。

为什么李老师可以创作出如此影响广泛、文采斐然的演讲哲言呢？

首先这得益于他的知识学问广博。他出身书香世家，由此积淀了丰富的学识与正直的人品。他历经坎坷、挫折，寒窗苦读，跋涉于浩瀚的诗山书海。他把人生的磨难当成自己最大的财富，从中创造可贵的真诚、自信、责任和进取等品质。因此，他既能应和着国家、社会的脉搏与听众同感受、共思考，体察社会人群的烦躁、苦恼、焦虑，甚至绝望，又能超越其上，冷静、专注，汇聚自己的知识、修养、人品，有感而发，铸就了"青年是我师，我是青年友""海到无边天作岸，山临绝顶我为峰""宠辱不惊看庭前花开叶落，去留无意望碧空风卷云舒""品若梅花香在骨，人如秋水玉为神"等彪炳时代、警醒世人、催人上进的演讲哲言。

　　"青年是我师，我是青年友"这句哲言诞生于 20 世纪 70 年代末、80 年代初。当时，共和国刚刚走出"文革"的沼泽地，乱定思痛的人们突然发现：时代荒废了！自己的年华、自己的欢乐、自己的生活成为不堪回首的过去与不敢设想的未来。青年一代在迷惑：路在何方？

　　李老师身在校园，心系社会。他为青年的创伤而痛苦，他为青年人生的艰难而沉思。他同青年一起走过黝黑而漫长、失望又迷茫的心灵隧道，从黑暗中看到了希望的太阳。他把人格、学识、信念、责任、激情融于一体，迸发出《粉碎旧的枷锁》《按照美的规律塑造自己》《心上绽放春花，芳草绿遍天涯》《德识才学与真善美》《祖国儿女为中华腾飞而拼搏》等演讲，喊出了青年心中的愤懑与希望，恰如彩虹在雨的世界过后，宣告阳光的方向；恰如春雷，踏着冬的脚步，将绿的生命唤醒。一石激起千层浪，在短短的时间内，李老师收到青年来信达十六万封。

　　青年人为李老师的演讲所感动、鼓舞和振奋，他们或登门拜访，或来信向李老师倾诉内心的痛苦与失落，倾诉失恋、失志、失学、失意甚至失身的不为人知的内心秘密，倾诉向往、目标与理想。从李老师这里，他们得到了心理平衡，找回了重新生活奋斗的勇气和信心。李老师付出了时间、热情、精力与学问。但正是从这里他获取了更多的了解青年、认识青年的信息，从更深的层次把握住青年的所思、所想。

　　油画大师刘海粟有一句名言："黄山是我师，我是黄山友"，因为黄山是他创作灵感的源泉，他理解黄山，崇拜黄山，为此，他可以在 90 岁高龄之时第十次登上黄山。李老师汲取了刘海粟这句话的灵感。他面对青年的敬仰与爱戴，不是陶醉、自满，而是保持冷静与理智，恪守谦逊与勤奋。他认为，做一名演讲家，做一名堪称青年的良师益友并受青年人喜爱的演讲家，就应坚持从青年中来，到青年中去，于是他写下并讲出了"青年是我师，我是青年友"这句鞭策自己工作与生活的座右铭。他说，演讲者的进步永无止境，"久知图画非儿戏，到处云山是我师"。他说，演讲者要永远和听众心心相通，"欲使清风传万古，须如明月印千江"。在他的生活与演讲实践中，他践行着"青年是我师，我是青年友"这句座右铭，理解着青年，感动着青年，与青年同行。

人生最大的障碍是把别人的非议、嘲笑看作不可逾越的高山，被别有用心者的澜言改变命运的道路。只有胸怀宽广、志向高远的人才能对其鄙夷不屑，视险阻为坦途。1985年，李老师的演讲达到新的高峰，他的演讲从国内走向海外。然而相伴而来的不再仅仅是鲜花和赞美，非议、轻蔑、嘲讽像一群幽灵从角落里向他涌来。有的说他"不安心大学教书"，有的说他的演讲不是学问，"只是一个思想，二个故事的简单组合"，甚至有的说他是"四不像"，"是一个不可理解的人"。

也许是在一次寂静的夜读之中，也许是在风飞蝶舞的庭院，也许是在异域他乡的一处神圣讲坛上，李老师突然想到了这样一句哲言："海到无边天作岸，山临绝顶我为峰。"他认识到：求知如同行舟于海上，只有那些不畏风波浪险、发愤图强的人才能有所成就。创业如同攀登，面对别人的嘲讽只有爬山不已，身进山低，弃诽谤者于脚下，才能终有一时，踞绝顶于脚下，拥有"一览众山小"的胸怀与气度。"风卷海浪花万朵，雁上晴空诗一行"，在人生的道路上，种种坎坷激起李老师的慧心颖识，创造了这一句句标志着时代强音的哲言。

1988年1月，李老师等人受邀在深圳与青年朋友座谈，出现了所谓的"蛇口风波"，众多不明真相的人们一时深受迷惑。这对于热爱青年、献身教育艺术演讲事业的李老师来说，无疑是晴天霹雳。这种打击是对政治心灵的深深刺痛，但他从未争辩、驳斥。在报刊杂志、电台电视上，他一丝一毫都没为自己抗争。他只是行色匆匆，辗转于祖国的大江南北，讴歌真善美的永恒，鞭挞假恶丑的鄙陋，他用炽热激扬的演讲证明着自己的信念——讴歌光明是我们这个社会永恒的需要，青年和社会终究会以自己的明知灼识选择真理。

李老师在沉思。在他看来，诋毁就像几片乌云掠过窗外的天空，个人的名利如同花开花落，唯有信念永恒，这信念就是打开假恶丑的荆棘门，走进真善美的玫瑰园；这真我就是心系社会、责任与理想于我心，永不枯萎，绝不回避。他说："生活中总会遇到各种矛盾和风波，我的态度是：久历沧海难为水，身经骇浪傲险情。大海多一份波澜，人生则少一份平庸。"

光阴荏苒，李老师的演讲一直没有中断，他的演讲路越走越长，越走越宽。6 000 场演讲证明了一个不可抹煞的事实：李老师的演讲是受听众喜爱的，李老师是受听众欢迎的，社会需要李老师，时代需要李老师。

　　20 世纪八九十年代，国际共产主义运动史风云突变，险象丛生。苏联：国家解体；东欧：社会剧变。共产主义事业进入了空前的低潮。风雨雷霆骇于前，一些青年甚至部分党员干部不禁心动色变：共产主义红旗还能打多久？面对这些棘手的难点、疑点，李燕杰在演讲中坚持党性、人民性与时代性的高度统一，坚持原则绝不僵化，坚持改革开放绝不自由化，坚持正面教育绝不简单化。他大声鼓与呼：要坚持理想："愿望方觉风浪小，凌空乃知海波平"；要坚持真理："山阻石拦大江毕竟东流去，雪辱霜欺梅花依旧向阳开"。这些哲言警句，令听众醍醐灌顶，茅塞顿开。

　　李老师的演讲生涯至今已步入第 40 个年头，在他的 6 000 多场演讲中，他擅长运用哲言，这始终是他演讲的一大特色。有一位听众说："李燕杰的演讲美，李燕杰的演讲哲言更美。它不仅有美好的信念、理智与情感，而且有美好的意喻与意境。"李燕杰的演讲哲言不仅使听众入耳如脑，而且通过他饱蘸笔墨、挥毫而就的一纸纸书法条幅走进人群，为人们珍藏于居室，牢记于心房。

　　李老师的演讲哲言，融深刻的经验、睿智的思辨、细腻的情感于一体，是他在创造性的思考中铸就的精辟、警人、隽永的哲理语句，用于敷陈真理，抒志言情，以使演讲陶冶听众，启迪听众，感化听众。

　　他的演讲哲言是拨动听众命运的琴弦，又恰似珠玑闪烁，令人目不暇听，心驰神往。如果去掉李老师演讲中的演讲哲言，就会如同夜空消失了星辰，富有魅力的银河就会失去晴朗璀璨。他的演讲之于哲言，犹如璀璨银河之中的星辰，犹如大海之中的船帆，犹如春天之中的花朵。他的寓意深刻的演讲哲言，锐利、准确地剖开热点、难点的本质；它简洁工整，令听众耳目一新；它清晰明快，使听众醒惕、慨叹。它以哲理引导人，以自信鼓舞人，以共鸣感染人，以热情鼓动人。它策人思考，给人智慧，激人勇气，它在生活中不胫而走，不翼而飞，伴你一生。

　　在生活的大海上，飓风在呼啸，波涛在汹涌，桅杆弓起腰轧轧作响。李老师的演讲哲言，如同一只识途的海鸥，伴你片片鼓动的风帆，引导你的人生之船，向着美好的彼岸远航。

作者系首都师范大学副教授，硕士生导师，青年教育艺术研究所副所长。

爱与美的追求者

传习师教之心路

孙朝阳

李燕杰恩师今年 88 岁了，演讲同仁们都喜欢称呼老师为 "80 后"、"90 前"。当岁月沉淀出年华，顿然发现李老师从教已有 60 年、走向社会演讲已有 40 年，两者 "叠加" 有 100 年了，但老师的座右铭依然是 "青年是我师，我是青年友"。

李老师曾告诉我，演讲不是天生就会，需要后天努力培养。他谈到自己小时候不爱讲话，更不敢讲话。1949 年 2 月，李老师在北京大学红楼北侧的民主广场听了郭沫若先生演讲后，自己开始想演讲、学演讲，那时还不到 20 岁。现在，老师已经讲了 60 多年了，到过地球村 880 多个城市，讲了 6 000 多场。所以老师告诉我，演讲不是天生的。这让我想起自己 4 岁才会讲话，当时妈妈还以为是哑巴，奶奶说哭声清脆，不像，应该是说话晚，果然，现在能说了。

李老师曾告诉我，演讲第一智慧是道德，需要学会有智慧的演讲。没有智慧的演讲不是真正的演讲，什么才是演讲的第一智慧呢？老师教导说是道德。这句话应该是老师是第一个提出，没听别人说过。老师对演讲者要有德之理解很深刻。他提出，一个演讲人，要有德、识、才、学，首先强调的是德，青少年朋友们平时所说的德智体美劳，第一个强调的也是德；将来大家走向工作岗位，用人单位要求的德才兼备，放在首位的还是德。中华民族的传统美德源远流长，标志着中华民族的 "形" 与 "魂"。无论 "修身、齐家、治国、平天下" 理念，还是当下积极践行的社会主义核心价值观，都把德放在重中之重的位置。这使我想起我对 "有口才必定是人才" 的理解。在清华大学的一次演讲中，在与学生讲授《闻一多与希特勒演讲之比较》时，我首次提出有口才不等于好口才，是人才不一定有口才，有口才也不一定是人才，有好口才必定是人才，好口才是天下第一才，评判口才好坏的第一标准是道德。

李老师曾告诉我，演讲也是艺术，需要有艺术之美。美在"四有"。一是有感情。演讲人要有真情，要爱憎分明。演讲人，无论对谁，都要有真情实感，青少年感情丰富，最爱说真话、道真情。演讲就是要讲自己经历的事，讲感触最深的事，这样才有感染力、吸引力和穿透力。二是有哲理。没有思想的演讲是苍白无力的。习仲勋同志传记中讲，北京师院李燕杰老师之所以受欢迎，因为他讲真话，不讲假话。老师希望大家演讲时不要讲大话、空话、假话。三是有新意。好的演讲，应当针对社会与观众所需，不断创新，不断改进，从语言到内容都要使观众感到一个"新"字，不是有什么"卖"什么，而是观众想"吃"什么"做"什么。四是有趣味。演讲是一种实践，演讲是一门艺术。于是，我在讲课中经常把语言艺术中的各类别与演讲艺术进行对比，演讲不是朗诵，但要有朗诵般的声情并茂；演讲不是主持，但要有主持般的字正腔圆；演讲不是讲故事，但要有讲故事般的绘声绘色；演讲不是小说，但要有小说般的人物形象；演讲不是戏剧，但要有戏剧般的矛盾冲突；演讲不是相声，但要有相声般的幽默诙谐；演讲不是演电影，但要有演电影般的蒙太奇法；演讲不是书法，但要有书法般的意蕴悠长。

李老师曾经告诉我，演讲能力体现综合素质，需要注意"根面度效"。根，任何事物都有根。树有树根，人类也有根本。没有根，就容易走板。演讲的根，就是中华民族的魂，一个不热爱自己民族和国家的人，就没有演讲的根。面，指的是不谋全局者难谋一隅，不谋万事者难谋一时，抓了根，但要把根置于面之中。就是说，演讲要通过讲述中华民族方方面面的优秀传统文化，来阐述社会主义核

心价值观，也可以理解为讲好中国故事，凝聚中国力量，传播中国声音。度，做人做事都要掌握度，演讲更是如此。李老师在总结演讲之度时说，度就是要坚持四项基本原则别僵化，坚持改革开放别自由化，坚持正面宣传教育别简单化。那怎么办，诗化、美化、艺术化。这样，度就有了弹性。效，是讲究效果，演讲应该是一门教育艺术，教育一定要讲究效果，演讲最大的效果是让演讲者本身和演讲对象达到德、识、才、学之境界。

如何传习恩师之教诲，是我经常思考的问题。虽然做了一些努力，但与恩师之期许和要求还差距甚大。唯有传承真善美，传递正能量，做到德行合一、言行一致，方为始终。

作者系中国演讲艺术协会副会长，广东演讲学会会长，国家教育部高校辅导员能力培训导师，正能量演讲商城创始人。获得中国当代演讲教育事业突出贡献奖、中华爱国工程教育成就勋章、中华演讲教育艺术勋章。

寻找李燕杰，寻找青春激扬的中国梦

张健鹰

在我们的记忆里，李燕杰是一个时代的标记，一段历史的声音，也是几代青年思考、寻找、追梦和升华的记忆。他激情而富有诗意的演讲，使千千万万个青年为之激动、为之沉思、为之奋发；他温和而语重心长的话语，启迪心灵、传递智慧、指引人生方向。

虽然时光流过了很多年，中国社会经历了巨大变化，有的年轻人可能已经忘了曾经给中国青年以巨大影响的李燕杰老师。但是我知道，李燕杰，这个一直秉承"青年是我师，我是青年友"的青春演讲家，却从来没有停止过他的思考、他的热情、他的演讲事业。他一直没有停止过关心青年，与青年一路同行。一直以来，李燕杰老师一直在首都师大的教学一线上忙碌，一直担任中国演讲与口才协会名誉会长、教育艺术杂志社社长等诸多社会兼职，他也一直活跃在演讲台上。我们几个热爱演讲的人也一直跟随李燕杰老师，坚守着中国演讲这个阵地，一直弘扬他提出的演讲四字真言"真善美慧"；一直关注着青年的思想和成长，举办多种活动带动年轻人的学习和进步。88岁高龄的李燕杰老师，还在演讲，还在学习和研究，还在和青年一起，寻找这个新时代的脉搏和声音。

当习近平走进首都师大，紧紧握住李燕杰老师的手，关切地询问：还演讲吗？李燕杰老师回答：讲！习近平说，我来首都师大，有两点收获，一是见到了尊敬的李燕杰老师，二是和青年学生们座谈，畅谈青春和梦想。这，传达了习近平对演讲家的关心和对青年学生的关切。当习近平走上总书记、国家主席、中央军委主席的领导岗位，用他那洪亮磁性的声音宣讲中国梦的时候，我想：李燕杰，这个一直关注青年、引导青年、为青春和梦想鼓与呼的演讲家，他的又一个春天，来到了！同样，在深化改革、民族复兴的伟大进程中，当代中国青年激扬青春、编织梦想、实现人生价值的春天，也来到了！

在庆祝李燕杰老师走向社会演讲40周年以及从教60周年的时候，我突然回忆起了那个激情燃烧的岁月，回忆起那个激扬青春、奋进求索的一代。我也多次和李燕杰老师谈到，我是多么渴望重新寻找到那种激情澎湃的岁月，找到那个青春激扬的群体。青年是祖国的未来，肩负着民族复兴的重任。但是，当今的青年一代，是否还是一个可以标记的符号，一个富有激情和梦想、信念和责任的群体？在这个文化多元、价值多元的时代，谁还可以振臂一呼，应者云集，谁还可以凝聚力量，引领青年，一起寻找青春中国，编织中国梦想？

曾经和李燕杰老师多次谈到此事，谈到今天的现实和焦虑，因为我们知道，新一代青年不能没有梦想、没有激情、没有精神、没有责任和担当。同样，新一代青年更不能没有导师去引导他们的学习、他们的事业、他们的生活；而一个社会，同样不能没有与青年的紧密联系，与青年的共鸣，与青年的共同志向。这也是我一直想"重新寻找李燕杰"的原因。回想当年，与李燕杰老师一起激情梦想的一代青年，在李老师的感召下走出迷茫，探求知识，走向社会，追求梦想，奉献社会。今天，我们是否还能找到那扇大门，通向青年的心灵，启迪他们的智慧，焕发他们的激情？我们是否还能引导一代青年，关注社会忧患，关注人生奉献，关注民族的今天和未来？当代中国青年，是否还能担当起民族复兴的大任，实现民族复兴的中国梦？

20世纪80年代，是李燕杰演讲影响最大的时期，那时的青年，渴求知识，满怀梦想，把自己的命运与祖国紧紧相连，"路漫漫其修远兮，吾将上下而求索"，"国家兴亡，匹夫有责"，"位卑未敢忘忧国"，是当时青年最喜欢的名言，也是当时青年一代忧患祖国、自强拼搏的人生写照。那么，今天呢？今天的青年，还有没有梦想，什么是他们的梦想？他们的梦想是不是还和祖国的未来、民族的复兴联系在一起？这，应该是一个问题，而且不仅仅是青年的问题，这，其实是我们全社会都应该认真思考、深刻自省的问题。

习近平总书记在他著名的中国梦演讲中指出，中国梦是每个中华儿女共同的梦想，是我们的民族复兴梦，实现这个梦想，需要我们全体中华儿女共同努力！而青年们，更是实现中华民族伟大复兴梦想的重要力量。青年的问题一定是社会的问题，我们全社会都应该关心青年、鼓励青年、给青年以希望，赋予青年以责任，让青年亲身感受到自己与民族的命运息息相关，与祖国的命运紧紧相连。把希望给予青年，才能把责任赋予他们，因为青年，本来就应该是我们共同的希望！

写到这里，我更加尊敬我们的李燕杰先生，他是老师，却说：青年是我师；他是演讲家、名人，却说：我是青年友。他为青年演讲，为青年解惑，与青年一路同行，以大爱呼喊青春万岁。当年胡耀邦同志亲自批示，让李燕杰老师做巡回大使，到世界各地演讲，李燕杰老师以教育家、国学家、文学家的身份，走了世界上八百多个城市，也走遍了大江南北、长城内外，他一路走来，依然高擎国学的大旗，弘扬真善美慧的中国文化，为青年学生启迪心灵、传播智慧，为他们编织青春和梦想。李燕杰每到一处，都受到青年学生的热烈欢迎，因为李燕杰，把青年当作最可爱的人，把关心青年，当作自己最大的责任。当时，时任中央书记处书记的习仲勋曾经高度评价李燕杰老师的演讲，他说，李燕杰的演讲为什么那么受欢迎？他讲的不是空空洞洞的大道理，不是口号式的，是结合学生的思想实际进行教育，并提出了教育模式的"李燕杰式的样板"。习近平总书记也派人专程看望李燕杰老师并转达他对演讲界的希望，希望演讲家们为中国梦做好自下而上的宣讲工作。李燕杰老师高兴地告诉我，习近平总书记那么关心我们，其实更是关心青年学生，关心教育，关心我们的未来。李老师说，你们几个做演讲的同志，应该研究一下，我们一起做些力所能及的事。

中国演讲艺术协会常务副会长颜永平是李燕杰老师的学生，一直追随李燕杰老师，为中国演讲鞠躬尽瘁，在演讲台上传递着中国演讲的正能量。这些天来，我一直在准备参加庆祝李燕杰演讲 40 周年、从教 60 周年系列活动的资料，也开始准备中国梦全国巡讲的演讲设计，在准备过程中，我一直坚持这样的想法：我们一定要把关心青少年的成长当作自己义不容辞的责任，当作我们演讲的重要任务。当年李燕杰老师，以春风化雨、润物无声的大爱情怀，创造了中国演讲的传奇；以"青年是我师，我是青年友"的特殊定位，一直保持着与时代精神的紧密联系，一直走在时代的前沿，成为中国演讲的常青树；我们也一定不要忘记作为教育工作者、作为演讲者的责任，关心青年，爱护青年，与青年一起，用青春编织民族复兴的中国梦！

　　　　　　　　　作者系枣庄市演讲朗诵学会副会长兼秘书长。

风卷红旗万里歌

侯建华

美国著名作家海明威在《老人与海》中这样描述："在苍茫的大海上，老人始终闪烁着双眼的光芒，纵使有76次的失败，他就会有第77次的出海，哪怕不是鱼死网破、就是葬身海底，他的每次出海不仅仅都是为了捕鱼，而是为了证明自己是个渔夫……"海明威因此相继获得了美国普利策奖和诺贝尔文学奖。海明威这个响亮的名字与《老人与海》的故事紧紧联系在一起，自20世纪50年代以来感动了一代又一代的美国人。直至今天，"为了证明自己还是个渔夫"的故事一直深深影响和感动着我们。

说起演讲，自然说起李燕杰老师，说起中国的演讲，深思中又令我想起了海明威的《老人与海》，想起了旗帜！因为我深知李燕杰老师是"文革"后走向社会演讲的第一人。

岁月如歌！2014年4月的南国春光正明媚，木棉正花开。一个下午，我的手机里突然传来了召开"李燕杰教授从教60周年、演讲40周年"大型公益演讲活动征稿消息的时候，我的心一下子激动得沸腾起来，作为一名80年代的大学生、文学青年和演讲中人，我的心情难以平静，同时也作为佛山市演讲学会的常务副会长，我想的最多的是能为李燕杰老师的庆祝活动写点什么？

李燕杰老师是一位我十分崇敬的长者和演讲家，这种崇敬缘于他对祖国、对人民、对正义、对真理和善美恒久的热爱和鼓呼，这位88岁的老人不仅从未放下手中的笔，还与时俱进，用澎湃的激情与人民共脉搏，与祖国共命运。

"六十年！／六十载漫漫征途 风雨砥砺／六十年！／六十载守望与跨越 悠悠寒暑／如歌岁月已流成一条从幼稚走向成熟经典的河／时代飞旋／我们对共和国的忠诚不变。"这是我为人民法院成立60周年作的一组诗歌中的"表白"。说起来，

我与李燕杰老师还真有点缘分！我想用在这里也恰好不过。我第一次接触李燕杰这个熟悉而又陌生的名字是在20世纪80年代初、在江西读初中时，那时候对李燕杰这个名字的印象仅仅是停留在上海人民出版社出版的、灰蓝色的李燕杰报告集《塑造美的心灵》那本书的封面上；第二次接触李燕杰这个名字是在收音机里听到了李燕杰老师在北京中央人民广播电台里的演讲报告会的录音，那也是我第一次接触"演讲报告"这个新名词。中学时的一个偶然的机会，我的班主任老师认为我的歌唱得好听，就让我报名参加了全校的演讲比赛，但是演讲毕竟不是唱歌，再加上那时根本没有演讲老师辅导，只是靠自己站在台上背诵作文，比赛结果令自己失望。就在那个时候我才真正开始花三毛钱到新华书店买了我的第一本演讲参考书：李燕杰报告集《塑造美的心灵》；从《塑造美的心灵》那本书中了解了李燕杰，学习了什么是演讲，什么是排比，什么是反问。20世纪90年代初亚洲华语大专辩论赛、演讲比赛、大学生辩论赛相继在中国以星火燎原之势展开。演讲成为了不同层次、不同行业的青年探索真理、展现才华的一大"时髦"舞台。也正是在那个时候，李燕杰老师《塑造美的心灵》为高歌猛进的中国人民热气腾腾的多彩生活平添了浓浓的中国民族文化美的色彩。

我们常说：一个民族要有自己的精神追求。李燕杰教授作为共和国演讲界的泰斗、社会演讲第一人、中国当代演讲史上高新记录保持者，他做到了！一个80多岁的长者，40年，6 000多场演讲报告；60年，100多个国家，800多个城市的演讲……李燕杰老师恰似一支为中国演讲事业尽情燃烧的火把，燃烧自我，照亮他人。

长期以来，李燕杰老师站在历史和时代的制高点，从"国家、民族与正气"讲到"德才学识与真善美"；从"爱情与美"讲到"按照美的规律塑造自己"；从"心上绽开春花，芳草绿遍天涯"讲到"青年是我师，我是青年友"，字里行间，大气磅礴、激励人心、撼人心魄。快30年了，那种莫名的启发与感动竟是如此的清香馥郁，历久难忘。它充实了我的青春生活，带给我光辉灿烂的远景与希望。在幸运与不幸的日子里，它一直鼓励我努力拼搏。无论是在我的中学，还是大学、研究生时代，无论是在江西家乡还是今天的南国佛山，几十年来时间的跨越，《塑造美的心灵》李燕杰报告集至今一直完好地保存在我的身边，陪伴、见证着我的成长，直到现在成为滋养我精神生活、推动我前行的精神食粮，李燕杰老师也成为鼓舞我进步的一面旗帜！

"生活无限、思想不息、白云流水、踏歌同行"是我人生的座右铭，在岁月的长河中，李燕杰老师的演讲和对青年人的理想、进步、成长、爱国、正义注入了源源不断的力量，深深影响激励着我的少年、青年时代。

虽然崇敬这位智慧的长者，我却一直没能够有机会见到李燕杰老师！也许又是一种力量的安排，又或者是我们"师徒"冥冥中注定的缘分，或是同为演讲人心灵的感悟力量。我有幸亲眼目睹李燕杰老师的风采，聆听李燕杰老师的演讲是在

2013年6月9日下午，佛山市演讲与口才学会成立暨中国演讲艺术协会指定培训机构挂牌仪式在佛山市政府的迎宾馆举行。大会讨论并通过了中国演讲界泰斗李燕杰，中国演讲艺术协会副会长、著名演讲家颜永平为佛山市演讲学会的终身荣誉会长；会上李燕杰老师做了幽默风趣的演讲，并送出了他的多幅墨宝。李燕杰老师站在台前一开口，就让那些初次见他的会员和朋友，改变了对一个演讲家、

老权威讲话方式的既定印象，比如精神风貌、对生活的执着热情、在大气而又儒雅、沉稳中对后辈们的拳拳期望之情。他84岁了，但他的笑容只有8岁；他满面红光、精神抖擞，又分明是18岁；他语调激昂、掷地有声，宛如天际滚过的雷声，让人觉得他魁梧得像个军人。在谈到演讲人才需要怎样的素质时，他提出：善于学习，有实干力和预测力是非常必要的，并以他60年的教学演讲经历激励年轻人积极奋斗。当日在陪同李燕杰老师共进晚餐时，我谈到了他的演讲报告集，将隐藏在心中几十年的想对他说的话当着所有在场的领导和朋友一下子表达了出来。大家围坐在餐台前，我站在李燕杰老师身边对着他兴致勃勃地朗诵了30多年前引用他的一段演讲"……在新长征的路上，我们还要跨越多少娄山关、还要穿越多少腊子口……"情到深处，李燕杰老师激动得站起来，对我竖起拇指："你是最棒的！"并紧紧地握住了我的手。

熟悉李燕杰老师的人，无不知道这种"李氏"演讲风格。在每一次的演讲发言中，他都会慷慨激昂、不遗余力地传播正能量，其魁梧的形象、对演讲事业的执着和热爱、语气和态度之坚决，娓娓道来的生活哲理和幽默风趣让大家的印象极为深刻。

我崇敬李燕杰老师，不仅感动于他永葆演讲艺术青春、精益求精、致力演讲事业的执着追求，更感动他一颗饱含深情、洋溢才情的心灵，对青年成长投注的关怀，对祖国和人民的赤胆忠诚。

李燕杰老师的演讲带给我们深远的力量，在我成长的过程中留下印记与思考。无论是在斑斓浴血的人民警察生涯还是在激浊扬清的法院队伍，无论是在窗明几净的讲台还是在扶贫驻村的第一线坚守前行，披一路风尘、奏一路凯歌！80年代以来我参加了无数次的中学、大学、社会和各级演讲比赛，先后获得过全国报告文学征文比赛二等奖、广州日报社集团"全省十大杰出通讯员"等荣誉。

世事如棋、岁月沧桑，但"真、善、美"的力量却是可以传诸久远的，"等闲识得春风面，凭借春风好远航"！我相信在李燕杰老师的引领下，在演讲人的齐心协力下，我们将更加坚定地放歌时代、讴歌人民！

作者系佛山市演讲学会常务副会长。

演说家应该走在时代最前面

—— 细品李燕杰《演讲铸魂与中国梦》

朱新民

2013年6月9日，有幸在佛山迎宾馆小礼堂，聆听了李燕杰老师《演讲铸魂与中国梦》的精彩演讲。根据现场录像资料，我们对演讲内容进行了文字记录和整理。然后，我又冒昧地将文字记录稿寄给李燕杰老师审阅。一周后，李燕杰老师竟然将经过他一字一句修改后文本寄回给我。捧着李燕杰老师寄来的修改稿，我细细地品，慢慢地读。字里行间，处处体现出演讲家严谨的作风。一笔一画的修改字迹里，再现演讲泰斗一丝不苟的风格，令我震撼，令我感动！

带着李燕杰老师演讲的文稿，我和两位好朋友一头扎进了中山电视台编辑工作室，对素材带进行编辑，配字幕。一句又一句，一遍又一遍，反复地读，反复地品。

在此过程中，我如同进了一个知识的宝库，满眼都是璀璨的珍宝；我如捧一部演讲的圣经，无处不展现出智慧的光芒。我如口含一颗橄榄，越品越觉得有滋有味。短短的一个小时的演讲，让人振奋、令人感动、催人奋进。短短的一场演讲，处处彰显出李燕杰老师酣畅淋漓的演讲风采；我时常感叹：我太幸运了！有幸获得如此难得的好机会！我不能独享，我想借此机会，把我感触最深的一些精华和花絮，奉献给大家，与各位分享！

演讲大师展墨宝开篇 —— 巧用道具语言

一上台，李燕杰老师说：想当年，我到广州，来到佛山的时候，那是 1952 年，一位中央领导人，向我们强调，一个人在事业上，不论在任何时间地点，都应该在第一线成为取得第一等成果的战士。而且强调，人活在世界上，不是第一，就是唯一。今天，我的题目是："壮志凌云，强国富民，中国梦；实干兴邦，演讲铸魂，志士心"。加个副标题，《演讲铸魂与中国梦》这题目我觉得挺好，是不是啊？跟中央精神结合得好紧哦。作为共产党人应该跟中央，是不是？说到这里，李燕杰老师让两位助手展开一幅 3 米长的条幅，上写着：

文华元贞　艺林祥集　美文继金石　正气贯中华

林泉雨霁鱼儿出　圃囿风和燕子来

李燕杰老师接着说：这个是本人创作的一个条幅，写的是甲骨文，甲骨文不够，又加上了钟鼎文，钟鼎文不够，又加上了石鼓文。什么意思呢？咱们这个演讲协会成立呀，很不容易的，所以我想把这条幅送给咱们佛山演讲学会。"文华元贞　艺林祥集　美文继金石　正气贯中华　林泉雨霁鱼儿出　圃囿风和燕子来"，书赠佛山演讲与口才学会。

简单解释一下，文华者呢，漂亮也，翻译成英语的话就是 beautiful，同意么？元贞呢，是《易经》的乾卦，元贞、易经，要我解释的话叫很棒。所以这叫 wonderful。一个 beautiful，一个 wonderful，此处应该有鼓掌。演讲是艺术，所以，称之为艺术。艺林祥集啊，祥就是羊，羊者祥也。咱们演讲口才这个协会呢，艺术的林子，吉祥都集中了。这个不是鱼，是鸟，鸟都飞到咱们佛山了。美文继金石，羊大为美，头羊最大，也最美。美文继金石，你们看这继字该多棒，不是我说我棒，是说中国在商朝的时候竟然创造了这么个字，继续下来，怎么个继续法呢？他弄了一个蚕丝卷，又一个蚕丝卷，一卷一卷又一卷，就连接起来了。我们 80 岁的人和 60 岁联系起来，60 岁的跟 40 岁的联系起来，此处应该鼓掌。继金石这个不用我解释，都懂。正气贯中华，这个正字呢也挺好玩的，一竖道，然后这么一撇，这么一个地方，又画了一道。这大拇哥，二拇弟，中三娘，四小弟，这还有个小妞妞。就那个脚，立正，他在一条线上就要正，稍稍往前面一侧呢，就歪，叫不正。所以正气贯中华。这个贯呢，像个糖葫芦，贯穿下来，中华，贯彻在中华的土地上。接下来呢，叫作林泉雨霁鱼儿出，树林子里边，泉水旁边呢，下过了雨后，天晴了，今天好像也挺晴朗的。林泉雨霁鱼儿出，圃圃风和燕子来，送给咱们协会，做个纪念。

（悟：李燕杰老师巧妙地利用条幅文字形式，既明晰展现了主题的内容，又让人享受书法的魅力，加上神奇的语言处理，辅以绘声绘影的体态动作，真可谓演讲史上的经典之作。）

孙悟空拔汗毛的故事 —— 寓意无穷寄深情

李燕杰老师说：一位中央领导同志说，燕杰同志，你应该成为我们的巡回大使啊。你应该像孙悟空那样，拔一把汗毛，变成千万个孙行者。说话间，李燕杰老师拿出一个条幅，对我说：朱老师，这个条幅送给您，"金猴奋起千钧棒，玉宇澄清万里埃"。中央领导让我学孙猴拔一把汗毛变成千万个孙行者。我希望咱们这个演讲协会的每一个年轻人都成为孙悟空，成为演讲家。

（悟：多年来，李燕杰老师为教育事业呕心沥血。一个"孙悟空拔一把汗毛"典故运用，抒发了老师希望要培养出千千万万的接班人殷切期望。我们祝愿李燕杰老师桃李繁茂，春晖永绽。我们期待一个个"小李燕杰"登上演讲舞台，我们期待中国的演讲事业生机勃勃，百花盛开！）

小卡片的故事 —— 伟大来自细微之中

陪同李燕杰老师游览陈村花卉世界时，我留意到李燕杰老师敏捷的才思，谈笑之间处处妙语连珠。回到车上，李老师从口袋里，掏出小卡片，略有所思地在卡片上记录着什么。等到听演讲中，我才恍然大悟。演讲泰斗无时无刻不在练句啊！

李燕杰老师说：那天，我在中央人民广播电台国际台参加几个会议，是谁通知我呢？邓拓的夫人，叫丁一岚。我去啊，迟到了，好难堪啊。那么大，那么有名的演说家迟到了。我一进门看那最前的座位是谁知道吧？是钱学森！我赶快给鞠了个躬，我说钱老，你好。钱学森说李燕杰，你可迟到了。我想说堵车，可人家拿咱们当大演说家看待，我用堵车搪塞来了，合适吗？我说钱老啊，人类科学每前进一步，大千世界就惩罚人类一次啊。钱老就来一句，人类每遭受一次重大灾难，人类总会以更大进步加以补偿。够不够意思啊？

所以学演讲得这么学，别把那契机放过，我兜兜里老有卡片，逮着机会就写下来，那飞机上吐痰的口袋，我用的多啦，只要有好的我就写下来。

学习贾岛，遇到一句话就写下来。那天在湘赣饭店，开那个叫全国政协会议，吃完午饭以后呢，姚老姚雪垠，他也走了过来。"燕杰，你肯不肯到我房间坐一坐啊？"我心想巴不得呢。咱们小人物跟一个大作家坐一坐也是我的光荣啊！刚一落座没有两分钟，姚老就含着眼泪说了一句话："人嘛，耐得寂寞才不寂寞，耐不得寂寞才更加寂寞啊。"

过了没几天，我请萧军萧老给我写字。我说："萧老啊，你给我写几个字吧。""又让我写字啊！"我说："过几天到你家拿去。""行吧。"几天之后写好了，我到后海去了。写的"宠辱不惊看庭前花开叶落，去留无意望碧空风卷云舒"。那个条幅啊，是写我的心啊，很对我的心思啊。出门他老人家送我，我说萧老您留步吧，一把年纪了。他比我大20岁，他还走。我说萧老您留步吧，他还走。我说您最后还有什么嘱咐啊？"李燕杰你整天给年轻人做报告，告诉年轻人任何时候都要抓根本。"哎哟，我说什么意思啊？他说："人活在世界上要懂得，甭管中医西医多伟大，其实就俩字：一呼一吸，停止呼吸就完蛋。军事家、政治家就俩字：一攻一守，如此而已。企业家就是一买一卖、一赔一赚。"他指着我的鼻子说，"你们搞文学艺术的人就是一美一丑。"多么棒啊。前几天，作家开会，在大会堂，我跟萧军她女儿萧云坐一块。都不敢瞎说话，好好地听话，听讲啊。中午吃饭的时候在外面，诶，这次没在大会堂吃。正好大巴一来，我们挨在一块坐，萧云就跟我说："燕杰老师，你跟我爸很熟，我们在编一本书是《萧军语录》，您跟他接触多，您能不能讲几段啊？"哎哟我一想就想到了这段来了，这车上啊坐着大作家40多人啊，我就故意地大声说："这条你必须写上去，萧军同志跟我说'中医西医甭管多伟大就是一呼一吸，军事家、政治家就是一攻一守，企业家就是一买一卖、一赔一赚，咱们搞文学艺术的就是一美一丑。"车上那些作家不约而同地给鼓了掌。

（悟："泰山不拒细壤，故能成其高；江海不择细流，故能就其深。"李燕杰老师这样泰斗级的演说家，依旧利用制作卡片的方式，时时留意，处处积累。如此严谨的治学风格，时时激励我们前进。）

拐棍的启示 —— 老骥伏枥志千里

李燕杰老师在台上将近2小时的演讲，如行云流水，一气呵成。如一曲完美的交响曲，跌宕起伏。你能相信，这是一位 84 岁的老人在演讲吗？

假如你在现场，聆听了李燕杰老师的下面这段话，会让你产生怎样的感受呢？

李燕杰老师说：咱演讲界，同志们，抓紧时间，多做点文章。做得越来越棒，让中央也越来越高兴，老百姓也越来越高兴。所以国家要富强，民族要振兴，老百姓啊，追求的是幸福啊！同志们，我们当作东亚病夫？知道什么叫死人？什么叫战争啊？所以我在日本，去年我也讲这几条说：大爱无外，大爱无内，大爱无私，大爱无畏，大爱无怨，大爱无悔啊，他们全场鼓掌。

我说：大智有谋，大智有慧，大智有德，大智有识，大智有才，大智有学啊。德才学兼有啊！最后，大爱大智大勇，大美至真，大美至善，大美至刚，大美至柔，大美至纯，大美至伟啊！人同此心，心同此理，抓住人类的最大需要，体会中央的精神，我觉得我们真是任重道远！

说实话，昨天我很难受，自己摔了以后，到目前为止，我这腰多疼啊。我要注意下这个衣着，我就带那个枷锁来了。刚才我爱人说你不要带棍，我说对。棍子搁我房间里呢。我腰里面的枷锁也扔家里了，所以这次我的到来确确实实实考虑我们的事业，叫舍命陪君子！必须两肋插刀。

我是这么想的，第一条，当土地与土地被河水隔开的时候，聪明人发明了桥，当大陆与大陆被海水阻隔的时候，就发明了船。今天咱们的会是聪明的桥是智慧的船，是团队的桥是友好的船。

第二句话，别像那海滩上的砂石经常相互碰撞，我们在座的朋友们，要像星空闪烁的星斗，永远互相辉映。

最后一句话，我们前进的路上还有许多磨难，但是我们只要拼搏，还有星星在闪烁，我们就不要害怕人生的路上还有坎坷！让别人做生活的娇子吧！我们的使命永远永远就是开拓。

（悟：84 高龄的演说家，依旧活跃在演讲舞台上。是什么力量支撑呐？是使命感！是责任感！借世纪老人冰心的评价："燕杰同志：诗之心，国之魂，诗如其人。"）

作者系中国演讲艺术协会常务理事、顺德演讲与口才协会会长。

李 燕 杰

—— 中国演讲艺术界的一座永远的丰碑

张湘武

李燕杰，这个名字，在中国演讲艺术界，是个响亮的名字。我 2007 年开始参加演讲与口才培训班，开始学习、教学和培训工作。我真正听说过李燕杰这个名字是在 2008 年，也就是从 2008 年开始去了解"共和国四大演讲家"：李燕杰、曲啸、刘吉、彭清一。后来，我到网上去搜索李燕杰教授的视频及资料。直到 2011 年 8 月在广州，广东演讲学会成立大会上，我参加会议，第一次见到了仰慕已久的李燕杰教授。2014 年 1 月份从广东演讲学会会议上获得李燕杰教授的新著作《不是第一，就是唯一》。我是一位演讲口才爱好者，也是一位演讲口才培训师。我通过直接和间接对李燕杰教授的了解认识，认为李燕杰演讲艺术有"五性"和"两感"。

"五性"是指的：思想性、教育性、艺术性、技巧性、知识性。

第一，思想性。李燕杰教授的演讲思想性很强，认真执行党中央的政策和规定。党和政府需要什么演讲，就讲什么。李燕杰教授把演讲充分地运用起来，为国家的发展、人民的需要，进行鼓与呼。认真宣传马列主义毛泽东思想和邓小平理论，有着很强的思想性。

第二，教育性。李燕杰教授的演讲总是在弘扬真善美、鞭打着假恶丑。听李燕杰教授的演讲，就是受到了教育和启发。教育就是要让人们明白什么是真善美、什么是假恶丑。

第三，艺术性。演讲不仅是一门学问，更是一门艺术。李燕杰教授演讲的艺术性，从演讲形式，表现技巧到现场共鸣等，让人听了一场演讲就如同看了一场表演，是一种艺术的享受。

第四，技巧性。李燕杰教授演讲中，声音技巧、讲故事、比喻修辞等技巧性运用很好。

第五，知识性。李燕杰教授不仅是演讲家，也是国学专家，在演讲中会讲到许多知识，还会联系到许多时事，让观众能学到不少知识。

"两感"是指的：责任感、使命感。

李燕杰教授，1930年出生，今年88岁了，从事教学60周年，社会演讲40周年。60年前，新中国刚成立不久，40年前，"文化大革命"刚结束。从40年前的社会公开演讲到今天，李燕杰教授一直在讲台，一直在演讲。老夫聊发少年狂，李燕杰教授的风采依旧。李燕杰教授的演讲是有强烈责任感和使命感的。许多的演讲爱好者和培训讲师，是以赚钱为目的进行演讲和培训，把赚钱看成了演讲和培训的根本目的，那必然走不好、走不远。当然作为以演讲和培训为职业的讲师，讲课和演讲赚钱是可以理解的，但是还要有责任感和使命感。李燕杰教授的演讲具有强烈的责任感和使命感。他作为一名教授、一名演讲家，为国家利益和人民利益去演讲，为了实现中华民族的伟大复兴去演讲。演讲的起点就不同，演讲的高度就不一样。我们一个演讲口才爱好者和讲师，要想在演讲口才方面有所成绩，一定要有责任感和使命感。

李燕杰，是中国演讲艺术界的一座永远的丰碑。不论过去，现在，还是将来。

作者系广东东莞市演讲与口才协会副会长、惠州德者口才训练中心总经理兼首席教练。

《不是第一，就是唯一》读后感

高 博

  能够在颜老师的课堂上学习演讲与口才，已是十分有幸。能在课堂上了解、接触到老师之师——李燕杰，可谓幸中之幸。至今仍记得在课堂上看的李老的演讲视频，高屋建瓴、气势磅礴、精神矍铄。如果不加说明，绝对看不出是一位80高龄的老人的演讲。而课上时间毕竟有限，不足以领略大师之精神风采，泰斗之思想精华，所以我在课下又拜读了李老的著作《不是第一，就是唯一》，感觉如醍醐灌顶，甚受启发。

  《不是第一，就是唯一》既是一本优秀的演讲教程，又不仅仅是一本演讲教程，还是一篇趣事集锦、一部励志佳作、一锅心灵鸡汤、一场文化盛宴、一册诗词集萃、一次人生苦旅。

  首先，作为演讲泰斗的李老在书中分条缕析，介绍了大量实用的演讲技巧：从上台前的精心准备到演讲中的注意事项，从给力的手势到舒展的态势，从讲话的发声到演讲的内涵，从氛围的营造到语言的简洁，从前瞻性到机敏性，从"气场"到"磁场"，从滔滔不绝的引经据典到风流俏皮的通俗流行。有雅有俗，有继承有发扬，可谓面面俱到。

  然而，正如我前面所讲，《不是第一，就是唯一》不仅仅是一本演讲教程。正所谓"练武先站三年桩"，演讲好比是心灵的武术，自然要练心灵的"基本功"，也就是文化的积淀，人生的感悟，睿智的思考。"基本功"扎实以后，方可鲲鹏展翅。正是在读这本书中，我了解了《周易》，知道了"简易、不易、变易"中的思辨。正是在这本书中，我接触到了大量名人名言，学习到了许多诗词对联，体会到了李老在人生九级浪的起伏中豁达的人生态度和真善的做人风格。没错，演讲是一门艺术，而艺术是心灵的结晶，不是简单的技巧能够概括的。李老之所以能成为

演讲泰斗，不仅仅因为他会演讲，也因为他心静身正，通晓传统，熟习诗词，能诗能画，并且融会贯通，将整个中华文化的精髓吸收、浓缩于七尺之身，所以李老的演讲才能兼具李白的豪气，文天祥的正气，李清照的灵气；才能在中国演讲界中既是第一，又是唯一。

没错，一本优秀的演讲教程，绝不仅仅是一本演讲教程，就像李老的书一样。同样，一位真正的演讲家，也绝不仅仅是一位演讲家，还必然是一位旅行家，一位诗人，一位书法家，一位教育家，一位藏书家，一位作家……就像李老一样。

正所谓"远望方觉风浪小，凌空乃知海波平"。李老的著作将我们带上了一个新的高度，来俯瞰演讲，俯瞰传统，俯瞰人生。我一定会按李老所说，讲真话，做真人，练好口才！

最后，祝李老老当益壮，福如东海，寿比南山，越活越年轻！

作者系清华大学 2015 年春季学期演讲课程学生。

不是第一，就是唯一

何海程

也许是因为"傲清华"的缘故，这个大气的书名一下子就吸引了我的注意力，细读下去，才发现，里面不仅处处体现着李老先生的大气，老先生还一字一句告诉我们什么叫演讲，什么叫好演讲！

演讲就得敢说话，敢说真话。书中讲到这个内容时不是先说说真话怎么样，而是说老先生自己的见闻，再引述各国公关协会的标准，先以例服人，再以理服人，这就叫讲真话，不讲假大空。

演讲要有精气神，难就难在如何让自己的正能量激发听众心中的热情！这一点在老先生的《人生九级浪》中体现得尤为明显：有病无痛，抱着"既来之则安之"的态度直面绝症；有疲无倦，"淡泊以明志，宁静以致远"，活到老，学到老，工作到老；有老无朽，集千古睿智，扬人间正道，立德，立言，立功。

演讲需要才情，但更重在积累。多读书，方能提升修养。本书通篇引进论据，巧妙化用各种各样的前人诗文，"宠辱不惊看庭前花开叶落，去留无意望碧空风卷云舒"，大气又不失浪漫。君不见老先生藏书三万五，熟读四书五经，通晓中外古今？若无平日书读千卷，怎得此时一口万年！

人们都说好的演讲可以振奋人心，但老先生的这本书只用文字就让我感到了演讲的力量与魅力，足以见老先生功力之深厚，感情之真挚！口才口才，满脑才情，激昂文字，从口中呼出，化作一身正气，如果不是第一，便是自己的唯一！

作者系清华大学 2015 年春季学期演讲课程学生。

读《人生九级浪》有感

曹雨晨

当颜老师在讲台上向我们推荐他的老师李燕杰先生之时，我就很好奇了 —— 教出颜老师这样一位奇人的该是怎样一位传奇教授？

学识渊博？那是肯定的！

激情澎湃？那是必需的！

胸怀天下？那是一定的！

那，还有呢？

还有爱，无疆大爱。

读罢他的书《人生九级浪》，我陷入了重重的惊叹以及思考之中。我惊叹于李燕杰先生的才华，惊叹于他对于生命的思考以及热爱，惊叹于他对于成功、对于生活、对于读书、对于时间、对于微笑、对于宽容、对于真善美等诸方面的透彻的领悟以及无私的分享。他是点燃每一个少年人、青年人乃至壮年人、老年人心灵之火的智者，是一个散发着光芒和热力的太阳，是一个永不落幕的传奇。

张立红老师在书中序言里写她自己曾经听了一场李燕杰老师的讲座，就像经历了一场"脑桑拿"一样，刻骨铭心难以忘怀。"先生之风，高山仰止，虽不能至，然心向往之。"我虽然未曾有过机会接触到李燕杰老师，但是我去网上搜索了一些他的视频，也进行了学习。果然，他和我读完《人生九级浪》心中形成的形象一样，是有大智慧的人。他带给了我一场又一场酣畅淋漓的"脑桑拿"，可谓既舒爽而又铭心刻骨。

虽然我从未与老师谋面，可是我从李燕杰老师那里学到了很多，不单单是改变命运的演讲技能，不仅仅是拓宽眼界的锦绣学识，更多的是关乎人的一生的、影响着我看到所有事物眼光的哲思。

在《人生九级浪》中，我每一篇都非常喜欢，拜读再三。我喜欢《让经典带你重走人生路》卷中的文采风流、溢彩流光，让我有机会去邂逅先贤，借鉴他们的智慧；我也喜欢《节约你的人生成本》卷中发人深省的提问以及回答，让我有机会自省我的人生路，努力让我的未来更加光明有望；我更喜欢《生活容不得半点矫情》卷中的老师对于自己人生经历生活态度的娓娓道来，既有胸怀天下的阔达，又有悠然南山的静美，让我备受感染。

"千江有水千江月，万里无云万里天。"李燕杰老师在《读书别忘记时间》这一篇中说他很喜欢这句话。我也很喜欢。

生活是平实的，思想是浪漫的。

宁静地生活，永不停歇地思考，然后再用热情的演讲在读者听众心中添上一把火，让你的、我的、他的人生就此不同。

我很庆幸能够有这样一个机会走近这位不平凡的演讲家，走近他的人生路，走近他的思想，走近他的书房，走近他的世界——哪怕仅仅只是一隅，我也感到庆幸而满足。

人生九级浪，浪翻九重天。再大的浪也不应该打消一个人对于生活的热爱，不应该打退一个人对于工作的热情，不应该打败一个人对于人生的向上的决心。就如李燕杰先生一样——年龄不是问题，岁月不是樊篱，以八十五岁高龄笑对人生，李燕杰先生依旧激情澎湃，依旧热情似火，依旧是许多读者听众心中的太阳。

"生命中的每一天，都是历史上值得纪念的一页。"我很喜欢这句先生写在书页上的话。

希望我、我们，所有李燕杰先生的听众、读者，都能像他期待的一样，把每一天都过得充实而有意义！让每一天都在历史上留下五彩斑斓、浓墨重彩的一笔！

作者系清华大学 2015 年春季学期演讲课程学生。

演讲泰斗，铸魂之师

—— 读《不是第一，就是唯一》有感

朱虹润

李白曾经说过："夫天地者，万物之逆旅，光阴者，百代之过客。"在这无限的时空中，人们希望自己能够化短暂为不朽。不是所有人都能将自己的所长变为崇高的事业，而一位心灵导师做到了。他没想当旅行家，却走遍国内外 800 多个城市；他没想当诗人，却写下了 3 000 多首诗；他没想当书法家，却为海内外诸友书写了 3 万多幅作品；他没想当社会活动家，却有过 800 多个社会头衔；他没想当教育家，却与友人共同创办了国内第一所民办大学 —— 北京自修大学。但是，他是个演讲家，在"地球村"演讲 6 000 余场！他，就是被誉为"铸魂之师"的李燕杰！

读了李老师的《不是第一，就是唯一》后，我为其博学之志与博爱之心而惊叹。从他的《人生九级浪》中我看到了李老师人生经历的丰富饱满；从他对真善美的深刻剖析中我看到了李老师热爱真理、大爱无悔的情操；从他深厚的演讲经验中我看到了李老师对演讲事业的孜孜以求。李老师用铸魂育德的演讲，将至真至善至美注入到人们的心田，净化灵魂、启迪心灵。在李老师对演讲事业的追求中我感受到了他对演讲艺术的热爱，这种爱就像是鹰，有穿云破雾的勇气；像帆，有力挽狂澜的气魄；像剑，有把酒问天的豪情！李老师的文字流露出一种"海到无边天作岸，山临绝顶我为峰"的气概，一种虚怀若谷、海纳百川的境界，一种坚持真理、无私无畏的精神，它折射出的感染力带给人以美的享受。

在这本书的文字背后，我听到了最真实的呐喊和最动情的诉说。李老师将自己演讲的思路与经验详细地阐述出来，其中还渗透了老师对逻辑学、美学、哲学的理解，寓理于情，既包含了实用的演讲技巧，又富有深刻的哲理。在演讲技巧

方面，从如何先把话说好，到玩转语言"前规则"，再到如何优雅地赢得掌声，李老师用严谨而又生动的文笔写出演讲的艺术与精髓。每当沉浸在李老师优美的文字中时我仿佛品酌香茗，文字中散发的缕缕智慧仿佛是涓涓溪流的滴滴水珠，汇出心灵的浪花，是蒙蒙春雨的点点光华，迸发博爱的光辉。

一个时代有一个时代的文化；

一个时代有一个时代的艺术；

一个时代有一个时代的偶像。

李燕杰老师作为时代偶像将演讲的艺术之花绽放得如此光彩绚丽，希望我们能在李老师智慧的滋润下不断突破自我，勇往直前！祝福李燕杰老师桃李芬芳，福乐绵绵！

作者系清华大学 2015 年春季学期演讲课程学生。

爱与美的追求者 ——李燕杰从教演讲60年

做一个阳光的人

—— 读李燕杰老师《人生九级浪》有感

涂李傲

最近有幸拜读了李燕杰老师的《人生九级浪》。感觉收获颇丰，心潮澎湃，于是忍不住写下这篇读后感。

李老师的书分为三个部分，第一部分"让经典带你重走人生路"通过列举经典历史人物的名言来给我们传递先人的为人、处事思想。其中鬼谷子的先养气、后治人的谋略，老子的适度论，曾国藩跨越历史的治学与治世理念都给我很多很多启迪。其中尤以周易对知识和智慧的区分给我留下了最深刻的印象："知识可以相互传授，而智慧只能相互启发"；"知识，或许主要告诉人们这是什么。那么智慧则告诉你，它为什么是这个，将来发展下去又如何"。在现在这个浮躁的社会，越来越多的价值观更加青睐"知识"，因为知识是最容易获得的，也是最容易转化为生产力的。一直以来，我都在追求"知识"，却没有时间静下心来好好感悟智慧，却没有意识到越是到了社会的高层次，比拼的越是智慧的高低。身为时代的接班人，或许我要渐渐将重点放在启发智慧上。

第二部分"节约你的人生成本"则主要反映了李先生对待人生的乐观积极的态度。他在这部分的第一页就说了这么一句话："一个人活在世界上，重要的不在于活了多久，而是在有限的生命中，是否为人们献上了一颗赤子之心；通过自己的辛勤劳动，把幸福与美好的东西全部献给他人。"我个人认为李先生对待事物的态度是无论做什么都尽力而为，无论遇到什么挫折都决不退缩。强者不一定是能力出众的，却一定是当你遇到挫折想要放弃的时候敢于回头勇敢地向困难继续迈步的人。但是当事情做完考虑回报的时候不要要求太多，十成好事能够占三四成就可以了，企图把十件好事全独占，其结果只能落个失意与失望。

如果说第二部分是严格精密的控制自己行为的不二法门，那么第三部分"生活容不得半点矫情"则更加侧重于抒发自己内心的情感，敞开怀抱去感受爱，去感受快乐，去调节自己的内心世界、自己的情绪。这部分对我的帮助实在是太大了。在过去的几年里，我一直在思考人活着是为了什么。而在李先生的书中，我竟然就找到了答案。李先生在"平安地生，宁静地死"一节中说了这么一句话："人生本无意义，全靠自己赋予！"一句话如醍醐灌顶。是啊！我为什么一定要苦苦寻找别人眼里的人生的意义呢？其实人生的意义都是自己赋予的。你给自己的人生意义多少的高度，它就是一个多少的高度。人，重要的不是活着，而是活得精彩而正派。

高山仰止，景行行止。很多人到了老年都喜欢出书，但是我看了很多，绝大部分都是在回忆自己做了些什么，而很少有人真正静下心来认认真真总结思考自己对待人生、对待世界的态度，还能够用这么浅显易懂的话写下来，让我们这些不是很能舞文弄墨的人都能看得懂。单单这一点，就非常值得我们尊敬和仰望的。更难能可贵的是，李先生一直以来都秉承口能言之、身能行之的原则，以自己作为榜样，留给我们学习。听说李老师忍受病痛的折磨已经好几年了，可是依然以乐观积极的态度对待人生，回过头来想想，我们现在遇到的挫折又算得了什么呢？

回头想想现在的大学生，很多人标榜混日子为生活宗旨，想方设法使自己付出的少些，得到的多些，还总结归纳出了一整套的"理论"、"经验"，沾沾自喜地传授给别人。现在的社会太多的浮躁，慢慢开始蔓延到大学内部，越来越多的人开始唯利是图，拜金主义盛行。渐渐丧失了一个二十几岁年轻人应该有的热情与活力。以前，我也被这种氛围所感染，总觉得别人帮我就是天经地义，自己做点什么就很吃亏，弄到最后自己死气沉沉的。但是看了李先生的书，我内心的热情又一次被唤醒了，我终于明白，人生在世，其实最重要的不是那些表面的名和利，而是一个有血有肉的人生，所以我呼吁大家，都敞开心怀，感受别人的爱，也让别人感受到你的爱。

爱吧，爱一切善良的人，即使你不爱我，我也要爱你，爱就是理解，爱就是体谅，爱就是献纳，爱就是无私，爱就是牺牲了自己，也要使人得到慰藉！

人类有了爱，就没有跨不过的山，人类有了爱，就没有克服不了的艰难。

从今天开始，张开双手，拥抱世界，打开心扉，做一个阳光的人！

作者系清华大学 2015 年春季学期演讲课程学生。

爱与美的追求者 ——李燕杰从教演讲60年

演讲旋风刮过 40 载　演讲泰斗艺术之花不败

李志勤

李燕杰，一个在演讲界众人皆知、家喻户晓的名字，这个名字已进入多部名人辞典，也冠有很多个厚重的头衔。自 1977 年他走出象牙塔外，奔向十字街头，刮起"李燕杰旋风"以来，他潇洒、坚定的演讲旋风已刮过了 40 年，在这 40 年的时光中他创造了我国演讲史上的奇迹，在演讲的数量和质量上都突破了世界演讲的纪录。

李燕杰是伟大的精神文明建设的光辉典范，要赞扬他的话，我会选择这两个字：博、慧。博指博学、博爱；慧指智慧。"海纳百川，有容乃大"，他少有博学之志，虚怀若谷、胸怀广阔、博采众长、惊才风逸；"读万卷书，行万里路"，结识"万般友"，人生 88 载的积淀历练，他的学识纵越古今，横跨中西；他是著作等身的教育艺术家、演讲艺术家、诗人、哲人、书法家、旅行家、易经学家，打破了"博而不专，专而不博"的学界魔咒。他境界阔大，不甘沉心书斋，同"用无我的爱，自己牺牲于后起新人"的鲁迅一样，甘当"人梯"，这都源于他对祖国、对青年的博大之爱。

"嘴巴是智慧的窗口"，这是李燕杰说过的，从他的智慧语录中我们看到了他的大成智慧；从他的"人生九级浪"、"人生五对矛盾"及他丰富饱满的生命历程中我们看到了他的人生智慧；从他浩如烟海、灿若星辰的精彩演讲中，我们看到了他的演讲智慧。

"青年是我师，我是青年友"。李燕杰的演讲具有火把般的美丽和温暖，照亮心灵，驱散阴霾和黑暗；他的演讲又像蜜蜂酿蜜，将至真、至美、至善的蜜汁注入青年心田，对青年动之以情、晓之以理、喻之以义、施之以爱、导之以行。

"演讲是科学，演讲更是美学"。李燕杰的演讲是真的火种、善的信使、美的旗帜，他善于化静为动、化虚为实、化远为近，让演讲回味无穷，入情入理，情理统一。

李燕杰的演讲大厦是构筑在多个学科行业的宽厚基石之上的。他演讲家的身份和教育家的身份珠联璧合，心理学的运用让他"知己知彼，百战不殆"；对真善美的深刻剖析，对美学和逻辑学的运用让他的演讲条分缕析、鞭辟入里；诗歌、散文和哲言这些演讲中的"红娘"，又使得演讲这朵艺术之花呈现出丰富多彩、风姿摇曳的美感。

演讲是一门综合艺术，李燕杰的演讲集正、真、美、气、情等于一炉，寓理于情，寓理于形，无中寓有，寓新而美，曲径通幽；动静结合、情景结合、疏密相间，充满诗情画意，留有弦外之音。"让躺在纸上的字站起来，走向听众"，燃起人们的心灵之火，唤醒听众的灵魂。他的演讲像碧螺春般怡人馨香，不是黄金、白银、钻石，而像阳光、空气、水分，温暖人心、润物无声。

回首这弹指而挥过的40载光阴，中国当代演讲的发展日新月异。十一届三中全会以来，第一届演讲学术讨论会的召开、第一份演讲杂志的创办、第一部演讲著作的发行、第一批演讲家的涌现，新时期的演讲事业从开拓、发展，走到今天已经是如火如荼、风生水起、人才济济，演讲组织纷纷建立，演讲交流日益频繁。

李燕杰作为"文革"后最早走向社会的演讲家，踏着时代发展的节拍，他先为"失字号"的青年演讲，再为"求字号"的青年演讲，继而为"超字号"的青年演讲，他的演讲之声滋润过40后、50后、60后……90后的耳朵与心灵，可以说，他的演讲事业的发展与新时期中国演讲事业的发展是同步的，与改革开放的步伐也是同步的。

人生九级浪，行走天地间，擎着爱、美、力，拥着德才学识，凭着博与慧，在演讲的道路上他孜孜以求、奋斗不止。文化大繁荣的号角早已吹响，精神文明建设的号声也更亮，我们祝福李燕杰老师李桃叶茂讲坛不老、福乐绵绵春辉永绽！我们期待一个个的"小李燕杰"走上演讲舞台，我们期待着中国演讲事业的春天生机勃勃、百花齐放！

作者系中国演讲艺术协会联盟副主席、原昆明陆军学院教授。

燕 杰 颂

—— 献给恩师的赞歌

张 强

张强绝作（一）

您不曾为官，
却接受过的无数高官的拜访；
您不是歌星，
却曾是帅男靓女们的偶像；
您不是书商，
可您拥挤的斗室里宛如书的海洋。
十字街头，
听过您激昂的呐喊；
学校、工厂、军营里，
依然有您关于"真、善、美"的回荡。
承载孙行者的使命，
您飞越了五大洲；
传递母亲真诚的呼唤，
您漂过了四大洋。

张强绝作（二）

启迪青年的心灵，
给荒芜的心灵施肥；

创造丰盛人生，

给脱颖而出者领航。

一所没有围墙的大学，

成就了多少求知者的梦想。

青年是我师，

我是青年友。

心与心的沟通，

校正过多少迷茫者的航向。

张强绝作（三）

《大道有言》，

是您心灵的表白；

《走近智慧》，

是您追寻的方向。

不是第一，

便是唯一。

在生命的长河里，

您以弄潮者的豪迈，

踏过了《人生九级浪》。

您有惊无险，

您有困无惑，

您圣智乐善，

您大爱无疆。

我们敬仰您，

因为您德高望重；

我们爱戴您，

因为您是爱的榜样。

浓浓华发下，

蕴藏的是圣者的智慧；

深邃的目光里，

闪烁着思想的光芒。

张强绝作（四）

有人说，

您老了。

已经八十有六

可谁曾知道，

阅历的积淀。

似百年老酒，

已经将年轮化为传习馆的宝藏。

您口吐莲花，

妙语连珠，

您记忆惊人，

过目难忘，

那没有节假日的工作室啊

您加班的时间最长、最长。

还曾有人说，

您过时了，

时间就是金钱，

哪来空闲听什么理想。

是啊，

在他们的眼中，

您只不过是一把伞，

风雨打透了衣襟，

才会衔来用上。

可曾知道，

信念，

是人类前行的路标，

一旦失守，

尤如航船迷失了航向。

张强绝作（五）

于是，

"蛇口"中，

吐出了一口冷气，

把极端自我当作现代意识标榜。

而将心灵的启迪与陈腐说教，

合并了同类项；

于是，

一个光和热的使者卷入了一场莫名的风波，

为个人主义正名，

一时变的甚嚣尘上。

人格扭曲了，

理想与信念的追求成了人们调侃的对象；

道德滑坡了，

大公无私变得既不可及更不可望；

信任危机了，

就连"扶不扶"这一简单的命题，

也成了"两会"代表热议的对象。

舌尖上的安全屡屡失守，

官场腐败危机着党的形象。

这就是我们改革期冀的结果吗？

富裕的中国何时走向真正的富强？

什么是才是引领我们前进的正确路标

我们的民族需要怎样的价值导向？

人们在沉思，

扼腕于社会转型期的"人心不古"，

忧患于炫富女的灵魂空荡。

精神的堕落是一切堕落的开始，

一个失去精神支撑的民族，

又怎能实现复兴的梦想？

物质失去了可以创造，

精神崩溃了的将难以疗伤。

人生需要信仰的引领，

社会需要正确的舆论导向。

有师不学，有儒不尊，这是一个民族的悲凉。

张强绝作（六）

忘不了，首都师大那次深情的问候，

您还讲吗？

讲！

好！

累计不足十个字啊，

可这意味深长的问答，怎能用数字衡量。

德、学、才、识，

是人生高尚的追求；

中华文化的承传，

需要加强、再加强。

于是，

您来了，带着习总书记的重托，

将智慧传习的重任担当。

把每一天当成生命的最后一天，

让人生的晚霞，

放射出最壮美的光芒。

作为您的弟子，

不敢信口张扬的狂言，

两句简朴的心声，

将成为我毕生的方向：

追求您的境界，

吾将奋力向上；

效仿您的为人，

誓做大爱的榜样。

张强绝作（七）

为了中华民族的强盛，

为了铸就国家的盛强。

我们将遵循您的教诲

为国分忧，勇于担当。

这不，

我们正打点行装，

准备出征，

做文明、友善的使者，

去大洋彼岸

让中国好声音在世界回响！

李燕杰老师　您好

钟伟权

李燕杰老师

您好

在距今很遥远的时候

您已用博爱

选择了高尚的从教之路

您高兴地行走在从教路上

无私地奉献

您的爱心

您的真诚

您的善良

您的美德

您的智慧

您一直用行动在深刻地诠释

什么是博爱

什么是责任

什么是教书

什么是育人

什么是德高为师

什么是身正为范

您为人民教育事业

呕心沥血

鞠躬尽瘁

您在北京师范大学授课之声

早已化成春风

吹绿了大江南北和长城内外

您用从教六十年的博爱与坚守

完美地诠释了

人民教师的光荣内涵和神圣使命

李燕杰老师

您好

您用担当精神与博爱行动

开创了中国演讲之路

您曾得到

胡耀邦、江泽民、胡锦涛等同志地亲切接见

您在中国高校巡回演讲

奉献爱心

传递正能量

您走向全球巡回演讲

宣传伟大的中国共产党

宣传伟大的祖国

宣传伟大的中华民族

您开创中国演讲之路

是对从教生涯的美丽升华

中国演讲事业的火炬

是您亲手点燃的

如今

中国演讲事业

在华夏神州如火如荼地发展

您用四十年演讲研究与实践

完美地诠释了

共和国演讲泰斗的准确内涵和家国情怀

您

得到习近平总书记的亲切接见

为中国演讲事业迎来了姹紫嫣红的春天

李燕杰老师

您好

您从教六十年桃李芬芳

香满神州

您演讲四十年传播正义

润物无声

您淡泊名利

把爱心献给了

华夏故园的莘莘学子

您宁静致远

把精力献给了

伟大的中国演讲事业

中国演讲路的后面

一支朝气蓬勃的演讲大军

在深情地呼唤

李燕杰老师 您好

作者系（团中央）中国青少年研究会会员、（教育部）中国教育学会会员、中国演讲艺术协会理事、国家级远程培训优秀辅导老师、全国演讲事业先进个人、湖南省演讲与口才学会常务副秘书长、郴州市演讲协会会长。

山海人·致敬爱的李燕杰教授

补昕龙

您是一座山，
我将用一生去登攀。
仰视顶处，
四海五湖怀中揣。

您是一片海，
我将用一生去追赶。
遥望尽头，
日月星河心里天。

山是庄严的象征，
山是仁慈的化身；
山是神，山也是人。

海是生命的象征，
海是智慧的化身；
海有灵，海也有魂。

您就是那庄严的神，
您就是那仁慈的人，
您就是那生命的灵，
您就是那生命的魂。

六十载春秋两万多的日日夜夜，
您精心培育的桃李早已遍布天下；

四十载冬夏百余国的风风雨雨，
您精彩绝伦的演讲久久响彻寰宇。

世代书香孕就才华纵横，
一生品行赢得天下盛名。
将相何须一世功？
文章未必千古成？
坐观庭前花开花落，
笑看天上逐月追云，
名利不动万寿亭，
天佑京城。
桃李夭夭说墨香，
千帆岸畔一树人。

作者系中国演讲艺术协会理事。

仰望一棵树·致恩师李燕杰教授

许艳文

许多个日子
我徘徊于树林
远远地，仰望一棵树
一棵参天大树
铜枝铁干，葳蕤繁茂
从树根到树尖
站成伟岸的风景

仰望这棵树
想起一句歌词——
"要学那泰山顶上一青松
挺然屹立傲苍穹"
时光荏苒，岁月沧桑
尽管
一场雨，接一场雨
一阵风，续一阵风
却未能摧折青松的意志

奇异的暖风
将我送至大树身边
我站着，久久地仰望
仰望这棵树
倾听一种温暖的声音

像深谷的歌唱

高亢雄浑，回声响亮

树林也开始喧哗

我禁不住放开嗓音

和着这节拍

举手，向大树致意

一棵又一棵树

排列成队伍

长长的，向大树靠拢

别样的景观，令人瞩目

我欣喜地发现

在这队伍中，跃动着

一个个熟悉的身影

作者系文学教授。中国作家协会会员、中国散文学会会员，中国演讲艺术协会理事、中国梦环球行赴欧洲演讲团主讲之一、湖南省大众语言艺术研究会顾问。

诗 二 首

刘延东

藏头诗·赞李燕杰演讲大师

赞扬之声响四海，李氏美名传五洲。

燕赵大地伟男踞，杰出人士善捭阖。

演绎上下五千载，讲述中国好故事。

大功告成齐祝贺，师出有名为梦圆。

七律·李燕杰颂

演讲尊师李燕杰，传播故事未曾歇。

人生路上多风浪，大爱情中少苦绝，

教育园丁三廿载，芬芳学子四相约①。

今朝唱响中国梦，又见大师显气节。

【注释】

①芬芳学子四相约：这里的"四相约"中的"四"是虚指，这句诗的意思是芬芳的学子很多次相约去向李燕杰教授请教学习。这句诗的意思也可以理解为很多芬芳的学子相约去向李燕杰教授请教学习。

歌唱李燕杰

侯希平

盘古开天地，春秋续战国，
秦皇封疆土，汉武壮山河，
唐诗宋词美，元曲明小说，
清盛复衰落，民国输共和。

神州风水好，中华故事多，
智慧传天下，思想更广博，
炎黄有情调，勤劳会生活，
上下五千年，代代传薪火。

忽有一夜风，文化受冷落，
太阳东升时，百花正迷惑。
何以吐芳华，怎样展枝叶？
急煞护花人，教授李燕杰。

好个李燕杰，登台来演说：
人间真善美，永不会凋落，
知识是力量，不懂赶快学。
时间定格在，七七年一月。

从此开新篇，燃起燎原火，
演讲风雷动，中国到外国。
中央代表团，欧美亚讲课，
华夏精气神，全世界传播。

五千场呐喊，卅五年拼搏，
四百万听众，几代人欢乐。
著书展才学，立言彰品德，
当代第一人，后辈难超越。

如今八八翁，精神更矍铄，
心系天下事，思想演讲业，
高徒满天下，遍地开硕果，
无意踏风头，从不缺赞歌。

二零一七春，众人来祝贺，
心潮在沸腾，思绪在雀跃，
花树在欢呼，江河在奏乐，
美誉天下传，歌唱李燕杰！

与李燕杰老师的三次接触

栾贵闽

在自己成长的道路上，看过很多书也聆听了很多讲座，但对自己影响最深的是与李燕杰老师的三次接触，每次都令自己获益。

第一次是在 1999 年，我刚在郑州大学上学，学校在大礼堂组织聆听演讲，台下漆黑一片，大学生们富余的精力让他们只要聚在一起，就有说不完的话题，四周一片嘈杂，我心想，这种嘈杂也许将贯穿演讲会的始终吧，谁能连续坐上一个多钟头听会呢？这时，一束灯光打到了舞台，主持人在一片嘈杂中说完了欢迎词，然后，一名戴着眼镜的儒雅的学者走到了演讲台前，莫名的大家都被他的步伐所吸引，那步伐中透露着力量。他先做了自我介绍："同学们，我叫李燕杰，很多不认识我的人听到我的名字会想起李连杰，可是我要说，这个李燕杰在 30 年前比李连杰要火。"一番幽默十足的开场白，让台下立刻停止了喧哗，接着，老师又说："我从学生中来，我喜欢到学生中去，青年是我师，我是青年友。"简单的几句话仿佛一块磁石，紧紧地吸引住了台下年轻朋友的心。在接下来的两个多小时的时间里，老师带领大家领略了中国古典文化之美，也针对当下的很多社会问题提出了自己的观点，台下的我们感觉自己封闭的心灵似乎打开了窗户，看问题站的层次高了，角度也丰富了。整个会场除了老师的声音就是同学们的鼓掌声、欢笑声，以及偶尔传来的啜泣声。在如此步调一致的会场氛围下，大家完全沉浸在老师的每一句话中，似乎大家的脉搏也都在以同样的速率跳动。演讲结束时，同学们全场起立，雷鸣般的掌声经久不息，大家都不愿离去，李燕杰老师不得不又返场两次和大家道别。

也正是这个晚上，我的内心似乎被种下了一颗种子，里面充盈着老师所给予的满满的正能量，在这种力量的感召下，我努力学习，同时遍寻李燕杰老师的书

籍以及关于演讲的书籍。学校此后举行了几次演讲比赛，我取得了不错的成绩，连我自己都感觉惊讶，而这种惊喜也一直伴随着我工作的点滴进步。在我踏上人民警察的岗位后，我在我市政法系统、纪检系统、团委等部门举办的大型演讲比赛中多次取得好成绩。而回首往事，我衷心地感激李燕杰老师，李老说他的演讲拯救了不少人也改变了不少人，那我也许就是受益于老师演讲的千千万万中的一人。

本以为这次聆听会成为难得的"一生一会"，但正如一位作家所说"相逢的人会再相逢"，我又有两次与老师的近距离接触。如果说聆听演讲让我折服于李老的演讲，那么后两次演讲则让我深深折服于老师人格的伟大。

2015年8月，"诚信与法治"全国演讲比赛在合肥举行，我有幸代表河南省代表队参加了比赛。比赛前一天晚上，主办方举办了欢迎晚宴，大厅里所有人的目光都聚焦在李燕杰老师所在的宴会桌前。李老身体依然矍铄，每个人都感受着他由内而外散发的儒雅气质和"青春"的气息，岁月似乎只是从他身边掠过，却未留下任何痕迹。整个大厅几百人，每个人都想走近李老，问候他并致以敬意。让我想不到的是，每当人走近他，他都会起身，这可是一名正在与癌症搏斗的80多岁的老人啊。他身边的很多演讲界的前辈都劝他注意身体，可他依然以自己最大的努力表达了对演讲晚辈的关爱与厚望。这期间，我有幸再次聆听了李老的演讲并领略了李老的书法，我心想，如果能得到李老的一幅书法作品，我就无憾了。但匆匆的两天比赛，这个念头也只是成为了自己的一个奢望，回到我所生活的城市，很多长辈问我见到李燕杰老师了么？当我拿着与李燕杰老师的合影让他们看时，他们的目光中流露着羡慕。在他们那一代人心目中，李老比当时的任何一位明星都光彩熠熠，因为李老给他们带去的不仅是美，还有在那个贫瘠的时代所稀缺的精神的滋养和生活的力量，他启蒙了整整一代人的美学观。

由于自己在此次全国演讲大赛中取得较好的成绩，我被前辈引荐加入了中国演讲艺术协会联盟，成为一名光荣的会员，并有幸参加了次年举行的中国演讲艺术协会联盟工作会议。在美丽的首都师范大学校园内，我感受着浓厚的学术氛围，并认真领会学习着演讲界前辈们对中国演讲事业的教导。会议期间另外一个意外的收获是，我获得了李燕杰老师的书法作品，"归零"短短两个字，却说出了李老对演讲晚辈的期望与谆谆教导，归零到初心，"不忘初心，方得始终"。如今这幅作品被我装裱存放在家中最醒目的地方，每当我内心浮躁、陷入困惑时，我都会抬头看看这幅书法作品，从中汲取的力量让我变得笃定，从而继续稳步前行。

我曾经无数次地想，如果李燕杰老师现在还能继续对广大青年进行演讲，现在令很多人很多教育专家忧心忡忡的教育问题定会得到改善，青年人的精神面貌也将大为改观。但是，由于身体原因，李燕杰老师把更多的精力投入到了著书立说上，李燕杰老师考虑的是更为长远的问题。《道德经》云"太上，不知有之。其次，亲而誉之。其次，畏之。其次，侮之"，这可以用于说明一个优秀的领导的四个境界，作为一名中国演讲人的精神导师，"李燕杰"这三个字就意味着他是值得我们永远追随的旗帜，李燕杰老师的高尚人格和品行是激励我们前行的动力，李燕杰老师的演讲和话语是我们一生取之不尽、用之不竭的精神宝藏！

作者系河南省濮阳市演艺家协会演讲分会副会长。

李燕杰恩师礼赞

从国峰

"我们的地位在作用中，我们的价值在时效里。""为了形成一家之长，必须兼容各家之美；为了形成一家之美，必须纵览古今中外之义！""为天地立心，为生民立命，为往圣继绝学，为万世开太平。"早在 1998 年 6 月 2 日庆祝中华教育艺术研究会成立十周年大会暨中华教育艺术研究会第五届年会上，李燕杰老师在主题报告中的这几句声若洪钟，铿锵有力的话语至今仍时时在我耳边回响，时时激励着我在演讲道路上上下求索，时时鞭策我在教育艺术的道路上奋然前行。这几句话是如此令我怦然心动，如此令我热血沸腾，如此令我精神感奋，如此令我终生难忘！！让我真正看清了自己今后人生努力的方向，找到了自己应肩负的使命，明确了自己应树立的信念！人，不应当仅仅为自己活着，而是因为有我的存在让这个世界变得更和谐、更幸福、更美好、更精彩！从此以后，我真真切切感到了人生、事业、生活在不断发生新变化、新飞跃！让我从一个默默无闻乡镇一般办事员，一跃被借调到河南省委组织部《新世纪党建》杂志社做一名编辑、记者。在这个郑州省会城市，可以说是人才济济，群星荟萃，能人辈出。在这样环境里，对我的品格、品行、素质、能力、作风确实是一次非常难得的全方位的历练，确实让我发生了脱胎换骨的变化，确实开阔了视野，增长了见识，锤炼了作风，提升了新境界。为以后的工作进步和事业发展打下了坚实的基础。为此，我非常崇拜李燕杰恩师，感激李燕杰恩师！

李燕杰，不愧是演讲培训界的"常青树"，教育艺术界的"不老松"！而今已 88 高龄的李燕杰，仍在演讲，仍在传播中国好声音，仍在讲述中国好故事，仍在传播社会正能量！这，在中国少有，世界上也不多见呀！李燕杰老师，不愧是真的火、善的信使、美的旗帜！李燕杰，不仅属于中国，更属于世界！李燕杰，

是真正悟道、得道、传道的名师、仁师，是真正的兼容各家之美而又博古通今的集大成的大师，是真正有着全球视野、世界眼光的铸魂大师、演讲大师！恩师不但有着海纳百川的宽阔胸襟，而且有着纵览古今、融汇百家的大智大慧；不仅有着德合天地、道济天下的师德品格，而且有着爱行天下、普度众生的敬业奉献精神！我为能遇见李燕杰恩师而庆幸和自豪，为李燕杰恩师精彩、丰盛、传奇的人生而喝彩！

值此李燕杰老师从事社会演讲活动 40 周年到来之际，为表达对燕杰恩师无限爱戴和崇敬之情，特赋小诗一首，以示敬仰和感恩之情：

《李燕杰恩师礼赞》

燕杰恩师不寻常，
历尽人生九级浪。
大本大源求大智，
立德立言谱华章。
德合天地胸襟阔，
道济天下敢担当。
寿高九旬松不老，
躬耕桃李铸辉煌！

见贤思齐仰圭璋

纳兰泽芸

一个小时前，我与恩师通了电话。

电话里的恩师声若洪钟，精气神儿十足。谁能相信，他是一位被癌魔纠缠了十多年的癌症患者？！恩师还幽默地说："正大踏步向 90 岁门槛迈进！"

还记得以前他也说过，很多人是被癌症吓死的，不是被病死的，要相信邪不压正，正气足了，邪气自然不敢侵犯，退避三舍！生命中潜伏着一种能量，当遇到大变故、大打击时，这种潜伏的能量，往往会在顷刻之间被唤醒。

电话里，我们从衣食冷暖聊到工作状况，我也向恩师汇报了近期在大学演讲的情况，恩师听了很高兴，非常亲切地勉励我继续努力，那亲切蔼然的语气，令我眼眶发热。恩师曾跟我说，正式场合下，叫"师傅"，私下里，就叫"爷爷"。

挂断电话，我坐下来，回想这一两年间与恩师之间发生的一幕幕，无限慨然——我何尝想到过，我一个稚嫩的小丫头竟与中国演讲泰斗拥有这样一份醇厚的师生之谊、爷孙之情！

我出生的 80 年代，正是李燕杰爷爷名满天下、名动四方的岁月。

我在皖南一个僻远贫寒的小村庄慢慢成长；而李燕杰爷爷住在北京，彼时他的足迹已遍及全世界。

这样的两个人的人生，正常情况来讲几乎永远不会有交集的可能。

但世事就是如此的白云苍狗。

20 多年后的 2009 年年底，我在上海的福州路书城里买书，偶然看到一本书，名字叫《点亮人生，我是李燕杰》。

在书城书的海洋中，是这样几句话让我决定买下它：

"在中国，有一个声音，承载着民族灵魂的重量，有一双眼睛，充满智慧、宽容与慈祥。从20世纪80年代起，诸多青年纷纷从中找到自信，看到希望，走上正途。他，就是李燕杰！"

"李燕杰，被誉为真善美的传道士、爱与美的化身、点燃心灵之火的人、青年导师、演讲泰斗、培训鼻祖、国学大师、中国大陆民间美的教育家、中国当代成功智慧学第一人，他的《塑造美的心灵》在20世纪80年代发行量超过1 000万册，被誉为抚慰中国人心灵的圣经。企业家称他为智慧高参，媒体称他为中国的卡耐基，青年人称他为铸魂之师，家长称他为良师益友，教育界称他为教育艺术家。"

"李燕杰没想当旅行家，却在地球上行走了680个城市；他没想当演讲家，却在海内外演讲4 300余场；他没想当教育家，却从小学教到大学，创办民办大学，学生30余万人；他没想当诗人，却写诗3 000余首；他没想当书法家，却写书法条幅30 000余幅；他没想当社会活动家，却拥有720个社会职衔；他没想当名人，他的名字与业绩却进入了170部名人大词典。"

那一刻，二十来岁的我被震撼了。这究竟是怎样的一位智者！

那一年，我正因为严重的口吃疾病而导致抑郁症，已经患病了一年多，在常人难以想象的精神痛苦里彷徨着、折磨着、孤独着。看到这本书，我的眼前仿佛隐隐绰绰亮起了一盏灯。

在书里，我看到有人问了演讲大师李燕杰一个问题，这个问题以及大师的回答，就像一束火把照亮了我灰暗的心灵。

那个问题是，您是天生的演讲家吗？

李燕杰大师的回答让我久久不能平静——原来他也曾经是一个很不善言谈的人！也曾经为第二天的演讲紧张到希望上台时立刻停电！

他从小生长在文学之家，爱读书，爱写诗，不爱说话，遇到陌生人，十分腼腆。他18岁进入大学学习时，连小组会上都不敢发言。后来，由于工作需要在人群前讲话，但他非常紧张。在大学学习期间，他当上了学生会主席，第一次发表就职演说的时候，他一直紧张了好几天，真希望上台演讲时停电，这样就可以摸着黑去演讲，可以避免同学们看到他的窘态。

他紧张万分两腿发抖着上了台，硬着头皮开始讲。慢慢地，讲到半截，他忽然发现自己讲得还不错，还挺有条理，还挺受欢迎，自此他才明白自己多少还有一点潜在的演讲才能。

后来，他又经过多年锻炼，成了名副其实的演讲家。

对于有人："李燕杰是天生的演讲家，一下子就轰动了全国。"这一观点，李燕杰大师说他不敢苟同，第一，他不是天生的演讲家，第二，他不是一下子轰动全国。

他说："我是一个不善于辞令的青年人，我只是在实践过程中逐渐学会了演讲而已，并且在实践中坚持学习，不断改进，才做出一点成绩，再加上由于时代的需要，才在社会中产生了一定的影响，如果有些人自以为不善于演讲，请不要灰心，只要勤学苦练，就可以讲好，我就是一个从不会讲到会讲的例证！"

我的故乡是佛教名山九华山，佛教中有"醍醐灌顶"之说。何为醍醐，醍醐就是上好的酥酪上凝聚的油。《涅槃经》说："譬如从牛出乳，从乳出酪，从酪出生苏，从生苏出熟苏，从熟苏出醍醐，醍醐最上，若有服者，众病皆除，所有诸药，皆入其中。"可见这醍醐是珍中之珍，贵中之贵，宝中之宝。

佛教中"醍醐灌顶"是说把纯净而珍贵的酥油浇到头上，可以向被浇者灌输智慧，使人刹那清醒，彻底觉悟。

对于2009年二十多岁的我来说，李燕杰大师的这番问答不啻于一壶清凉透顶的"醍醐"，让我如梦方醒！

我把这番问答认认真真抄写下来，贴在我的书桌前方，一抬头就能看到它。

我想我就是李爷爷口中所说的"有些人"。原来演讲大师李爷爷最初也是那样一个语拙胆怯的状态，我还有什么好怕的呢？我还是有希望摆脱口吃这个恶魔的，我还是有希望迎来自己的朝阳人生的！

看着书封面上李燕杰爷爷慈眉善目、微笑蔼然的样子，我那时在心里说，如果我有一天能够真正认识这位演讲界泰斗，那该多好哇！如果说李燕杰爷爷是一轮太阳，我愿为一棵绿绿的小草，尽可能吸收一些爷爷的光照、温暖与能量。

见贤思齐仰圭璋，我愿与爷爷那样，成为一位拥有正直、勤奋、善良、蔼然等美好品质的人，还要成为一位具有正能量的好人，让接触过我的人，都感到我是一个发光体，具有源源不竭的能量。

此后，我又陆陆续续读了爷爷的《人生九级浪》《生命在高处》《不是第一，就是唯一》等书。

我摘抄书中的睿语嘉句，然后简单装订起来，带在手提包里，上班下班空隙时间，一有空就默诵几句。诸如：

"山阻石拦大江毕竟东流去，雪辱霜欺梅花依旧向阳开。"

"一个盲人说：被黑暗吞没的人，不一定是双目失明的人，而是那些在心灵上失去光明的人。心中有了光，脚下就有了路。"

"博学、笃行，不断学习，积极工作，演讲、著书，乐在其中，有疲而无倦。集睿智、扬正道、懂感恩，有老而无朽。"

"人生在世，少不了寂寞失意，坎坷磨难，甚至阴霾笼罩，困苦相伴。面对挫折与困难，智者总会为自己打气壮胆。要告诉自己——能经天磨真好汉，未遭人嫉是庸才。"

"挫折与磨难是青年人前进的催化剂，心态平和，受苦而不觉苦，形成有艰而无苦的心态。"

"远望方知风浪小，凌空乃觉海波平。"

"山鹰不怕峰峦陡，志士不怕磨难多。冬练三九，夏练三伏。只有吃尽训练之苦，才能享受胜利之甜。"

"一个成就伟大事业的人，往往不是那些幸福之神的宠儿，反而是遭遇过诸多不幸，能发愤图强的苦孩子。挫折磨难是青年人前进的催化剂。一句话，就得要吃苦。你学了好多东西，也只有吃苦，才能成才。年轻，不要怕受苦，不要怕摔跤，栽跟头不是坏事，有助于快速成长。"

"有位哲人说过，当我感叹自己没有鞋穿，我发现很多人没有脚走路。"

"就算遭遇人生九级浪，也要以一种举重若轻的心态，让它九九归一。"

……

每当我在生活中、工作中、写作中、演讲中遇上坎坷，遇上拦路虎之时，我都会轻声诵读这些睿句，这是李爷爷一生智慧、一生经验的结晶。我是多么幸运，就像一位智慧的老人辛苦栽下智慧之树，穷一生精力去呵护，等到挂满智慧之果时，我有幸路过树底，摘而藏之并享之。

另外，我总结了李燕杰老师说的演讲艺术的核心就是四个字：勤学苦练！

正因如此，我以勤奋为鉴，走过了五年多时光。

这五年，前进的每一步，都沾满我的汗水。也有泪水。但那泪水，更多的是欣慰的泪水，是开心的泪水，是喜极而泣的泪水。

这五年，我照常工作，照常照顾家和两个孩子，利用业余的夹缝时间顽强地写作，迄今为止已经在海内外的媒体上发表近2 000篇文章，200多万文字，成为《读者》《青年文摘》《意林》等国内一线期刊的签约作家，进入中国作家协会，入围鲁迅文学奖。

这五年，为了克服口吃，我自创了"最快速朗读法"这个笨办法。我规定自己每天早晨五点钟起床，用我能做到的最快的速度朗读一百页书！终于，有志者，事竟成，我能做到与人进行自如的交流了。

这五年，为了克服在大庭广众之下不敢演说的弊病，我刻苦地训练口语，以顽强的毅力独自一人在地铁上进行了连续二十天的地铁演说，终于成功突破自我，成为一位能够站在这演说台上面对着众多听众挥洒自如的演说者；成为一位被学校、被电视台请去进行演说，进行传授知识的演说者！

……

五年后的今天，回首往昔，我可以自豪地告诉自己，也告诉命运：我是勤奋的！为了兑现我对命运许过的承诺，我没有虚度一天，甚至，没有虚度一个小时！

人们常说，越努力，越幸运。我相信人生是一场马拉松，努力是一辈子的护身符，而幸运，就是努力这张护生符所生发出的耀眼光芒。

我是幸运的。2015年8月，我偶然参加一个在故乡安徽合肥举办的演讲比赛。也许这场比赛最大的收获不是获得怎样的演讲名次，而是慈祥蔼然的李燕杰爷爷真正站在我的面前。

之后，慢慢地，就与李爷爷有了交往与交流，交流之后慈祥的爷爷可能感觉我是个还值得帮助的晚辈，给予我许多的鼓励与帮助。爷爷亲手写了多幅字并且亲自寄给我。我的内心充满感动。

非常感恩他老人家。

2015年末时，爷爷写了一篇文章《李燕杰在2015年的日日夜夜》，我读后内心升起更多的崇敬。——"从年头到年尾，几乎没有我一点的个人时间，我每天仍然坚持早上四时半起床，晚上到十时半上床睡觉，我是在把一年当几年干工作，因为我已经86岁了，距离90岁只有4年了，为此我只能争分抢秒了，我在这一年中除了因为癌症需到医院看病、打针外，我把精力全部放在工作与事业上了，我经常讲习近平主席上任后，干得不错，我们大家都要支持他，帮他把国家搞得更好……"

当时看到这篇文章时，我的眼睛湿润了，我真的非常感动。

我感觉我明白了李爷爷之所以拥有如此波澜壮阔成功人生的原因了——命，是失败者的借口；运，是成功者的谦词。失败者说命不好，心里却后悔，当初没尽力；成功者说是命好，心里却清楚，付出的代价。命运，不是什么神秘的力量，而是自我的花开出的果。如何选择，命运就如何发生。想要知道费了多少心，只需看树上挂了多少果实就可以了。

2016年5月份在首都师范大学举行的演讲艺术节上，李燕杰爷爷深情地感慨：习近平主席很不容易，多少矛盾都积累到今天，难啊！我们作为有血性的真正爱国的中国演讲家，就要团结起来，要精诚团结地紧守住演讲这块阵地！

他还阐述了演讲在历史上的重要性，他说，演讲多么重要啊，回顾人类历史，特别是中国的文化史，从政治上讲，在治乱之中，演讲家起了重要作用，如历代之治——成康之治、文景之治、贞观之治、仁宣之治、康乾之治等等，不仅帝王演讲，还涌现了一大批优秀的演讲家。

他自谦地说他快90岁了，即将要退出历史舞台。他说他不图名不图利，就是想为国家和党的事业多做一点事儿。并且说他一生看起来好像天不怕地不怕，但事实上他仍然还是有三不怕三怕。三不怕是什么呢？他上过战场真刀真枪跟敌人拼过，不怕死；他受过冤枉挨过批挨过斗，不怕斗；如今他拖着病体每日工作14小时以上，不怕苦和累。三怕是什么呢？一怕对不起党和祖国；二怕对不起人民群众；三是作为演讲家，怕对不起听众。

他号召中国全体演讲志士们，下一步要完成中央给的四大任务：

一、继续按照中央精神认真用演讲或宣讲来弘扬中央精神，为实现中国梦而奋斗。

二、进行总结，全面细致总结，要给人民一个臻于完美的答卷。

三、要培养接班人，全力帮助年轻、优秀、爱国爱党的年轻演讲家同志。

四、把演讲教育研究会办好，特别要大力表彰先进人物。

这是怎样的一位老人啊，这是有着怎样的一种大爱情怀的老人啊。正如他自己曾经在一首诗中亲笔写道：

> 我有一颗永不泯灭的爱心，
>
> 爱着那苦难中的人民。
>
> 梦中记起他们的失落，
>
> 醒来看到他们的泪痕。
>
> 我，不是在悲天悯人。
>
> 我要用深深的爱温暖苦难人民的心。
>
> 是真诚相助，绝非同情，
>
> 是真诚抚慰，绝非怜悯。
>
> 人民伴着多灾的世界，
>
> 祖国伴着多难的人民。
>
> 对一切对自己的恩惠，
>
> 我的回答是感恩。
>
> 爱，是恒久的感恩。
>
> 是的，爱是他恒久对祖国、对人民、对时代的感恩！

所以87岁高龄的他无惧耄耋以及癌魔时时刻刻的觊觎窥伺，依然是生命不息，发奋不已。他心里装的不是自己，装的全是祖国的演讲事业、国家、人民，装的是中国梦！

这的的确确是——

> 苍龙日暮还行雨，
>
> 老树春深更著花。
>
> 落红不是无情物，
>
> 化作春泥更护花！

习近平书记曾经在阐释中国梦的时候说，每个人都有理想和追求，都有自己的梦想，而现在大家都在讨论的中国梦，就是实现中华民族的伟大复兴，就是中华民族近代以来最伟大的梦想。这个梦想，凝聚了几代中国人的夙愿，体现了中华民族和中国人民的整体利益，是每一个中华儿女的共同期盼。

习书记说得没错，的确如此！历史告诉我们，每个人的前途命运都与国家和民族的前途命运紧密相连。国家好，民族好，大家才会好。实现中华民族伟大复兴是一项光荣而艰巨的事业，需要一代又一代中国人共同为之努力。

习书记说，中华民族的昨天，是"雄关漫道真如铁"，近代以后，中华民族遭受的苦难之重、付出的牺牲之大，在世界历史上都是罕见的；中华民族的今天，是"人间正道是沧桑"，改革开放以来，中国人民终于找到了实现中华民族伟大复兴的正确道路，取得了举世瞩目的成就；中华民族的明天，是"长风破浪会有时"，现在中国人民比历史上任何时期都更接近中华民族伟大复兴的目标，比历史上任何时期都更有信心、有能力实现这个目标。

习主席的话让我们警醒，是的，我们必须牢记，落后就要挨打，发展才能自强。功崇惟志，业广惟勤，有梦想，有机会，有奋斗，一切美好的东西才能够创造出来。全国各族人民一定要牢记使命，心往一处想，劲往一处使，用13亿人的智慧和力量汇集起不可战胜的磅礴力量。

而在这股人民力量的滔滔洪流当中，全国广大青年，更是一股不容忽视的坚强力量，青年们志存高远，努力增长知识，锤炼意志，让青春在时代进步中焕发出绚丽的光彩。青年人作为祖国建设未来的中坚力量，其精神风貌和拼搏精神与中国梦的最终实现更是息息相关！

梁启超说："故今日之责任，不在他人，而全在我少年。少年智则国智，少年富则国富；少年强则国强，少年独立则国独立；少年自由则国自由；少年进步则国进步；少年胜于欧洲，则国胜于欧洲；少年雄于地球，则国雄于地球。"

梁任公在这里所说的是"少年"，然而，这何尝不也是广大青年的写照呢——青年智则国智，青年富则国富；青年强则国强，青年独立则国独立；青年自由则国自由；青年进步则国进步；青年胜于欧洲，则国胜于欧洲；青年雄于地球，则国雄于地球！

而我，纳兰，作为一名新时代的青年，暗暗在心里告诉自己，一定要以李燕杰爷爷为人生的航标灯，驾驭着这一叶人生小舟不偏离航向，认认真真驶向生活的远方。

一百多年前，美国总统林肯称赞作家爱默生，他说："在浮躁的社会里，我们需要真正的声音；在卑琐的生活里，我们需要警醒和鼓励！"

一百多年后，中国中央领导称赞演讲家李燕杰说："燕杰同志，你应该成为我们的巡回大使，应该像孙悟空那样，拔一根汗毛，变成千万个孙行者啊！"

见贤思齐仰圭璋，我也愿意成为李燕杰爷爷变化出的千万个"孙行者"中的一员，我也决心要与李燕杰爷爷那样，成为一位拥有正直、勤奋、善良、蔼然、爱国、爱党等美好品质的人，还要成为一位具有正能量的好人，让接触过我的人，让读过我文章的人、听过我演讲的人，尤其是年轻人，都能感受到乐观、奋发、蓬勃、向上的正能量，如果中国的年轻一代都能够具备这样的品质与精神，何愁不能实现伟大的中国梦！

还有，我愿意一生成为他老人家的弟子。我知道自己天资驽钝，不够冰雪聪敏，但古人说得好：天下事有难易乎？为之，则难者亦易矣；不为，则易者亦难矣。吾资之昏，不逮人也；吾材之庸，不逮人也；旦旦而学之，久而不怠焉，迄乎成。

我会努力，我会每天持之以恒地一点点提高自己。我坚信，快船迟开晚进港，笨鸟先飞早入林。

如今，我的"恩师梦"已然实现。2016年6月，我正式拜李燕杰爷爷为师——"恩结师生缘，永志不忘"。

> 二十年风雨浪浇，雨霁云消，心事如潮。
>
> 念恩师一生为豪，一生勤劳，报恩何朝？
>
> 师者如兰，香远益清。
>
> 师者何以为师？示以美好，授以希望。

著名的歌唱家廖昌永曾经说过一句话，他说他从一个山沟沟里的苦娃娃成长为一位誉满全球的歌唱家，是因为他的恩师周小燕老师给他的不仅仅是唱歌上面的启示，还有很多很多做人方面的启示。所以他非常非常感恩他的老师！

我凝视这个"恩"字，蓦然发现，上面的"因"，那是"因为有您"，下面的"心"，那是"心怀感激。"

所以，恩师李爷爷，因为有您，纳兰心怀感激。

纳兰定会谨记您的教诲——

"大本大元求大智，大爱大美利大成。求真求善又求美，立德立言再立功！"

作者系籍贯安徽池州，现居上海，机关单位工作人员。业余坚持写作、演讲爱好。中国作家协会会员，中国演讲艺术协会常务理事。入围第六届鲁迅文学奖。

传播正能量，我们在路上

孔 利

尊敬的李燕杰教授、各位演讲前辈、各位老师：

大家好！

我是一名普通的演讲爱好者，1986年在学校举办的演讲比赛中，荣获第二名，从此开启了我对演讲的热爱与追求。参加工作后，多次在省市演讲比赛中获奖。80年代，我还是在收音机里听到李燕杰教授的演讲，好像是《塑造美的心灵》。记得那个时候我们都要学习"五讲四美三热爱"，给了我们这一代人很多正能量的东西，也使我的人生发生了很多变化。在我四十岁的时候，开办了我市首家演讲与口才训练班，到2017年1月25日整十年。忽闻1月25日是李燕杰教授从教60周年、从事社会演讲活动40周年很是高兴，感觉和李燕杰教授非常有缘。

2016年参加《演讲与口才》杂志社举办的推介会上，我正在听李燕杰教授演讲，当时手里还拿着摄像机在录像，李燕杰教授赠送台下的老师他亲笔写的墨宝，由于我举手最快，有幸获得李燕杰教授亲笔写的"口能言之，身能行之，国宝也"。

2016年12月26日在纪念毛泽东诞辰123周年、逝世40周年暨第四届"李燕杰杯"毛泽东诗词朗诵演唱书画艺术大赛上我又获得独有英雄特等奖，非常有幸，又见到了我万分敬佩的李燕杰教授，并和李燕杰教授合影留念，让我终生难忘。虽然我没有做出惊天动地的事情，但是前辈们的言行，时时处处影响着我，认真拜读李燕杰教授出版的书籍，去感悟美，发现美，传递美，并运用到实际教学训练中，传递给我的孩子们，传播正能量。

和李燕杰教授这么有缘分，我就在想以什么方式来表达我对李燕杰教授的崇敬呢？正好1月25日也是我们飞鹰成长口才训练成立十周年，我就制作了一些彩旗，在1月17日我们的十周年诗歌朗诵会上为李燕杰教授祝福。我们的2017

正能量朗读冬令营公益活动正在进行中，今天下午我们这些小营员也拿起手中的彩旗，一起祝福李燕杰教授健康长寿！

传播正能量，我们一直在路上。

作者系河北邢台飞鹰成长咨询服务有限公司。

爱与美的追求者 ——李燕杰从教演讲60年

祝福李燕杰

刘育良

我是在读大学时，第一次感受到燕杰恩师的演讲，殊胜大缘，当时我记得是一位老师播放了先生的演讲视频，我们坐在阶梯教室，通过录像机，感受了先生纵横捭阖、激情跌宕的演讲，于我内心，冲击之大，波澜壮阔，我第一次感受到，一个人可以那么潇洒、那么从容、那么博爱、那么绽放！

我记得老师在一段演讲中说：有一个美国女大学生，她恳请老师把中国的"爱"这个字写在她的胸前，因为她被老师所诉说的中国之大爱，深深地感动和折服。老师说："不能写在胸前，但是可以写在背后。"于是在她的衣服后背上用笔写了一个大大的中国的"爱"字，扬我华夏千年仁爱之文明。这个妙趣横生、跃然纸上的场景，我是闻所未闻的，老师的真性情、大风范，天下无双！

由于被老师所触动和影响，我报考了学院的演讲比赛。也是那一次的演讲比赛，在若干年后，使我走上了讲师的道路，影响了我人生的格局和变迁。冥冥之中，老师一直在感召着我前行，奋发向上。

工作几年之后，在江苏宾馆的大礼堂，再次听到老师的演讲。这一次老师写了很多条幅，文采飞扬，他说："人生就是一动一静、一文一武、一呼一吸之间。"其思辨、其博学、其深髓，更是拓展、开阔、丰盛了我的眼界，让我感悟千年璀璨之文明，尽在刹那之演讲。

经年之后，不想苍天造化，能拜入恩师之门下，成为老师嫡传之第十八位弟子，拜师的那一天，我说，老师，我一定会"为天地立心，为生民立命，为往圣继绝学，为万世开太平"。老师非常慈祥、慈悲地看着我，他说："我这一生就是为这一句话而活，也希望你能够用这样的志愿来勉励自己，做一番无悔于人生的惊天动地的教育事业。"

那一瞬间，我的心被彻底地融化，泪流满面！ 我深深地感怀我的生命该如何度过，每当我有懈怠之心的时候，就想起叩拜在老师面前所许下的心愿，不敢有丝毫之懈怠。我们对教育行业，一直心怀敬畏，力行不辍，每年飞行的旅程，可以绕地球几十圈。

老师已经八十八岁高龄，还在祖国大江南北普度众生，祈福老师健康长寿！造福苍生！

生命如此之短暂，人生如此之美好。感恩在冥冥之中与老师结缘。在万千宇宙之中，在无限时空之中，与老师相会，传承老师大爱、大智、大愿，点亮世界。

作者系《爱是唯一的答案》作者。

爱与美的追萝者 —— 李燕杰从教演讲60年 ——

我的"小李燕杰"梦

刘清源

大家好！我演讲的题目是《我的"小李燕杰"梦》。

少年李白胸怀梦想铁棒磨针；

少年周恩来胸怀梦想刻苦读书。

我也怀着一个美丽的梦，就是要成为像李燕杰爷爷那样了不起的演讲家，当一个"小李燕杰"。

前年5月31日，我还在幼儿园上大班，普老师对我说："你要代表幼儿园参加省里的国学比赛，你愿意吗？""愿意！愿意！"我一个劲地点头。可是一去报名，妈妈和我傻眼了，一共要背50首古诗，其他小朋友1个月前就报名了，

还参加过两次培训，他们一天背一首，已经会背 30 多首了。现在离比赛的时间只有 14 天了，我能记住 50 首古诗吗？

我想起了奶奶给我讲过李燕杰爷爷，三岁就在妈妈指导下刻苦诵读古代诗文，不到十岁就能出口成章，我一定努力，向李燕杰爷爷学习！追上其他小朋友！

决心容易，落实难，我还得上幼儿园，我还学着画画和跳舞，这些学习我不愿放弃。可是时间紧怎么办？我们只能利用放学后到美术班画画前这 30 分钟来背诵。第一天，妈妈领着我背，我居然很快就背会了《相思》《鸟鸣涧》和《登鹳雀楼》。我心里很高兴。第二天早上，在去幼儿园的路上，妈妈让我复习头天背的古诗。就这样，一个星期下来，我背会了 23 首。我可开心了，两个星期，我竟然把 50 首古诗都背会了。

6 月 14 日，电话铃声惊醒了我的美梦。"什么，比赛在上午，不是下午吗？"妈妈放下电话，牵着我，打了车就往赛场赶去。可是，车太堵了，我脑子里又闪现出几个大大的问号：我们能赶上吗？50 首古诗我会不会一下忘了？我能顺利答题吗？来不及多想，刚跑进赛场，就听到主持人报幕说："有请第 17 号小选手刘清源上场"，我喘着粗气上了台。第一题是看图说诗句，我绘声绘色地回答："相看两不厌，只有敬亭山"；第二题是背颂《西湖》，我声情并茂地背颂"杨柳千条绿，桃花万树红。船行明镜里，人醉画图中"；第三题是给后半句"近听水无声"，填前半句诗句，我思考了一下信心满满地回答："远看山有色"，这时台下掌声雷动，连评委老师都为我鼓起掌来。最终我取得了云南省首届儿童国学比赛的一等奖。爸爸、妈妈看了我的表现都为我竖起了大拇指，爸爸说："只要肯努力，就能梦想成真！"

有了这次经历，我更自信了。前年 12 月 26 号，我又参加了云南省首届"达城杯·中小学故事演讲大赛"，获得小学组冠军。参加这次李燕杰杯演讲比赛，虽然只有 5 天的准备时间，我还是勇敢地接受挑战，我相信：只要刻苦努力，一步一个脚印，我的"小李燕杰"梦就一定会实现！只要我们大家都刻苦努力，我们每一个中国小朋友的"小李燕杰"梦也一定会实现！

谢谢大家！

作者系昆明文林小学二年级学生。

我向大师学演讲

徐佐林

1980 年，我到长沙国防科技大学（原铁道兵学院）任政治理论教员。那时的神州大地正传颂着一个响亮的名字：李燕杰。作为年轻的政治教员怎样起步呢？心想，李燕杰这位思想教育的演讲大师和心灵导师就在面前，不就是学习的榜样吗？

于是，我开始收集有关李老师的演讲资料，观看他的演讲视频。那时关于李老师的报道，隔三差五就可以从各种媒体上见到。我把资料剪贴下来，整理了厚厚的一本册子。1982 年，《塑造美的心灵——李燕杰报告集》出版了，我及时买来这本书，如获至宝如饥似渴地读起来，几乎一口气读完了书中的 6 篇演讲。

6 篇演讲，篇篇精彩，篇篇经典。从《国家民族与正气》《德才学识与真善美》到《青年是我师，我是青年友》，无一不闪烁着思想的光辉。时代的呼唤，正能量的呐喊，字字句句直击心扉。从此，李燕杰，这个被誉为中国走向全球演讲第一人、真善美传道士、铸魂大师，就深深地扎根在了我的心里。

我向老师学方法，学技巧。一篇演讲，如何开头，如何结尾，中间如何展开，安排一些什么样的矛盾冲突，使用一些什么样的材料语言，使得整堂课听起来波澜起伏，引人入胜。我刚来任教时，正值计划生育基本国策宣传高峰。当时长沙市南区（现天心区）邀请我去宣讲，我精心准备了讲稿，演讲获得了成功，许多街道和社区又邀我去演讲，还在区广播站做了现场直播。

80年代末90年代初，社会主义信念教育在全国蓬勃开展，我做了《中国与社会主义——了解昨天，珍惜今天，创造明天》的演讲。这个演讲更是一炮打响。记得在湖南省公安专科学校演讲后，三次返场谢幕，掌声仍经久不息。一位学生来信说："徐教授的演讲不仅解除了我们认识上的困惑，坚定了我们爱国爱社会主义的信念，还点燃了我们青年学生那颗忧国忧民的心。"

一时间，来邀请演讲的络绎不绝，长沙、湖南、全国各地，足迹踏遍了20多个省市。许多媒体纷纷予以报道，如战士报《播火者》，解放军报《信念播洒千万家》，光明日报《徐佐林，爱国主义的播种机》，湖南日报《军中李燕杰》等。

1996年夏天，得知李老师在大连有个演讲，我趁暑假有时间直奔大连，不仅现场聆听了老师的演讲，还得到了老师的题词。更让我受宠若惊的是，老师居然在上款写了"向徐佐林同志学习"，让我受到了莫大的鼓励。

在老师的鼓励下，几十年来，我不忘初心，砥砺前行，迄今已演讲3 000多场。退休这两三年来，每年就"社会主义核心价值观"、"中国梦"等题目演讲七八十场。酒泉卫星发射中心自1999年发射第一颗神舟飞船邀我演讲后，我就成为那里的常客，到这次神舟十一号飞船发射再去演讲，已是第七次到酒泉了。

退休后，我们在社区成立了社会组织"老首长工作室"，我任新风尚讲堂主任。湖南省国教办还聘我为省国防教育讲师团专家教授，长沙禁毒协会让我担任东塘街道禁毒协会会长。原来说是"发挥余热"，现在中央有关文件说是"发挥优势"。余热也好，优势也罢，我还得一如既往地讲下去。如今快90高龄的已在世界800多个城市演讲6 000多场的李老师还在讲台上激情演讲，一站两三个小时，这是多么大的榜样力量！

2015年，我正式成为了李燕杰老师的第40位弟子。"山阻石拦，大江毕竟东流去；雪辱霜欺，梅花依旧向阳开。"老师的题词将永远激励我前行。

师父，我们牢记您的教导，脚踏实地在做！

朱新民　雷晓云

2013 年 6 月 9 日，师父赠我们条幅，师父说："胡耀邦总书记曾对我说，拔一根毫毛变成千千万万个小孙悟空。培养接班人，是一种责任，你们要传承。"

师父，我们时刻牢记您的教导，认真践行。

师母曾多次赞赏我们办的"爱心屋"，师父为我们题写了"爱心屋"的匾额。我们悬挂在爱心屋的门头上。截至 2016 年 12 月 31 日，"爱心屋"已经捐出衣物 8.5 万余件。

爱心屋的工作，我们将会一直坚持做下去。

吾师李燕杰

张少慧

我与燕杰恩师缘于演讲。

李燕杰老师是我国著名演讲泰斗、中国四大演讲家之一。我对李老师的敬仰时日已久，正式与李老师的结缘面谈始于2010年8月在清华大学举办的全国高校演讲教学研讨会。当时李老师的激情演讲震撼全场，会后交谈中的谆谆教诲让我们倍感亲切，受益匪浅。最让我惊喜和感动的是，李燕杰老师赠送了我他的亲笔书法，内容是"秀外慧中"！我的名字中有个"慧"字，这是冥冥之中李老师对我的肯定？这是冥冥之中我与李老师的缘起？此后，李老师的"青年是我师，我为青年友"，"没

有思想的演讲不是好的演讲"，"优秀演讲者首先是德行者"，"演讲不仅仅是艺术，更是一个人精、气、神的体现"等至理名言不断给我强烈的感染与震撼，让我在本已踏上的演讲之路更坚定地不断提升、上下求索。

2016年5月3日，一个特别的日子，我和四位演讲同仁在来自全国各地的众多演讲同行的见证下正式成为李老师门下的一名弟子！更近距离、更深层次得到老师的恩泽和教导，是我今生无比的荣光！

燕杰恩师长居北京，我在广州。虽距千里之远，也未能常聚常谈，但常读师之经典，常看师之视频，常念师之康健，常祈师之祥福，也便仿若常接受师之教导，

这份精神力量如饮甘露，如沐春风。

至今年，李老师已从教 60 周年、从事社会演讲活动 40 周年，但 88 岁高龄的他在事业的路上从未停歇，写书、演讲、参与各种活动……更重要的是，李老师在这个过程中向社会传递了满满的正能量！他俨然是名副其实、充满朝气的"80"后！作为后辈，我们祝福恩师的同时，更应该学习恩师的理念并实践在工作与生活中，继续老师一生热爱的事业，做到"生命不息，演讲不止"！以此感念师之恩，传承师之德。

吾敬吾师！

吾学吾师！

吾爱吾师！

作者系中国演讲艺术协会理事、广东工业大学副教授、广东演讲学会副秘书长。

我心中的燕杰爷爷

崔　苑

社会上有这样两种好人，一种是嫉恶如仇的人，这种人因为性格刚烈，容易好心办坏事，或是容易激动伤了自己。另一种是海纳百川的人，跟这种人相处非常舒心，会不断被他的人格魅力所折服，自发地做出改变。

师爷爷李燕杰就是第二种。2015年11月，恰逢李老寿辰，我有幸来到北京，与来自全国各地的部分演讲家人们一起度过这个时刻。

当我们在首师大找李燕杰工作室的时候，看到大门口的保安，觉得他不会知道，可是一问，竟然知道。李老说：在这个院子里，越是身份不高的人，反倒对他特别熟悉，什么保姆啊、小商贩啊，大家都知道有这么一个平易近人的老教授。而李燕杰工作室也是首都师范大学对外的一张名片，可谓上可阳春白雪，下可下里巴人。

李老一事：李老戴着别人送的手镯在校园里溜达，一没事儿的老太太看见了，就说：李老一个这么大的教授，怎么还带这个？李老也没恼，想到别人是特别看中自己是有身份的人，才提的意见，就虚心取下了手镯。

李老二事：100元救了个女青年。李老碰到一个愁眉苦脸的大龄女青年，该女因为一心考书法博士，耽误的自己，一没工作、二没家庭，考了五年也没考上，简直是万念俱灰。因为没有北京户口或者从业资格证，工作也相当难找。

恰好，那天李老在街上看到一个骑着平板车卖书法作品的残疾人，当时那人看到李老温文儒雅，就准备送给李老一幅作品，李老还是拿了一百元给他作为报酬。

李老没有批评女青年，而是拿出了这幅作品送给了她，女青年大受感动，开始招生，一下就招到二十多人，解决了自己的生计问题。

李老始终用一片纯净透明的心在践行"青年是我师，我是青年友"！

说来认识李老也有好几年了，2013年，我从演讲比赛失利的阴影中苏醒。结识了我的老师颜永平，一路慕名从郑州下辖的荥阳市来到清华。今生没有想到能够坐在清华的教室学习，更没想到的是，颜老师就在第二天引我拜见了共和国四大演讲泰斗的李燕杰老师。

我仿佛是在做梦一样，可一切又那么真实。走进李老的家，到处都是书，一方斗室几乎全被占满，我随手拿起一本，李老说："你看看那是谁写的？"书的署名是李老，我说"这不是爷爷您写的吗？"

李老就笑了，"一次啊，我去逛街，逛街喜欢买书，那天在书店就看到了这本，一看，原来是我写的，就买回来了。"原来是冒名盗版的啊！我们都说"怎么不告他侵权呢？"李老是全心全意把帮助别人进行到底的人。真正的实力更是无惧盗用！

这么多年来，我的老师颜永平始终保持着一颗提携青年、无私助人的大爱之心。这分明是传承了爷爷李燕杰的博爱精神。

颜永平老师说："看到你，就看到了当年的我。"当年颜老师也是一个迷茫的青年，一封给李老的信，打开了自己的人生道路。十多年的奋斗，从一个企业的高管，蜕变成中国最高学府的演讲与口才老师。

如果没有一个好老师在背后指点、激励，可能在遇到困难的时候，很容易就放弃了。这些年，我也逐渐摆脱当初的迷茫，不断地在老师们开展的各项活动中树立我的人生目标。

那时候生涩、无知、没眼界、少梦想的我，如今俨然有了新的进步。参加全国演讲大赛，组织演讲活动，走出国门，走上国际讲坛。在我的激励下，我身边聚拢了一大批热爱演讲、热爱生活的朋友。

"青年是我师，我是青年友！"李老就像一轮明月，和风细雨中为我们照亮了人生之路。而我也将继续传承李燕杰爷爷的大爱，生命不息，演讲不止，为我们的祖国乃至世界演讲事业的发展和进步，奉献自己的光和热！

作者系中国演讲艺术协会常务理事、河南省快乐演讲俱乐部负责人、荥阳市语言艺术研究会会长。

我与李燕杰教授的六次相见

张湘武

最近几天，在中国演讲艺术协会联盟微信群里看到颜永平教授发的"庆祝李燕杰教授从教 60 周年、从事社会演讲活动 40 周年"征文启事，我想写点什么，我认真查看了我的新浪博客文章，经统计近六年来，与李燕杰教授有六次见面。于是我就定下文章题目：我与李燕杰教授的六次相见。

我在十年前开始从事演讲口才培训行业，最开始跟随德者口才创始人、东莞市演讲学会会长、全国道德模范提名奖获得者唐戈隆先生学习演讲与口才。十年前就有听说过李燕杰教授，还在网上找过李燕杰教授的演讲资料及视频学习。为了不断提升自己，我在全国各地不断地参加名师的课程或演讲活动。李燕杰教授就是我学习和崇拜的名师之一。与李燕杰教授的六次相见的时间地点及活动主题我都有写博客做记录。

第一次相见是在 2011 年 8 月 20 日，广州，华南师范大学，广东演讲学会成立大会上。李燕杰教授受邀出席并做演讲。我是广东演讲学会创会会员。李燕杰教授 80 多岁高龄，他的演讲风采吸引了我。

第二次相见是在 2014 年 5 月 2 日，北京，李燕杰演讲艺术研讨会。李燕杰教授发表演讲，我也参会，并且在研讨会上发表即兴演讲。而且当时，我在研讨会上发言时有不当言论，说什么"退休论"。让现场的专家和老师们感到尴尬，并受到了翟杰、孙朝阳、蔡顺华等老师的批评。现在想一想，真是不应该，当时有点头脑发热，表现欲望太强，后来很后悔。吃一堑，长一智。这让我吸取了教训，以后在发言时要注意场合及自己身份。要三思而后言，不要太冲动表达。

第三次相见是在 2014 年 8 月 9 日，云南昆明，"翡翠凤凰杯"第二届国际华语演讲大赛，我作为领队，带领广东德者口才代表队参加演讲比赛。李燕杰教授在开幕式上发表精彩演讲。在这次演讲中，现场赠送了几个书法条幅。其中有

一幅条幅送给了云南省演讲学会老会长蔡朝东。

第四次相见是在 2015 年 3 月 15 日，广州，新励成十周年庆典会议。当时广东演讲学会有名额可以参加会议，我报名了，现场参会。李燕杰教授现场发表精彩演讲，而且是与彭清一教授共同发表演讲的。

第五次相见是在 2015 年 5 月 1 日，广东顺德，"拔萃杯"全国演讲大赛，我作为领队，带领东莞市演讲学会代表队和惠州德者口才代表队两支队伍参赛。李燕杰教授在开幕式和闭幕式上发表演讲。

第六次相见是在 2016 年 5 月 2 日，北京，首都师范大学，第二届中国演讲艺术节。我参加了会议并上台演讲分享。李燕杰教授在现场发表演讲。同时刘吉部长、彭清一教授也一同出席。而且这次去北京，我还去了李燕杰教授工作室参观并合影。

六次相见李燕杰，六次倾听演讲，六次深受感动和震撼。李燕杰教授常说："没有智慧的演讲等于零。演讲要做到三点：人云亦云不云，言之无物不言，老生常谈不谈。不做第一，就做唯一。"李燕杰教授还说："不怕老，不言老，不服老，老当益壮。有正气，有骨气，有朝气，气贯如虹。"李燕杰教授的精神激励着我继续前进！

2017 年是李燕杰教授从教 60 周年、从事社会演讲活动 40 周年，他为中国演讲教育培训事业做出了巨大贡献，受到了党和国家领导人的肯定和认可，得到了广大演讲教育培训从业者的尊敬和爱戴。李燕杰教授是真善美慧的传道士，是演讲艺术大师，是我们广大演讲教育培训从业者和爱好者学习的榜样！

榜　样

——学习李燕杰

杨慧彦

　　在每一个漆黑的夜晚，总有一盏灯会照亮你回家的路；在每一个人生的转折，总有一个人会指引你前行的方向。

　　在曾经的失落和疲惫中，是您的"声音"给了我战胜苦难的决心和勇气；在未来的航程中，将追随先生的足迹，继续跋涉，永不停歇。

　　半个多世纪以来，李燕杰老师的演讲足迹遍布全球，向世界传播正真善美；创办学校，著书立说，培育和引导了一代又一代中国青年！

　　学习恩师，就要学习他爱国爱民的真挚情怀。几十年来，在他的演讲中，无不透露着对祖国母亲的赤子之心、对青年一代的悉心关怀。他是中国改革开放的见证者和推动者，铸魂育才，不辱使命；他是中国青年的导师，指引我们坚定理想信念，无论狂风巨浪，始终把好自己的人生航舵。

　　学习恩师，就要学习他坚持真理的求实精神。李燕杰老师从事演讲生涯四十年，为什么能受到国内外众多听众的喜爱和敬仰，就是因为他是一个讲真理、说真话、接地气的人民演讲家。在一次演讲中，他曾这样教育大家，"公鸡报晓不误时，搞市场经济，履行合同也要守时；另外，鸡就是鸡，实事求是，不要说自己是凤凰……"

　　学习恩师，就要学习他孜孜不倦的奋斗精神。李燕杰老师，他本身就是一个奇迹！1977年，率先走向讲台，开创了社会演讲的先河。迄今为止，他在北美、欧洲、亚洲880个城市演讲6 000余场，著书达68种，写诗3 700余首，书法作品30 000余件，与癌症抗争十余年，时值88岁高龄，仍慷慨激昂地挺立在中国的演讲舞台上！流泪、感动、钦佩的背后，我看到的是老师身上的一种精神、境界

和气概！我坚信，无论今朝还是未来，这种光辉将会永远在华夏大地上熠熠闪烁！

学习恩师，就要学习他对教育和演讲事业的忠诚和执着。领袖毛主席教导我们，"一个人做一件好事并不难，难的是一辈子只做好事不做坏事"。天下之事并不难，贵在持之以恒。李燕杰老师，从教60载，一心育人、桃李天下，他用行动诠释了一个灵魂工程师的无私与奉献；演讲40年，呼唤正义、大爱人间，他用声音用足迹传播真善美的种子，讲述中国改革光辉历程，弘扬社会正能量！

我只是演讲界的一个新人，我知道：学习演讲，不是一句口号，不是一时激情，它需要内心深处真正的热爱，需要几年甚至是几十年的长久积淀与历练，更需要像李燕杰老师一样的榜样和楷模的引领与召唤！不管前方是否有风雨，我，已经信心满满地走在了追梦的路上！

感谢恩师，祝福恩师，希望演讲界人才辈出，传递好中国声音，讲述好中国故事，为中华复兴贡献自己的一份力量！

新年伊始，恰逢李燕杰老师从教60周年、演讲40周年纪念日，我在千里之外的贵州给您拜年了！祝福恩师新年快乐，身体健康，桃李满天下，春晖遍四方！

作者系中国演讲艺术协会理事。

李燕杰，一个划时代的符号

罗 雁

李燕杰，在 20 世纪 80 年代，是一种现象——"李燕杰现象"。而今，李燕杰，是一种精神的象征，是一个划时代的品牌和一种精神的符号。

今年，是李燕杰老师演讲 40 周年、从教 60 周年、结婚 60 周年 (金钻石婚)，四世同堂其乐融融的喜乐之年。在这样一个非同寻常的年份里，又是"人间四月天"。今年，老师已经 88 岁了。我想，不光是我有话想说，很多人也应该跟我一样，想要一吐为快。而我，最想说的就是，作为老师的弟子，作为我们演讲人，最重要的，莫过于应该向老师学习，以超强的务实精神，跟随着老师，为我们这个时代做些什么。

演讲 40 年，绽放演讲艺术魅力

众所周知，李燕杰老师自从 1977 年 1 月 25 日起，走上演讲的舞台，至今已经 40 周年了。40 年来，李燕杰老师走遍了祖国的山山水水，跨过了四大洲五大洋，讲遍了世界各地和祖国大江南北的 800 多个城市，6 000 多场演讲，惠及了世界上的芸芸众生。他用演讲这个有力的武器，改变了人们的想法，让他们看到了生活的美好，读懂了人生的意义，看到了演讲的力量和语言的魅力。40 年来，通过演讲，他为数以万计的残疾人士点亮了或已明灭的心灯，使他们燃烧起对美好生活的无限向往，甚至使几近想要自杀的人重燃生命之火。我想，演讲的意义和最大的价值莫过于此。毫不夸张地说，于李燕杰演讲艺术而言，体现得淋漓尽致。老师的演讲，真真切切地告诉我们，好的演讲，就是最好的工具、最有力的匕首。好的演讲，使人觉醒，让人获益，继而为我们这个时代提供思想的升华与进步的阶梯。如果说，演讲是宣传机，那么，李燕杰就是用演讲这个绝佳的利器，宣传着对国家和人民有利的思想；如果说，演讲是战斗机，那么，李燕杰就是用演讲

这个有力的武器，战斗在思想意识领域最前端，改变了无数对世界充满了迷茫和彷徨的厌世之心；如果说，演讲是挖掘机，那么，李燕杰则是用演讲这个蕴含着思想精髓和智慧的巨齿，挖掘着中国优秀文化的瑰宝，并使其"古树发新芽"，绽放出在这个新的时代应有的光彩。一天天，一月月，一年年，李燕杰老师以他卓绝的演讲艺术，绽放着演讲的魅力。其实，这是因为，他本身就是一个强大的思想库，一个强有力的行动库，就是一个强悍的发动机，他以撼世之作与超级演说智库，为后辈留下了永恒的经典与无法逾越的丰碑——一道使人类社会进步的丰碑！他以超强的务实精神，推动着中国演讲事业的蓬勃发展。

真情奉献，改变他人命运

40年来，李燕杰用热血沸腾了讲坛；用真情唤醒了心灵，用激情创造了奇迹。他曾用演讲的智慧把人见人恨的女犯人改造成人，而曾经的女犯人变成了好人之后，又现身说法去教育他人。这是多么崇高的境界和多有价值的好事！李燕杰也曾经通过演讲，把一个对生活、家庭、工作丧失了信心，想要去自杀的少女从死神的手里给拽了回来。在李燕杰老师的不断开导和帮助下，女孩儿改变了自己的心理状态，积极配合李燕杰老师的引导，最终走上了一条原本连她自己想都不敢想的光明大道，开始了她幸福且有意义的人生。后来，这个女孩像对亲人一样对待李燕杰老师，有开心的事，她会同李老师分享；有难过的事，她也愿意向李老师倾诉。就此，我们看到，李燕杰老师通过实实在在的帮助，给演讲赋予了极其强大的力量！这，就是李燕杰演讲的魅力和务实精神的实质所在。通过演讲，改变他人。这，也是李燕杰演讲的最大魅力和关键所在；这，更是他乐于助人和与时俱进的结果。

我自己也是在 2011 年 8 月广东演讲学会成立大会上，亲眼见到李老师精神百倍地站在讲台上发表演讲时，被他无比动人的演讲所打动的。当时，他讲了女孩儿的故事，郭沫若的故事，鲁迅的故事，令我打开眼界。我暗下决心，要像老师这样，用演讲改变自己，帮助他人。2013 年 6 月 8 日，我在佛山市演讲与口才学会成立大会上，再一次见到了李燕杰老师。当时，他一如既往地在演讲的过程中，送出了他的书法作品作为给佛山演讲与口才学会的祝贺。当时，他借用古诗表达了自己的心情："落红不是无情物，化作春泥更护花"。我想，李老师就是这样一直"润物细无声"的。无疑的，我们有这样的老师是幸运的。这件事儿，给我留下了很深的印象。我再一次坚定了决心，今生用演讲的方式去报答父母的哺育之恩，回报燕杰老师的教导之恩，报效祖国的护佑之恩。是的，李燕杰用自己的生命在呼唤，用自己的爱心在呐喊，用自己的智慧开导人，用自己的真情感染人，用科学的理念教育人，用踏实的作风影响人，用务实的精神不断地促进着社会的文明和进步，以一个又一个生动的行动和坚定的步伐，扎扎实实地推动和引领着中国的演讲事业的发展，用自己最大的努力为我们这个时代做出了新的贡献。

演讲艺术，特色取胜无可匹敌

凡是听过李燕杰老师演讲的人都知道，在他的身上，从上到下无不散发着别样的青春气息和年轮的力量。往往，他不用讲话，往那儿一站，便是戏。他的艺术气息，他的演讲特色，无人可以匹敌。每每从台下看着他，我都有一种难以名状的错觉。那就是，无论你从哪个角度看，他都仿佛是一尊令人赏心悦目的、极富审美趣味和质感的雕像。是的，就是这尊雕像，这尊近在咫尺的雕像，给了我们心灵的力量和前进的方向。他在 20 世纪所撰写的书籍《塑造美好的心灵》曾创下了 1 300 多万册的销售量。这既是世界演讲家李燕杰的自豪，也是有着国家魂、民族魄的李燕杰的骄傲，这更是"正道可道，善美铸魂，沧桑可观，智慧育人"的教育家李燕杰铸就的一道耸立在世界之林的永不磨灭的丰碑！是的，文字如此，台风如此，气场如此，风范如此，人品如此，演讲亦如此。只要他一张口，便气吞山河，声若洪钟，掷地有声，文采飞扬！他激励我们："天地生人有一人应有一人之业，人生在世生一日应尽一日之勤"；他鼓舞我们："一片丹心照日月，千秋大义谱云天"；他教导我们："天高地厚千年业，源远流长万代基"。我们在他的鞭策下，不断地向前，不断地去进发，去拼搏，去战斗！

是的，他的演讲，处处呈现着语言的力量与思考的灵动之风，处处体现着流畅的动感与典雅的诗歌一般的韵味之美，处处散发着不是音乐却胜似音乐的华彩乐章。是的，他的演讲，有着浓重的哲学意味，但又不乏感性的迷人色彩，他引经据典，随时散发出人类智慧的思想光焰与创新无限的可能与光彩。

是的，他的演讲，虽非刻意的设计，但炉火纯青的故事总是与哲理的火花相互辉映，让我们不由得扼腕赞叹，感知且体悟着演讲的精湛之美、立体之美、哲思之美与语言的清新之美。是的，听他的演讲，我们总能体会到一种淋漓酣畅的感觉，而且，这种感觉是如此的强烈，使我们不由自主地想要再一次聆听，再一次地期待着精神的饕餮盛宴！况且，还经常看到李老师送出的价值不菲的书法作品。这，是他特色演讲的一大亮点，而得到墨宝的人，则堪比中彩。

是的是的，听他的演讲，我们便会深刻地理解，什么样的演讲才称得上是大师的演讲！大师的演讲，大师的风范，总是犹如他的文字一般，那样地耐人寻味。就像他曾在 20 世纪 80 年代，创造的中国文学史和演讲史上图书销售 13 000 多万册的神话，成为了至今仍没有演讲或同类图书可以销售过千万以计的标杆！是的，《塑造美好的心灵》曾是一个时代的符号，一个强大的具有超级影响力的典范！而今，他又不断地超越自我，创造了新时代令所有人刮目相看的骄人业绩。2016年 11 月 20 日，87 岁的老师站在北京富来宫神州智慧传习馆的舞台上，智慧且有哲思的言语不断敲击着人们的心扉，一讲就是一小时四十五分钟，令现场所有的听众为之疯狂！当老师即将离开舞台的时候，全场的观众自发地起立热烈鼓掌欢送，向老师致以最最崇高的注目礼，几乎掀翻房顶的掌声、喝彩声经久不息，仿佛是在送自己的国王一般……

硕果累累，完美境界影响后人

时至今日，尽管，李燕杰已经年近 90 岁了，但是，他那充满了立体感、色彩感和力量感的精致感人的言词，无不随着他的每一个字、每一个词、每一个句的精准表达，而实现了完善与精良的至臻完美的境界。是的，可以毫不夸张地说，李燕杰就是为讲坛而生的，为演讲艺术而生的，为教育艺术而生的，为演讲事业而生的。如今，88 岁的他依然精神矍铄地站在讲坛上，依旧铿锵有力地发表各种主题的演讲。曾经的他，演讲达到了至臻完美的境界，深得华夏大地炎黄子孙的喜爱，也深得四代中央领导的赞许和喜爱。因此，早在 1977 年起，党和国家一旦有大的演讲任务，就会首推李燕杰去演讲。用时下的话来讲就是，由李燕杰去完成艰巨的任务——"靠谱"。正因为如此，但凡有顶尖的演讲机会，便众口一词，非李燕杰莫属。早在 80 年代就有这样的形容：文有李燕杰，武有李小龙。由此可见，他在当时的影响力是何等的巨大！我曾在美国哈佛大学的讲台上，以《演讲家李燕杰》为主题发表了演讲，目的就是把我们中国最优秀的演讲家李燕杰的故事广而告知，把我们中国的世界级的演讲家的好故事广为传播。同样的，我在英国的剑桥大学以《偶像的力量》为题发表演讲，还是想把老师的故事和思想的精髓传播得更远，以期产生更为深远的影响。正如我在演讲词中说到的那样，李燕杰不仅仅是一位中国的演讲家，更是一个世界的演讲家，他是我除了毛泽东和我父亲之外唯一的偶像。他除了在首都师范大学教授中国文学史、中国古代文学史、中国图书史之外，他还办了三间大学、四种刊物，仅仅在 2015 年一年，老师就编辑整理了 68 种书。这种现状，不要说在中国，就是在全世界恐怕也不多见。试问，这种跨学科、跨领域、跨行当且硕果累累的能有几人？事实胜于雄辩，李燕杰的优异和卓越，别说普通人，就连他的对手也不得不为他的智慧、他的完美、他的博学多识和所达到的至臻完美且难以逾越的境界而发出由衷的赞叹。去年 4 月 23、24 日，李老师和他的夫人齐韶华老师一起，在中国职业生涯规划高峰论坛上同台演讲，把他们丰富的人生阅历和有效的教育艺术与方法分享给了现场的听众。这是多么难得和感人的一幕！可以说，极富创新意识和感染力演讲的李燕杰老师，为人们示范了最好的演说是能够改善人们的思想、工作及生活的。他用他的超强的务实精神、丰富多彩的人生和累累的硕果，以及完美的境界于有形抑或无形之中，影响着一代又一代的听众。同时，也为这个飞速变化的时代留下了自己的翔痕和独一无二的音符，更是刻画下了一个独具特色、独具丰碑的符号。

演讲大师，一代天骄永世楷模

至此，我想，人们一定会记住，在龙的国度，在华夏大地，曾有一个世界级的演讲家，他的名字叫李燕杰。他的演讲，既面对过大学生，也面对过犯人；既面对过中央领导人，也面对过残疾人士。就是这个演讲家，用他自己的满腔的热血和思想的力度，点燃了这个世界上无数几近明灭的心灯；他用演讲，温暖了许许多多厌世者的心房；他用智慧，给悲观者提供了好好活下去的勇气和润心的养份。他的学问，有近百部书佐证；他的教学，有无数学子见证；他的演讲，有遍布全球各种不同的肤色、无以计数的粉丝佐证。他是那样的与众不同，他就是我们的榜样！一天天，一年年，他默默地耕耘着，艰苦卓绝地奋斗着。就在他于2015年年底因病住院，出院后三个多月的时间里，这个世纪的老人，这个文化的巨匠和圣贤（联合国教科文卫组织颁发荣誉"国学大师"），以极度令人吃惊的顽强毅力，奇迹般地编辑了80多种读物！就是这个老人，以钢一般的意志和铁一般的事实告诉人们，他，就是当代的普罗米修斯！是的，他就是当代的普罗米修斯！他用生命的光焰，照亮了世人前行的道路；他用生命的热力，去温暖他人的生命；他用生命的智慧，挽救着时光的飞逝！这，是多么令人心颤而又感佩的事实！

他说，他想尽可能地去多利用时间，多做些实事，多编写，多出书，多演讲，多培养弟子，他要为人们留下丰富的精神食粮和文化的宝藏！确实，他是这样想的，更是这样做的。看着眼前一本本、一册册，一排排的读物，我的心，不由得抖颤了！我无法想象，一个年近90岁的老人，他是怎样一步步做到这一切的？！写到这里，我的双眸不禁再一次地湿润起来，泪水模糊了我的双眼……此刻，我的鼻子发酸，眼睛发涩……我无法想象，眼前的这个老人，每天早上四点就睁开了双眼，开始了思考，而后，又会根据自己的思考下笔写作，这，是他每一天的功课！我不敢想象，当大多数的人们还沉醉在梦乡时，我们的李燕杰老师他已经开始工作了！我不敢想象，他究竟有多么多么的累，我只知道，他乐在其中，其乐融融。是的，从早到晚，他就在这神圣的土地上构筑着自己的精神世界，或许，这，就是他活着的意义和人生的价值之所在。他从上个世纪到本世纪的今天，从未停下前进的脚步。每一天，他都在思考、找资料、归纳、整理、写作、约人交谈。这些看似简单却极难坚持的事情，早已成为了他与时间赛跑的习惯。可是，也正因为这一看似简单却难以坚持的习惯，令他放射出无与伦比的独特的世纪之光！

这道光，像彩虹一样架设在我们每一个热爱他的演讲和文字，以及书法作品的酷慕之心上！是的，在那个不是很大的地方，李燕杰这个名字，这个符号，实际上仍然是中国演讲界乃至文学艺术界的人心所向。其实，李燕杰，就是中国演讲界的精神支柱和一个不可或缺的人物和符号。他，就是神州智慧传习馆的灵魂所在。他在，这个精神的圣地与文化的策源地就在。我为自己在2016年的3月29日走进它而颇感自豪。当时，李老师让我坐在习近平主席曾经坐过的椅子上。当我和李老师交谈的时候，心里倍觉甜蜜和幸福！以至于现在想起来，我似乎还是有些心律失常！此刻，我想，神州智慧传习馆已经超越了这几个字本身所具有的含义。是的，李燕杰工作室当属几代人心头挥之不去的文化圣地，而这极地之光放射出的光芒，将散发出震慑心魂的力量！我想，花园桥、首都师范大学、李燕杰神州智慧传习馆将不再是简简单单的几个名词，而是一组富有神圣色彩的字眼，令人心驰神往。如我一般，众多的甚至是几代人心目中向往的圣地！说到底，李燕杰，这三个字，在20世纪是"李燕杰现象"，在如今，他给世人给予和亮出的是一个划时代的新鲜的符号，一个精神层面的有着丰富内蕴的特殊符号。我庆幸，我与这个符号有着密切的关联。

眼下，在路上，为了朝圣之故，我愿以仰慕之心匍匐大地，一步步叩走在朝圣之路，去聆听，去学习，去观察，去发现，去想象，去思考，去践行，去演讲，去找到他无论是有声的语言，还是无声之语背后深藏的蕴意……最后，我想说的是，老师把他一生的积累，一生的演讲，一生的思考，一生的写作，一生的教学经验和荣耀都已含辛茹苦地整理成册。如果有缘，自然就能打开这道神奇之门，来一场心灵的洗浴和血肉的再生！我们一定要向老师学习，虽然，在学术上我们永远也不可能达到他那样的高度，但是我们却可以承传老师做人、做事的理念以及永远拥有的精气神……

为这，为了涅槃之故，我愿深深地祈祷，默默地期盼，持久地行动……

作者系中国演讲艺术协会常务理事、中国国际学雷锋联合会讲师团副团长兼导师、中国梦国际巡回演讲团团员、中国梦演讲功勋章获得者、现任广东丰湖书院总经理兼全国演讲口才培训师导师等职。

爱与美的追求者

——李燕杰从教演讲60年

实事求是"数读"书本的神奇老人

——李燕杰先生是我的阅读榜样

姚 猛

  李燕杰教授是共和国的著名演讲家，是位年已88岁的老人和多年的抗癌明星，他是中国第一所民办大学的缔造者，也是中国第一个MBA班的举办者；老人从来没想到过要出人头地，却当过10年的全国政协委员，还当过中共北京市委委员，被评为全国第一批有突出贡献的专家，享受国务院特殊津贴，还曾被联合国称为："世界上最可爱的人"、"世界当代八大文化圣贤"。老人去过世界上800多个城市，3岁时其父李慎言先生就领他见过鲁迅，他还在不同场合见过第一、二、三、四代的共和国领导人，他用自己的工资和稿费购买了各类图书4万多册，曾被评为北京市的藏书状元；他现已著书220册（已出版68册，待出版152册），还亲自总编过4本正式杂志，是真正的教育家、"媒体人"。

  我18岁就聆听过李燕杰先生的演讲。大学毕业后，我和李燕杰先生同住一个校区，因为得天独厚的条件，让我有许多机会可以向先生求教。一天，我再次来到神州智慧传习馆（李燕杰工作室）拜访李教授。我向老人家求教："您是怎么读书的？"老人递给我一本《习近平谈治国理政》。我小心翼翼地翻阅着，圈圈点点的画线、批注、感悟语等映入我的眼帘。最后一页上，有一组词，词后是数字（中华民族104次，中国梦57次，改革开放67次，中国特色社会主义76次，和平发展42次）；我忙问教授："这是什么？"老人家含笑回答道："这是这个词在这本书中出现的次数，是我反复数出来的。"我又问先生："为什么要这样做？"老人说："实事求是地治学。"听后，我呆住了……

  李燕杰先生常讲实事求是，还很善于把古今文化相结合，用实事求是去教育年轻人。记得24年前，也是鸡年，先生在山东的一次演讲中，打开一幅写有"鸡"

字的书法条幅，并画外解说："首戴冠，文也；足搏距，武也；遇敌敢斗，勇也；见食相呼，仁也；守夜不失时，信也；鸡之五德也。公鸡报晓不误时，搞市场经济，履行合同要守时。鸡会自己寻食，我们自己得去找市场。老母鸡下蛋孵小鸡，搞公司应像下蛋那样发展起来一大群，形成集团公司。养鸡投入少，产出多，做生意也应该如此。另外鸡就是鸡，实事求是，从不说自己是凤凰，办公司、做买卖，也要做到实事求是……"当时，这一番精彩演讲获得满堂喝采。

李燕杰教授是位充满激情和追求的"年轻"老人，为了迎接新鸡年的到来，他在 2016 年 12 月《教育艺术》杂志卷首语中又写鸡八德："……在新年春节家庭聚会时，或可再讲讲鸡的八德：一、公鸡报晓，从不误时，搞市场经济，履行合同，守信守时。二、鸡会自己寻食，我们要向鸡学习自己找市场。三、鸡会拼搏，竞争得十分厉害，我们也要懂得优胜劣汰，我们要具备核心竞争力。四、老母鸡孵小鸡，一孵一大群，企业家搞公司做买卖，也要向鸡学习，形成多元集团公司。五、鸡会飞，虽然飞得不高，但总能找到自己的空间，使生意越做越红火。六、鸡很美，红红的鸡冠、鲜艳的羽毛，鸡肉味道也很鲜美，搞公司办企业，也要办得人人称美。七、养鸡投入少，产出多，搞企业也应如此。八、鸡就是鸡，从来不说自己是凤凰。这就是实事求是。"

所以，实事求是对李燕杰先生而言，它是阅读的基本功，更是德与美的至善结合；他是我们晚辈终身学习的阅读楷模。

作者系北京市西城区市政市容委干部。

爱与美的追花者 —— 李燕杰从教演讲60年

致敬，中国演讲艺术泰斗李燕杰

苏靖淋

您，是阅人无数的社会活动家，用您的大智大慧为天地立命；

您，是育人无数的灵魂工程师，用您的大爱大德帮助和感染着一代又一代中华儿女，为生民立心；

您，是我们演讲教育界的泰斗、艺术大师，用您的博学多识和勤学笃行为往圣继绝学；

您，开创了一个个演讲报告专题和著书立说，您更是带领着我们一代代演讲后生为万世开太平！

作为一名中国演讲后生，一次次被您的著作和演讲感动和感染，对您的敬仰已经很难用话语说清，只想最真诚地为您祝福，愿您老健康常驻，开心永驻。后生我定会刻苦钻研，努力学习，成为千千万个"小李燕杰"之一，像您一样，用思想智慧帮助人，用演说传递正能量启迪人，用行动传教解惑造福人，为伟大复兴的中国梦而努力奋斗。

附拙一幅，是为在李老走向社会讲台40周年纪念活动之际祝贺。

桃李满天下惠泽千万家，燕杰真博爱福缘世间人。

作者系中国演讲艺术协会理事、重庆市快乐演讲俱乐部负责人、重庆水利电力职业技术学院教师。

一面大师

李宝清　肖圣文　廖玉红

　　我用五年时间，重走二万五千里长征；用三十二天时间，带领当代青少年重走八一征程。在漫漫征程中，我见过侃侃而谈的演说家，遇过温文尔雅的政府官员，邂逅过风度翩翩而胸怀大志的企业家，拜访过正气凛然、历经枪林弹雨的革命老前辈，但从未见过如此博学而德高望重的大师。

　　台湾文化名人陈立夫曾这样评价他："公以显道，诚以律己，仁以待人，中以处事，行以成物，知斯五者则知中华文化之精义矣。"生命中，我与他只有一面之缘，却有着一辈子割舍不断的情。时间过去半年有余，但大师的那些肺腑之言却不时在我脑海中萦绕盘旋。记忆也在脑海中由点连成线，由线串成面。

　　有人说他是一位演说家，在全世界演讲六千多场，被称为共和国四大演说家之一；殊不知，他也是一位旅行家，曾去过世界上八百八十多个城市；他亦是一位诗人，写下脍炙人口的诗歌三千多首，他的诗歌也被冰心评价"诗之心，国之魂，文如其人"；他是一位书法家，写下了两万多幅独树一帜的作品；他是一位收藏家，收藏了三万五千多册图书。他是一位作家，著书稿上千万字，他的文章字字珠玑，笔笔生花；他是一位哲学家，他的演讲震撼人心，给人以哲学启迪。而我说，他是铸造灵魂的教育家，是漫漫长夜的燃灯者，是茫茫大海信仰的灯塔，是影响我一生的贵人 —— 李燕杰老师。

　　我对他的浅知是听了他的演讲，被他的睿智、远见、激情、平易近人所折服。他的演讲富含哲理，点燃心灵之火，照亮人生前程，唤醒我内心深处的智慧。

　　花香般的记忆，芳草萋萋，往事历历。都说"冥冥之中自有缘分"，也许，我与老师的缘分是上天注定，在 2017 年 2 月 21 日，我有幸在首都师范大学拜访了这位演说界的传奇人物。一见面，我就被他的气场震撼了。88 岁高龄的他，看上去精神矍铄，丝毫不像步入耄耋之年的状态。一头黑发，在灯光的映衬下，显得更加神采奕奕，而脸上一条条深浅不一的皱纹，是时代留下的烙印。很难想象，这是一位与癌症病魔斗争了十几年的老人。

依稀记得当时的情形，在首都师范大学神州智慧传习馆内，老师端坐在大厅。踏进大门，那座毛主席雕像映入眼帘，馆中陈设着各种各样的藏品。老师如数家珍地介绍着馆中陈设的藏品："每到一个地方，我都会收藏一件，留作纪念。"我明白，老师之所以对这些藏品有着深厚的情感，是因为这是老师一生经历的缩影，是他六十年执教生涯最好的见证，是他一生心灵的寄托。在温暖和煦的灯光下，我看见了，那温和的神情，是对名利的淡泊；那眼中散发着的光芒，是对演讲的热情与一片赤诚。

与我一同前往拜访老师的还有六人，这让本就空间不大的传习馆更显拥挤。而端坐着的老师，也立即从座位上站起来迎接我们。绕过毛主席雕像，我走到老师的左边，坐在习主席刺绣画像前。

五十分钟的座谈，我静静地聆听。谈及经历和成就，老师的神情变得熠熠发光，继而用平和的语气向我们娓娓道来，却让我们平静的内心变得波澜起伏。但当谈到名与利时，老师的神情一如往常的平静，他分享道："许多人说我很有仕途，但我觉得自己不适合做官，也不想当官，我只想做一个普普通通的教书匠，去守护讲台这片净土。"60年如一日，老师用行动践行这句在常人眼中并不在意的誓言，60载风风雨雨，60载辛勤耕耘，60载的讲坛人生让他载誉而归，也让他桃李满天下。

作为一名教育家，近一年来，老师践行着有意识接触名人的理念。他语重心长的说道："名人有名人的价值，有意识地接触名人可以让心灵得到洗礼，让自身成长得更快。我曾经与钱学森促膝长谈过，得出结论：对于一个教育家最重要的词就是责任，教育家对提高整个国民素质有着义不容辞的责任。"老师强烈的使命感以及对党和国家高度的责任感深深地震撼了我。在我看来，在教育事业上，他把自己的欲望降到最低，把自己的理性升华到最高。他把一生都献给了教育事业，真正做到了寓教于乐，寓德于乐，他用一言一行唤醒、激励和鼓舞了千千万万的中国人。老师是高尚的，注重培养高端人才的他，却从不看重学历。就如同他的弟子，不一定都拥有高学历，但一定是最具正能量、最具实力的。他时常教导学生要专注，一生只做一件事，让自己的人生变得更有价值，有意义。我在一旁默默地思忖着，恍惚间意识到，他的弟子体现的不都是一种精神、灵魂和精华吗？我想，这应该就是老师独特教育理念的体现吧。

作为一名红色教育演说家，老师对江西这片红色热土情有独钟，并且深深眷恋着这片红色沃土，"江西我去过一次，多年前在江西共青城的演讲让我毕生难忘。"说话间，老师的眼眶湿润了，那是对逝去岁月的怀念，对红色土地的眷恋。

老师是个感性且谦卑的人，在谈起做红色教育的经历时，他滔滔不绝，声情并茂的说道："我做红色教育这么多年，都没人给我一个正式的称号。"说着说着，老师的眼眶湿润了，强忍着泪水，用略带哽咽的话语接着补充道："庆幸的是 2013 年中国红色文化研究院给我颁发了'红色演讲家'称号，这或许也是对我这些年来做红色教育的肯定吧。"坐在一旁的我静静地倾听着，一股莫名的感动涌上心头，或许是因为自己也有过类似的经历吧。

作为一名典型的共产党员，他对中国共产党是极其忠诚的。我从未见过如此有毅力的一个人，他时刻在背诵毛主席诗词，在我看来，背诵毛主席诗词并不仅仅是祈祷，而是获取一种永不言败、拼搏向上的精神，更是追寻一种超脱世俗的灵魂归宿。

他是极富声望的，也被公认为大师，在我的潜意识里，大师是极具大家风范，极度潇洒自然的，而他用朴实而整洁的着装，似邻家老爷爷的慈祥面貌和平易近人的语言改变了我的看法。在我的世界中，他是一个鲜明的"时代印记"。他就像恢弘的时代旋律中跳跃着的音符，又是用生命演绎青春的时代歌唱者，引领着无数年轻人的激情和梦想，同时，也时刻影响着我。

在老师的一生中，他总结了九句话：有艰无苦，有战无伤，有困无惑，有灾无难，有风无波，有惊无险，有病无痛，有疲无倦，有老无朽。他还曾说过："我这个年近九十的人依然要'苍龙日暮还行雨，老树春深更著花'。"一种学无止境的心态，顿时让我肃然起敬，一位年近 90 岁的老人尚且如此，我们青年人又怎能停止前进的脚步呢？

在愉快的氛围中，50 分钟的交谈，匆匆而过，转瞬即逝。带着依依不舍，怀着崇敬的心情离开了传习馆，我想：大师之所以称为大师，不在乎肉体之大，而在于灵魂之大，在于格局之大，在于胸怀之大，在于境界之大吧。

作者李宝清系中国演讲协会联盟常务理事、南昌市演讲协会会长、红色演讲家。

爱与美的追求者 ——李燕杰从教演讲 60 年

李燕杰老师印象

徐 豪

首次见到李燕杰老师是在新励成 2015 年的年会上，李燕杰老师来广州演讲。听说李燕杰老师已经到了酒店，突然感觉很激动，就要见到中国演讲界的传奇人物了！中午时分，真的见到李燕杰老师了，感觉就像做梦一样，大家排队敬了一杯酒，合了一张影。由于人很多，也没好意思多说话。但感觉李燕杰老师没什么架子，对年轻人很随和。而下午就在年会现场听到了李燕杰老师的演讲，则感觉完全换了一个人，气宇轩昂，激情四射，尤其是那个左手叉腰，右手伸直指向前方的经典姿势，让我情不自禁模仿起来。我在想，到底是什么样的力量，让一个 86 岁患癌 11 年的老人，拥有如此打动人心的生命力和感染力？

怀着这样的好奇，我在半年后终于有机会近距离地接触到李燕杰老师。那是在北京，我们一行四五人去首都师范大学的中华文化传习馆拜会李燕杰老师。李老拿出宝贵的两个多小时时间亲切接待了我们，带我们参观了这个有如世界文明大观园的中华文化传习馆，而且还对我们有问必答。让我感触最深的是李老强烈的使命感，以及对党和国家高度的责任感。李老讲到了多年前党和国家领导人的嘱托，要"拔一把汗毛，变出千万个孙行者"，而李老不论是在讲台上，在座谈中，都时时刻刻在践行着他的使命。座谈结束，我们把新励成三位讲师（包括我在内）第一次写的三本书送给了李老，希望能留个纪念。我们既想多留一会儿，又怕打扰李老太多时间，恋恋不舍离开传习馆。没想到的是，李老居然起身要亲自送我们出来，送到门口还不行，一直送到电梯口，直至我们进了电梯。李老是国宝级的巨匠，也是我们的长辈，却能如此待人，让我们深受触动。两次见面，李老的为人、为学、为师已经在我们心中留下了深深的烙印。

三天后，再次见到李老是我们去接他对新励成华北的学员们演讲。在车上，李老准确地说出了我的名字，并说已经读过了我们三天前送他的三本书，还说学到了很多东西。那三本书是我们三位讲师的处女作，李老一生写过上百本书，却

如此谦虚，再次震撼了我的心灵。李老曾经说过"青年是我师，我是青年友"，此言不虚！

李燕杰老师给我们带来的精神能量还远远不止以上这些。其实，每一次和李燕杰老师的接触或是聆听李老的演讲，每一次都让我受到震撼和洗礼，每一次都让我期待下一次能聆听李老的教诲，每一次都让我更加坚定了做演讲事业的传播者、做中华民族伟大复兴的践行者的使命和决心！我们也要学习李老不怕死、不怕批、不怕苦的精神，牢记使命，奋勇向前，也要拔一把汗毛，变出一个、两个、三个，乃至更多个孙行者，取到中华民族伟大复兴的真经！

作者系广州市演讲与口才促进会会长。

全国各地庆贺李燕杰大师从教 60 周年

走向社会演讲 40 周年贺信、贺词选

热烈庆贺燕杰老师走向社会演讲 40 周年

颜永平

40 年前的 1 月 25 日，既是燕杰老师演讲生涯的起航点，也是新时期中国演讲事业的新起点；

2016 年的 1 月 25 日，既是中国演讲泰斗李燕杰老师从事社会演讲活动 40 周年纪念日，实际上也是中国当代社会演讲史上开启全新演讲之风的纪元之日。

燕杰老师走向社会演讲 40 周年，既是他个人的演讲艺术业绩辉煌的 40 年，也是中国演讲艺术发展、成长、昂扬的 40 年，更是中国当代演讲事业里程碑的纪念日。

1 月 25 日，是中国演讲界的节日；

1 月 25 日，必将成为中国的演讲日！

祝贺我的恩师 —— 燕杰老师：

您为中国当代演讲事业扬起了新的风帆；

您为中国当代演讲教育艺术的蓬勃发展吹响了号角；

您为世界上亿万听众的心扉注入真善美的思想和情操！

没有您 1 月 25 日的扬帆起航，就没有今天中国演讲事业的辉煌；

没有您的德高为师、身正为范的言传身教，就没有弟子们的今天！

感恩老师，您圣者的智慧和开创的伟业我们将传承万代！

祝福恩师，中国演讲史册上，您的名字将永远熠熠生辉！

您像一缕清风

李志勤

32 年前，当我还是一个年轻军人的时候，

第一次聆听了您的声音，

您像一缕微凉的清风将一颗演讲的种子吹落到我心底，种下了我的演讲梦想，

您像一缕清风将一颗颗演讲的种子吹落在云南少数民族边疆地区的角角落落，这些演讲的种子落地生根、发芽长大；

您像一缕清风，吹绿了这一颗颗演讲的幼苗，

您像一缕清风，用演讲将亿万人心头的阴霾荡涤干净，用思想的清气吹开人们心灵的迷雾；

您像一缕清风，清风脱然至清正溢人间、清风似水难逢化人万万千。

17 年前，"红河杯"全国演讲大赛您来到春城，您像一支熊熊燃烧的火炬，点燃了这座城市的演讲圣火，星星之火可以燎原，

您一次次地来到春城昆明，多次盛赞它是演讲的奥林匹克之城，正是因为您的厚爱、您的肯定、您的教导，我们云南演讲才能红红火火、遍地开花、繁花似锦。

您是黑暗中的灯塔，2010 年，我接任云南省演讲学会会长职务，在您的指引下我们拨云见雾、开启了云南演讲新的航程；

您是灯塔，用灵魂点亮这座城市的各个角落，用生命为我们照亮通往真善美的路径，塔灯照夜光亮层层、灯燃雨塔万象更新。

2013、2014 年，您不辞劳苦来为我们指点迷津；

2015 年，昆明被评为中国演讲名城，

2016 年，演讲名家演讲爱好者千人来昆，

2017 年我们又将举办第五届"李燕杰杯"全国演讲大赛。

其实，李燕杰这个名字在云南早已家喻户晓，

连普通话都说不好的少数民族大哥，看到近九十高龄的您连续站着演讲三个小时都对您竖起大拇指，去年在"李燕杰杯"大赛上连我们的小选手都讲起了《我的小李燕杰梦》，说"要像李燕杰爷爷学习"，"长大要做像李燕杰爷爷那样了

不起的演讲家"。

您像一轮澄澈的明月，用高尚正直为我们照亮每一个镶满繁星的夜空；

您像一轮温润的明月，用从容淡泊超然逸致、儒雅风度为我立下做人的标杆，

您像一轮明月，清风朗月沁人心脾、万古千秋大爱济苍生。

您是一匹奔驰的骏马，40年演讲路上风驰电掣、热情洋溢、激情澎湃，走过了世界808座城市，成就了800多个头衔的实至名归，是您的顽强毅力、坚持不懈教会了我们在演讲道路上的坚持与坚韧；

您像一匹骏马，年近九旬、壮心不已，一蓑烟雨任平生、老骥伏枥更年轻，我们都要以您为榜样，为演讲事业奉献一生。

您是冬日金色的暖阳，把温暖的光辉洒向大地，用光辉与热量为我们驱走寒冬，驱走飞云流雾，驱走阴森潮湿，朝来阳暖启迪身心、一阳生暖融化坚冰。

您是演讲泰斗，

您是学问大家，

您是国学、书法大师，

您是当代的孔子，

您是中国的亚里士多德，

您是育人红烛，

您是思想火炬，

您有大学问、大智慧，用大无畏的乐观精神扼住命运的咽喉，在人生九级浪潮中长风破浪螺旋前进，

您的人生百花齐放硕果累累，

您的声音响彻寰宇誉满九州，

您的文字妙笔生花魂铸中华，

您用您的大胸怀含纳百川包容万物，

您用您的大境界超越俗尘抵达圣境。

您就是李燕杰，

一个定将永垂史册的名字，

一个温暖了我们半个世纪的名字，

自从遇见了您，许多人开始寻找自己的人生，

自从遇见了您，许多人重塑了自己的灵魂，今天，岁月将我们的面孔染上了白发与皱纹，光阴易逝、朝花夕拾，我的心中满是感激之情，

没有您，就没有我的演讲人生，

没有您，就没有昆明这座演讲名城的诞生。

您就是李燕杰，

您像清风，让人清爽；

您像明月，让人恬静；

您像骏马，让人奔腾；

您是暖阳，给人温馨；

您是灯塔，照人前行；

您是美酒，令人沉醉；

您是清泉，清冽透明！

您是打开心灵之锁的钥匙，

您是拨动心弦的琴师，

您是灵魂是工程师，

您是爱与美的化身，

您是我们人生的导航仪，

您是我们演讲的指路明灯，

您是我们的楷模，

您是我们的恩师，

您是我们最最崇敬的人，

今天是您走上演讲之路 40 周年的日子，

我们与您一起铭记，

我们与您一起回味，

我们与您一起憧憬，

最美好的祝福送给您，

愿您健康平安、福寿双全、松柏长青！

与春天同行

董保延

1990 年春天，包括李燕杰老师在内的 8 位当代中国思想教育艺术家应中共云南省委宣传部之邀，联袂踏上彩云之南，举行系列报告会，50 多场演讲引起社会强烈反响，写下云南演讲史上最辉煌的一页。我直接参与了那次活动的组织接待工作，并参与主编出版了演讲集《真理的雷电火》，有幸与各位演讲大师在一起相处了半个多月，在我的人生记忆中留下了珍贵纪念。2000 年，我又陪李老师到昆明陆军学院给官兵做演讲，并与李燕杰老师等结下了不解之缘，直接聆听了大师们的多次教导。值此李燕杰老师从事社会演讲活动 40 周年之际，往事历历，有感而发，谨以此诗祝愿李老师和中国演讲事业蒸蒸日上。

> 我在昆明
> 您在北京
> 我们在春天相遇
> 我们在春天亲近
>
> 27 年前您走进我的视野
> 带着春天的暖意和叮咛
> 27 年来我追赶您的脚步
> 伴随春天的祝福和耕耘
>
> 听您慷慨激昂针砭时弊
> 听您纵横万里谈笑古今
> 云之南演讲人春风扑面
> 真理的雷电火山鸣谷应
>
> 德的熏陶　美的启迪
> 力的解读　爱的温馨
> 智慧者自有磊落风度
> 工程师更具崇高心灵

举手投足间显人格魅力

抑扬顿挫中见正道真情

携春风来盼春苗壮

铸民族魂为中华兴

相处中感受名士风范

神交时顿悟智者底蕴

花开花落依然丹心铁骨

云卷云舒不改坦荡胸襟

用语言和行动写就大书

让真诚与信念青史留名

岁月使演讲人生如歌如画

时光让演讲之树花繁叶青

心不老　志不渝

演讲人永远年轻

情常在　梦成真

演讲路鹏程万里

我在昆明

您在北京

我们在春天出发

我们与春天同行

1990年与演讲大师在一起。左起：彭清一老师、曹阳（时任团省委宣传部长）、曲啸老师、景克宁老师、李燕杰老师、董保延

歌唱李燕杰

侯希平

今年1月25日，是中国演讲泰斗李燕杰老师从事社会演讲活动40周年纪念日。这一天实际上也是中国当代社会演讲史上开启全新演讲之风的纪元之日。

这一天之后，华夏大地掀起了读书演讲之风，然后人才辈出，百花盛开，硕果累累。

李燕杰的演讲，影响之广，影响之大，影响之深，前无古人，后人也很难超越。感慨之余，赋诗一首，是为纪念。

> 盘古开天地，春秋续战国，
> 秦皇封疆土，汉武壮山河，
> 唐诗宋词美，元曲明小说，
> 清盛复衰落，民国输共和。
>
> 神州风水好，中华故事多，
> 智慧传天下，思想更广博，
> 炎黄有情调，勤劳会生活，
> 上下五千年，代代传薪火。
>
> 忽有一夜风，文化受冷落，
> 太阳东升时，百花正迷惑。
> 何以吐芳华，怎样展枝叶？
> 急煞护花人，教授李燕杰。

好个李燕杰，登台来演说：
人间真善美，永不会凋落，
知识是力量，不懂赶快学。
时间定格在，七七年一月。

从此开新篇，燃起燎原火，
演讲风雷动，中国到外国。
中央代表团，欧美亚讲课，
华夏精气神，全世界传播。

六千场呐喊，四十年拼搏，
五百万听众，几代人欢乐。
著书展才学，立言彰品德，
当代第一人，后辈难超越。

如今八八翁，精神更矍铄，
心系天下事，思想演讲业，
高徒满天下，遍地开硕果，
无意踏风头，从不缺赞歌。

二零一七春，众人来祝贺，
心潮在沸腾，思绪在雀跃，
花树在欢呼，江河在奏乐，
美誉天下传，歌唱李燕杰！

贺　信

刘延东

尊敬的李燕杰演讲大师：

值此新春佳节即将来临之际，恰逢您从教 60 周年，从事社会演讲活动 40 周年纪念日亦即将来临，此实乃我国演讲界可喜可贺之一大幸事！所以吾特撰写贺信一封，另赋藏头诗一首、《七律·李燕杰演讲大师颂》一首，谨以此来表达我对您从教 60 周年，从事社会演讲活动 40 周年的崇敬之情和衷心祝贺！

您从 20 世纪 70 年代开始从事社会演讲活动，影响了几代人，享誉海内外，曾受到过胡耀邦、江泽民、胡锦涛、习近平等中央领导的亲切接见与表扬！因此被誉为"共和国演讲家"，现今已经 88 岁高龄仍然还在进行演讲！您为中国的演讲事业做出了卓越的贡献！令人感动！使人敬佩！

您的社会演讲实践活动充分证实了您的确无愧于我国的演讲泰斗、演讲大师的光荣称号！您到过地球上 800 多个城市，演讲了 6 000 多场，获得了 828 个社会头衔，还为海内外听众写出了 30 000 多幅书法作品，担纲"国家巡回演讲大使"的重任，成为青年的"良师益友"，被尊称为"爱与美"的传道士，中国演讲艺术界的"常青树"，被亿万青年称为"点燃心灵之火的人"，被联合国和平基金会称为"世界上最可爱的人"。

您是当代中国演讲界的一面光辉的旗帜！您是当代中国演讲界的领军人物！您是值得我们学习的好楷模、好榜样！

我是于 1990 年经过严格的入选资格审核入编中国当代《演讲新秀名录》时认识您的！记得当时您还在我所入编的该名录的扉页上做了题词，其中有一句是："向演讲新秀致意"，您的题词一直在鼓舞着我！激励着我！您那种以"为天地立心，为生民立命，为往圣继绝学，为万世开太平"为己任的充满大爱的演讲精神、强烈的社会责任感和伟大的用世抱负更加值得我去学习！也更加值得我去效仿！我会以您为榜样，尽最大努力踊跃参加积极向上的充满正能量的社会演讲活动，为讲述好中国故事演与讲，为传播好中国声音鼓与呼，为实现中华民族伟大复兴的中国梦呐与喊！

作者系中国演讲艺术协会常务理事、吉林省快乐演讲俱乐部负责人。

给李燕杰老师的贺信

许艳文

敬爱的燕杰老师：

您好！我是您的第 52 名弟子，一个您晚到的学生，感谢您能够接纳我，感谢您馈赠我那么漂亮的书法，苍劲飘逸、刚柔相济的"秀外慧中"四个大字，饱含着一位长者对晚辈的认许、关爱与鼓励，我将视为无价珍宝，悬于书屋，永世珍藏！

在您从事社会演讲活动 40 周年之际，首先向您表示热烈的祝贺！祝贺您为中国演讲事业作出的巨大贡献，祝贺您为热爱演讲的同仁们铺垫出一条宽广的大路，祝贺您带领大家打造出演讲事业的一片新天地。借这个机会，我想说说一直想对您说的话，很久没写信了，心拙手笨，不知能否真切流畅地表达出自己内心的感受？

在我很年轻的时候，燕杰老师已名满天下了，像天上一颗最亮的星，可望而不可即。在您的星光照耀下，我开始关注热爱起演讲来，至今还珍藏着有您做封面人物的《演讲与口才》杂志（1988 年第三期）。机会终于来了，一次，我在学校的演讲比赛中胜出，代表学校参与市里的演讲赛，在精心准备之后，带着一颗忐忑不安的心，走上台去小试牛刀，竟然"技压群芳，一举夺魁"（学校喜报语）。从此，奠定了我从事演讲的良好基础，也坚定了我学好演讲的信心。

后来，我加入了省演讲与口才学会，还在学校连续担任《演讲与口才》课主讲教师，这是我多么喜欢做的事，也是我人生中最有意义的事。常常有学生兴奋地告诉我说："老师，您上的演讲课太及时了，我们在实习和工作中发挥了重要作用，多亏您平时认真示范、严格训练我们！"每当听到这些发自肺腑的话，我的心里如同吃了蜜一样，而这样的感受，对于一生中影响和培养了不计其数学生的演讲大师您来说，应当是天天都有的莫大安慰与享受啊！

遥远的星空，仰望中的燕杰老师，我要感谢缘分，感谢演讲，让我有了近距离见到您的机会。二〇一五年三月，在广州的一次演讲活动中，我第一次目睹了您站在台上的风采，第一次现场聆听了你幽默风趣、激情澎湃的演讲，台下笑声不绝，掌声不断，让我震惊不已——您虽已年逾八旬，可您仍然是天空那颗熠熠生辉的星啊！后来与几位演讲同仁前往拜谒您，当您听说我也在高校讲授《演讲与口才》课程时，您亲切地站起身与我说话，那样蔼然、慈祥、仁爱、关切，我知道，您或许感到欣慰的是，又遇上一个与您同道的人，燕杰老师，是吗？其实，我在精神上已经追随您多年，终于在一个最合适的时间、最合适的地方与您相遇，让我有了找到队伍、找到组织的感觉。我幸福，我自豪，我快乐！

二〇一五年五月，对于中国演讲界来说，是一个非同寻常的五月、一个难以忘怀的五月。五月一日上午，第一届中国演讲艺术节在广东顺德隆重召开。嘉朋满座，气氛热烈。敬爱的老师在充满敬意的目光中，迈着稳健的步子走上台去。挺直的腰板，表情怡然，声音雄浑，给人以宽厚宏博、器宇轩昂的印象，一字一句，为会场传递着春天的信息，对演讲界同仁寄予了殷切的期望。我在我的《中国梦演讲团欧行漫笔：前奏》中写道："这位令人钦敬的老人，浩然之气，溢乎其貌；殷切之语，动乎其言。与会者在认真聆听李燕杰老师的演讲之后，无不赞叹说有幸瞻贤人之光耀、尽天下之大观！"

最让我难忘的是五月二日晚上，颜永平老先生扶着辛苦了一天的您从台上下来，我忙迎上前轻轻叫了您一声。颜永平先生再次向您介绍了我，您停下脚步，与我亲切握手。我正想道谢时，您突然将右手举过头顶，说："向你致敬！"这让我手足无措了，在您这位令千万人尊敬的长者面前，我怎么当得起如此的礼节？我紧紧握着您的手，说："李老师，您太让我感动了，这是对我最大的鼓励啊！"颜永平先生让我与他分立两侧，与您一起合影留念。多么珍贵的瞬间啊！我想，德高望重的您之所以这样，其意义不仅仅在于对我一个人，而是出于对知识的尊重、对读书人的厚爱、对演讲人的激励吧？您一颗博大滚烫的心，灼烧着我这个后学的胸膛，我感觉到自己身体内的每一个细胞都被激活了，还有什么能让我对演讲更加矢志不渝呢？尽管在这条路上，我迟到了很多年，但从那个不寻常的晚上开始，我将重新站在起点上，迈开演讲人生的一大步。

在"中国梦·环球行"赴欧演讲团启程仪式上，老师您将鲜红的团旗授予了侯希平团长，侯团长带着我们宣誓，我们举起右手，就像当年入党一样，庄重而神圣。在欧洲演讲期间，我们每一个团友都时刻谨记您的教导，决心不辜负您的期望，为祖国争取每一份荣誉。三位团长组织得力，所有团友配合密切，从而圆满地完成您交给的光荣任务，享誉而返，满载而归。

燕杰老师，您以您的品德、为人、学识与才华感染和影响着千千万万的人，您的身边站满了热爱演讲、坚定不移的人。而我知道，您的巨大成功并非一蹴而就，在通往成功的路上，您命运多舛、历经磨难，十几年前还罹患重病，但您面带微笑，挑战命运，从未离开过你热爱的演讲舞台。在您的面前，还有哪个演讲人敢说一个苦字呢？

燕杰老师，感恩缘分，我有幸成为您的第52名弟子，虽然遗憾自己尚未为中国演讲事业做出什么贡献，但我现在已经站在您的身边，站在中国演讲事业的跑道上，我知道自己今后该怎么样做。正如我在《中国梦演讲团欧行漫笔：余韵》中说的："在未来的日子里，我会一如既往地热爱着演讲，力争为中国演讲事业增添色彩；在未来的日子里，我会回味赴欧演讲的美好瞬间，期待着在世界各地继续传递中国的声音。路很长，我们都在路上。"

燕杰老师，在今后的日子里，请让我与您、与中国演讲界同仁站在一起吧，我要和大家一起呐喊：生命不息，演讲不止！

今年，是老师从事社会演讲活动四十周年的重要年份，我怀着十分崇敬的心情，写下以上文字向您表示热烈祝贺，并感谢您对学生的关爱与扶携。燕杰老师，您是中国演讲事业的领跑人，在您继续朝前走的路上，永远有我们紧紧相随。

最后，敬祝您与师母福安！

美妙向恩师致以崇高的敬礼

美　妙

敬爱的恩师：

在迎来您走向大众演讲 40 周年之际，终于有机会把多年的心里说向您倾吐：

老师您知道吗，如果没有您多年的关爱与谆谆教诲，没有您的平易近人和蔼可亲，没有您的不辞辛苦诲人不倦，渺小的我可能陷在物欲横流中再也回不来了。在北京漂泊的日子里，在孤独寂寞的日子里，当我看到恩师您写给我的书法，您寄给我的书刊，还有您亲笔制作的贺年卡，还有老师您的一本又一本的新书，每一本新书的扉页都有老师您的留言和签名，这一切都是我人生的珍宝和精神力量的源头，是我生命中不会迷失的指南针，还有您偶尔打来的电话，听到老师您的声音，简直不敢相信，天底下有您这么好的老师和长辈，我领略了什么是大师的风范，大师的人格魅力，指正我一生中做人一定要虚怀若谷，诚敬谦和。在老师您的身上，我学到了太多太多，一生受用不尽，作为您的学生我无地自容，惭愧又惭愧，深怕辜负了老师您的一片心意。使我毅然决然排除一切外界的诱惑和干扰，跟随老师您的步伐，走正路，不走邪路；走宽路，不走窄路。老师您是我生命的贵人，更是我生命的灯塔，照亮着我人生的每一步！

最敬爱的恩师，您知道吗？您是我人生中最最重要的人，虽然做您的学生我很惭愧，但我会一直一直地努力着，向着光明走去，因为您是我人生的太阳！

感谢恩师，感谢最可爱的师母，感谢这一切的一切，在这里献上我一颗至诚感恩的心，千言万语汇成一句话：老师，我爱您！

贺　信

赵益华

尊敬的李燕杰老师：

您好！

作为一名演讲爱好者，我怀着极为尊敬的心情，诚挚地祝贺您从教 60 周年、面向社会演讲 40 周年！

李老师，您是我们演讲界的高标，首先从健康的角度来看，给了我们巨大的力量，原来演讲能让人健康长寿。只要遵循着您充满爱心、充满正能量的演讲之路走下去，我们的灵魂会不断提升，我们的身体会充满着活力。

李老师，您的博学让您的演讲充满智慧；您的演讲集哲学、经济学、文学、美学、心理学、教育艺术、书法、易经于一体；您的演讲，充满哲理，但又通俗易懂，且触到人们灵魂深处。

李老师，您的演讲影响着几代人。我的父亲是一名老师，听了您的演讲，他更加懂得如何走进学生的心灵，告诉孩子们什么是真、善、美，告诉孩子们如何做一个有理想、有抱负的人。我曾参加过几次全国演讲大赛，在赛场上亲眼看到，您演讲几个小时不坐不喝水不拿稿子不休息。80 多岁的您，竟然有着如此充沛的精力。您的演讲让我热血沸腾，更让我深思，演讲的精髓是什么。我的女儿上初中了，跟着我听过您的演讲，您还赠送了她亲笔写的几幅字画，其中一幅是：为时代鼓与呼，为人民呐与喊，为青年歌与讲。我想，这将是女儿一生的财富。

亲爱的李老师，您虽已 88 岁高龄，但是我们认为，您还年轻，我们愿意跟随着您一直走下去，将演讲发扬光大，将演讲进行到底！

此致

敬礼！

作者系全国演讲大赛一等奖获得者。

庆贺李燕杰大师走向社会演讲 40 周年

崔跃松

尊敬的李老师：

弟子崔跃松衷心祝福您！

自称为您的弟子，真怕才疏学浅的我有辱大师的门风。

2003 年湖南永州论坛我和大师同时登台演讲，老人家给我诸多的勉励，赞赏我"后生可畏"，终身难以忘怀。

曾在 21 世纪之初老人家就期待我能做几件像样的事情，我却至今未能做出任何让老人家欣慰的成就。

2010 年在广东中山相聚，回京后老师就立即几次亲自打电话问我的邮箱，把其夫人绍华师母在中山所拍的照片发给我。得知我的拙作要问世，还亲自到邮局寄题词给我，真是令人敬佩和感动！

只言片语表达对大师的尊崇之心，既是饱含深情的回忆，也是对大师人格魅力的崇敬，更是对大师 40 年来对中国演讲事业做出的贡献的感佩！是我们新一代演讲人感恩栽培的拳拳之心的真情流露。

祝福老师，祝福大师！祝福演讲界的朋友，祝福中国演讲艺术协会！祝福我们钟爱的演讲事业！

作者系安徽省演讲学会副会长。

莺啼序

广东省演讲学会

李燕杰先生是共和国四大演讲家之一，也是广东演讲学会的终身荣誉顾问。在李燕杰先生走向社会演讲 40 周年的日子里，全国各地的演讲协（学）会和广大的演讲爱好者纷纷向这位演讲界的德艺双馨的大师、老前辈发来贺信和祝福。广东演讲学会及其广大同仁更是对这位大师和前辈充满无限的敬仰之情。

京城柳丝渐绿，正春寒料峭。

碧云散、万里晴空，一派祥瑞辉耀。

盈喜气、八方同贺，声声祝愿心相照。

弟子归，意切情真，思绪翻绕。

物换星移，四十载，忆风舞云蹈。

真善美、细润心田，挺身擂鼓长啸。

溯源流、激浊扬清，用心苦、是非分晓。

鼓与呼，发聩振聋，燕杰风暴。

六千场次，百余专题，场场掌声爆。

传真理、八百城市，巷尾街头，老少倾聆，一片叫好。

自强笔记，爱心慧语，清风甘露滋园圃，望百花、摇曳春光笑。

鸿篇巨制，铸魂勤育人才，呕心沥血操料。

芳菲桃李，南北东西，岁岁春意闹。

漫回首、风风雨雨，雪打霜欺，挥汗耕耘，丰收早到。

年华耄耋，情怀依旧，伏枥老骥犹尚远，且高歌、铁骨铮铮傲。

良师益友斯翁，漫漫征途，永擎大纛！

大道无形

湘潭县演讲与口才协会

当一个人流露出"伤春"情绪时，他说："落红不是无情物，化作春泥更护花。"当一个人工作不顺心，总有压抑感时，他说："千江有水千江月，万里无云万里天。"当一个人工作有成绩而自满时，他说："诗非易作须勤读，琴亦难精莫废弹。"当一个人问我应该怎样做人时，他回答："春随香草千年绿，人与梅花一样红。"

文史哲是他从事国学智慧研究的基础，真善美是他教书、演讲、传道的核心内容。他的演讲充满哲理和激情，他的诗是哲理诗，他的散文是哲理散文，他的书法幅幅是格言、警句。他的言谈、事业、生活也处处弥漫哲理的馨香，折射着智慧的光芒。他就是李燕杰——中国当代成功智慧学第一人。

人生，如戏剧，不在于多长，而在于多美。人生，如舞台，不在于多大，而在于多奇。人生在世，在告别人生时，值得追忆、自慰的并不是鲜花与掌声，而是战胜重重困难的勇气、意志与智慧。只要天空还有阳光在照耀，我们就不怕大海中还有浪涛。人生在世，既不要随波逐流，也不必愤世嫉俗，需要的是清清白白地做人，兢兢业业地做事。大海在风平浪静之后也会出现汹涌波涛，只有乘风破浪、勇往直前的人才能到达光辉的彼岸。

40 年风雨兼程，40 年青春如歌。年华流转，不变的是学者心；岁月如流，永恒的是师者魂。用生命启迪智慧，用爱心滋养希望。40 年，创造金色辉煌；40 年，谱写绚丽华章！

大道无形。

为尊者贺！

献给演讲大师李燕杰从教 60 周年

泰安市演讲与朗诵协会

您，是演讲界的泰斗

您，是新时代的楷模

您，用您的声音

您的智慧 您的激情

您的品质 您的生命

您超拔脱俗的丰采

在中国的演讲史上

竖起了一道丰碑

谱写了一曲华夏大地上

气势磅礴的生命交响曲

曾几何时

您的足迹踏遍了

祖国的山山水水

踏遍了世界上

大大小小的城市

为中国人 为全人类

送去了一次次

精彩绝伦的演讲

送上了一场场

精神充盈的盛宴

您 —— 李燕杰

您，是我们心中的阿波罗

我们精神家园的家长

是我们深深热爱的演讲之神

忘不了您一次次

用演讲给无数的心
带去了智慧的泉水
滋养了无数心灵的田地
忘不了您一次次用生命
带给无数的生命以活力
和延续的力量以及勇气
是您，以无限的能量
激励了无数的中国人
为中国成为世界强国
并屹立于世界之林
而努力奋战
为实现中国梦
而奉献自己全部的热力
今天，我们以无比激动的心
以我们炽热的双手抚胸致意
亲爱的李燕杰老师
愿我们演讲界的领头雁
愿我们未来生命的引路人
您的无比精彩的
生命之树长青
演讲永续华章
曾记得
在广东演讲协会成立大会上
您以饱满的激情
和充满正能量的演讲
告诉我们演讲者的责任和力量
曾记得
在佛山演讲协会成立大会上
您把事先准备好的一幅幅字画
分别送给了您认识
和不认识的人

无不让人领略和感受到
一位八旬老人的大爱与寄托
曾记得
您在送出那承载着爱
和期待的书法作品的同时
以您那饱含着大爱和无限深情
并富于磁性的声音
告诉在场所有的人们
"落红不是无情物
化作春泥更护花"
老师啊 我知道
我懂得 我明白
这不是一幅幅的字
那是您炽热的心
和无限的深情
那是您滚烫的生命的外延啊
当时，我的双眼
就流下了一行行感动的泪水
更难忘那一幕
今年四月的一天
您躺在病床上
对来探望的同仁们
反复强调着演讲的道力
老师啊，请您相信
从中我们已经汲取到了
无穷的力道和道力
以及道力二字真正的道理
曾记得
在您堆积如山的书房
您在您和习总书记的合影照片上
为我签下了"一划开天"的题词

我知道，这其中蕴含的意味

我知道，这里面饱含的期望我还知道

先人们为了实现自己的梦想

曾付出了不懈的坚持和努力

在我们中华民族的历史长河里

挥就了一幅幅震惊世界的鸿篇巨制

也曾留下了夸父逐日憧憬

留下过了女娲补天的传说

也留了大禹治水的传奇

但是，我崇敬的老师啊

此刻，我只想对您说

对我们而言

对中国演讲界而言

对华夏儿女而言

您就是一个传说

您就是一个传奇

您就是一个

让人没齿难忘的英雄

一个影响了无数生命和灵魂的英雄

是的

您就是一个英雄

英雄，英雄啊

此时，我想对您说

有您等先辈们创下的事业

有您和您的伙伴们筑下的基石

那一划开天的美梦

定会有实现的那一天

我心中敬仰的大师啊

请您相信

我们会认真地向您学习

学习您强烈的责任感

学习您牢记民族的使命
学习您诚挚无私地奉献
把实现中国梦的愿景
当成自己的责任和担当
去做自己应该去做的事
对，我们会记住
自己的责任和担当
这是我们演讲人
神圣而又光荣的职责
老师 亲爱的李燕杰老师
我心中的王者
您是我们演讲界的光荣
您是中国人民的宝贝
请相信
我们会用心去承接
并承担起自己的使命
我们会尽力向老师学习
尽管，前景是那样的遥远
道路是那样的漫长
但是，我们会用
未来全部的生命和热力
服务于我们的国家
效劳于我们的民族
给予我们人民自己所拥有的一切
今年，是您从教60周年
走向社会演讲40周年
在这特殊的时辰
我想由衷地告诉您
在我们的心里
您既是第一
更是唯一

对，李燕杰老师

您既是第一

更是唯有一

最衷心祝贺李燕杰老师从教 60 年、面向社会演讲 38 周年：

您是中国青年的心灵之师，是国人的骄傲；您的演讲深入民心；您的诗歌蕴含哲理；您将是我们及中国大众所永远仰慕和追随的文化使者。在您的精神感召下，泰安市演讲与朗诵协会诞生了，我们协会的全体会员将集合在您的旗帜下，"讲诵经典，传承文明"，打造一流的团队，全面提高个人沟通能力，为中华民族的复兴增砖添瓦。

最后祝李燕杰老师健康长寿，诗魂永驻！

诉说一个传奇，点燃一个梦想

杨　赛

40 年前，燕杰教授登上演讲台。

40 年前，我降生在这片热土。

这 40 年，正是国门渐开，民智渐长，生机勃勃，繁花似锦的年头。我们花了 300 年，才从屈辱中站起来。又花了 30 年，才在废墟中立住脚。

燕杰老师在演讲台崛起的 40 年，正是中国启蒙的 40 年，我们凭借自己的勤劳和勇敢，挺起了胸膛。

此后的 30 年，将是复兴的 30 年，我们要把皮鞋擦亮，阔步走向世界。演讲的最高境界，是诉说一个传奇，点燃一个梦想。

燕杰老师 40 年的演讲生涯，凝聚了中国崛起的传奇。

站在燕杰老师身后，我们新一辈青年演讲人，更应该点燃民族复兴的梦想，让 5 000 年古国的文明，照亮整个世界。

作者系中国演讲艺术协会常务理事、复旦大学博士。

致敬，李燕杰大师

席秀梅

假如，天空没有雷声，大海没有涛声，假如没有黄钟大吕，只有瓦釜雷鸣，社会的心电图就会波浪渐逝，最后一线拉平。

思想家是演讲家李兄，艺术家是演讲家同盟，演讲家是社会瑰宝，演讲是人类智慧结晶。

我常和孩子们仰望星空，在演讲家的银河寻找星星，那颗很亮很亮的就是李爷爷，我崇敬的导师李燕杰先生。孩子们摇响一片银铃：李爷爷，我们正在飞升，一定会和您会师苍穹，让世界充满光明！

作者系中国演讲艺术协会常务理事大庆市演讲与口才协会执行会长。

贺恩师面向社会演讲 40 周年

文若河

李燕杰老师是我事业的引路人，更是我人生的引路人。值此恩师面向社会演讲40周年纪念活动之际，我几次提笔，又几次放下，因为，我觉得单单"李燕杰"这三个字，就足以使任何语言变得苍白无力。"李燕杰"这三个字是和思想解放的大潮联系在一起的，是和振聋发聩的演讲联系在一起的，是和人间正道联系在一起的！

敬爱的李老师，40年来，您一直在用您美好的心灵和这个世界恳谈，您一直在用您积极向上的人生态度影响着一代又一代人。您的声音代表着正义、代表着良知、代表着无私无畏、代表着乐观奋进！您是共和国历史上一座永远的精神丰碑。我们这些后来人愿永远追随着您，用演讲传播思想、用思想影响行动、用行动改变世界！

作者系北京大学公众演讲与管理沟通课题组、北京"张嘴就来"演讲力训练机构。

雄伟的乐章

张宏梁

你的声音是优美的旋律，
你的语言是雄伟的乐章！
高低起伏，壮美向前，
穿越时空，蜿蜒跌宕。
就像奔腾的大江
在我们心中激起洪波巨浪！
你是"种桃种李种春风"的辛勤园丁，
你是新时期演讲界最早的曙光。
你创造了许多的奇迹，
你震响着时代的强音。
你燕山一样英杰的身影，
激励着世界华人放飞梦想的翅膀！

作者系中国演讲艺术协会常务理事、扬州大学教授。

贺燕杰老师

江 帆

书呈绘晚霞
桃李遍中华
云燕飞寰宇
英杰更潇洒

作者系中国少儿口才协会会长。

贺燕杰大师飞越演讲 40 载

吴北明

李桃遍天下，

燕声满华夏。

杰出此英豪，

盛名传迩遐。

作者系广东省鹤山市演讲与口才筹委会负责人。

敬赠恩师李老燕杰

时 亮

决决华夏，大师燕杰，雄兵百万，三寸之舌，走八百城，讲六千场，轰动全国，影响世界。

浩浩书林，大雅燕杰，《教育艺术》，期期精彩，篇篇深刻，苍劲书法，葩美功卓，造福万家。

巍巍杏坛，大家燕杰，提携后生，呕心沥血，言传身教，润物无涯，演讲队伍，辉煌壮大。

矫矫不群，大儒燕杰，著书立说，《自强笔记》《大道有言》《走进智慧》《塑美心灵》铸就魂魄。

湛湛青天，大仁燕杰，心正身修，齐家治国，人格高尚，纯净典雅，生活导师，众生楷模。

作者系山东省章丘晚辈。

庆贺李燕杰大师走向社会演讲 40 周年

张宏梁

其一

桃李遍天下，燕京一奇杰。

高擎文化旗，引领演讲界。

其二

天下桃李皆敬颂，燕京名师世所奇。

品味人杰惊座语，好似仙境听神曲。

作者系扬州大学。

沁园春·歌颂李燕杰

四川省射洪县演讲与口才协会

讲坛奇才，声播华夏，誉满九州。

其气冲霄汉，音入九重；

春雷播雨，硕果频收。

四十载，十万里路，汗洒杏园好个秋。

共举杯，齐唱人生路，干三百斗。

不恋功名利禄，凭一腔赤诚壮志酬。

用金玉良言，无疆大爱；

燃泪吐丝，毫无保留。

业界旗帜，道德楷模，激扬文字挥方遒。

愿吾师，再讲八百载，永远风流。

用思想开启心灵之窗

张爱凤

用激情浇灌人生梦想
用演讲凝聚社会正能量
贺李燕杰老师从教60年、面向社会演讲40周年

作者系中国演讲艺术协会常务理事、扬州大学新闻与传媒学院。

藏 头 诗

隋清娥

木嘉落落杏坛栋，
子俊铮铮华夏龙。
燕室美才齐侧耳，
杰思慧语震苍穹。

作者系山东聊城大学文学院。

满 江 红

广州新励成教育科技股份有限公司

教育青年，用真心，孜孜不倦。忆往昔，一九七七，拨云见日。
四十功名尘与土，六千讲演云和月。不等闲，步入八零后，情更切！

郭沫若，北大情，青年人，立长志！立言行，美名传遍四海。
改革开放风云急，与时俱进领思潮。五百万，桃李遍五洲，新时代！

水调歌头·贺李燕杰教授演讲 40 周年

濮阳市演讲朗诵学会

冬尽望春日，

众口噤如蝉。

燕京人杰宏论，

雷震雨霖甘。

演讲从兹风盛，

亿万神州瞩目，

英隽竞登坛。

力助栋梁涌，

奋勇弄潮巅。

传知识，

播理想，

拓新寰。

与时俱进，

评点迷阵续新篇。

天地人真善美

倡导德识才学，

艺术永登攀。

今遇东风劲，

鼓浪再扬帆！

水调歌头·贺李燕杰大师演讲 40 周年

河北省演讲与口才学研究会

演讲推泰斗，才艺汇名贤。

声感三山五岳，言教更身先。

信仰追求马列，甘做青年挚友，华夏蜚声传。

谈笑惊中外，评点论愚贤。

抒宏论，酬心志，著宏篇。

纵横捭阖，谋略胸臆运筹间。

六国苏秦封相，舌战群儒诸葛，兵燹自消闲。

燕杰口碑远，华语大师谦。

柏梁体·赞李燕杰演讲人生

云南省演讲学会

一双慧眼博爱心，巡回演讲汗湿襟。

专题百个万象春，听众亿万受益深。

激励斗志众嘉宾，出语不凡字字金。

正义之音天下闻，演讲大使出国门，

五星旗艳地球村，讲堂崛起颂功臣。

铸魂金杯夺魁君①，为人低调受人尊。

立德求善品扬芬，教学相长自律身。

老当益壮倍精神，中华演研第一人。

【注释】

①指获"铸魂金杯"奖项。

喜 相 庆

—— 为李燕杰88寿诞而作

惠州市演讲与口才协会

智慧书苑主启言，

妙语连珠惊世燕。

山谷回音传绝响，

六十教坛留芳名。

中国演讲领头雁，

四十演讲传佳音。

八八华诞喜相庆，

众生聚首赞人杰。

七律·祝贺李燕杰老师

河北省演讲与口才学研究会

祝语纷飞登亮屏，

贺声联袂伴春风。

执鞭解惑生平愿，

演讲开蒙盖世情。

甲子轮回桃李众，

期颐在望业功成。

神州四十争翘首，

盛世文明乐复兴。

贺李燕杰从教演讲 60 周年

河南快乐演讲俱乐部

六十花甲一转眼，

开智增慧逾千件。

柳暗花明人生路，

绝处逢生志奉献。

下心含笑常施予，

亦师亦友挽青年。

桃李满园同道贺，

天下演讲共为范！

藏头诗·赞共和国演讲家李燕杰教授

濮阳市演讲朗诵学会

燕麓京畿地，

杰出人辈现；

教书育人奋，

授业解惑艰；

演绎真善美，

讲坛真理传；

大众喜甘霖，

家国宏图展！

热烈庆贺李燕杰教授面向社会演讲40年

浙江万里学院

一

演讲的道路上，您以开辟者的雄姿昂然走过。40年，光阴流转；40年，风雨如磐。您用火热的情，传递乐与欢，延展美与善；您用真诚的心，传播忠与孝，教授仁与义；您用真挚的爱，传承和与睦，激发智与信。您在艺术的征途上看风景，殊不知，看风景的人在途中看您，看您如熊熊火焰，燃烧青春的激情，为中华民族的演讲事业带来光明；看您如峻拔苍松，追求生命的图腾，为社会主义的现实世界塑造正义；看您如矫健雄鹰，激昂生命的斗志，为当代社会的演讲新风开启纪元。

二

心怀一份执着，情系一份真诚。您本着对生活的热爱，对信义的向往，对真理的追求，对人间情愫的憧憬，为中国的演讲事业开启了智慧的门栓，让明澈的良识如一泓涓涓的细流，浸润500万听众的心田；让坚强的信念似一抹绚丽的霞光，透射500万听众的心窝；让谆谆的教诲像柔和的清风，安抚500万听众的心灵。您那弘扬真善美、鞭笞假恶丑的演讲，比为了灌响希望的鸣号的春雷更响，比为了扣紧沧海的延绵的波涛愈烈！您启迪、净化几代人的心智，您开辟、拓展当代中国的演讲事业！您是铸魂的大师；您是灵魂的旗手；您是学界的泰斗！

送上诚挚的祝福：愿敬爱的李燕杰老师松鹤长春！

七　律

云南省演讲学会

神州大地响惊雷，演讲宏篇荡气回。
燕杰激情潜力挖，启发智慧李桃培。
弘扬正气辉煌铸，引领讲坛振国威。
文化复兴欧美振，爱心教育喜双眉。

贺　信

韩娜娜

尊敬的李燕杰教授：

值此您从教60周年之际，请接受学生最衷心的祝贺和最诚挚的问候，以及对崇高师恩的无限感谢！

"人生九级浪，行走天地间。"您作为演讲界泰斗，读万卷书，行万里路，德高望重，誉满全球；您是青年的"良师益友"，是爱与美的"传道士"，是人们心灵的"守护神"。您渊博的才智学识、深厚的理论素养让我获益匪浅，您严谨认真的治学态度、永不停歇的探索精神、谦逊儒雅的师道尊严、淡泊名利的高风亮节，更是时刻萦绕心头，成为我受用无穷的精神财富。在您的带领下，中国大众演讲如火如荼。您用广博的知识、生动的语言、真挚的情感赢得大家真诚的欢迎和高度的评价，一批批演讲高手登上时代的讲坛。您的大师风范、大爱功德早已载入中国演讲事业壮丽的篇章，铭记在千千万万个有志青年的心中。老师的一生是坎坷的一生，是奋斗的一生，更是辉煌的一生。

"莫道桑榆晚，红霞正漫天。"在老师从教60周年之际，谨向老师致以崇高的敬意和衷心的祝愿，愿您永远健康快乐，松鹤延年！

作者系山西省演讲口才学会筹备人。

贺　信

杜延起

60年来，大师情系三尺讲坛，耄耋高龄，耕耘不辍；40年来，大师行于十亿神州，传播智慧，启迪国人！演讲泰斗，德高望重，大师风范，我辈楷模！高山景行，虽不能至，心实向往之！

衷心祝愿燕杰教授健康长寿，愿我演讲事业长青！

欣闻李燕杰大师杏坛执鞭60周年，面向社会演讲40周年，后辈杜延起谨致以诚挚祝贺与良好祝愿！

作者系中国演讲艺术协会理事、演讲培训师。

贺　信

唐　强

爱人者，人恒爱之；敬人者，人恒敬之。

内心充满欢喜，才能把欢喜带给别人；内心蕴藏着慈悲，才能把慈悲带给别人。

燕杰老师从教60周年、面向社会演讲40周年。

因为热爱教育，您忍看桃熟流丹，李熟枝残；

因为执着教育，您才会微笑着写下希望而擦去了功利；

因为热爱演讲，您深情地演绎着您的精彩人生；

因为执着演讲，您选择诗满人间，语满人间。

为什么"珍珠"总在您的眼中饱含？因为，您有一身对中国教育和演讲事业深沉的爱。

在这个特别的日子里我想对您老说声："莫道桑榆晚，红霞正漫天"。

愿您老在今后的日子里更加健康快乐！

作者系湖南金话筒教育科技有限公司。

贺 信

李元授

尊敬的著名演讲家李燕杰教授：

您是共和国最著名的演讲家，闻名中外。您演讲的足迹遍及海内外 800 多个城市，演讲 6 000 余场，直接听众 500 多万人次，创造了中国演讲史上的最高纪录。您被誉为"铸魂大师"、"国际教育艺术家"，当之无愧。

您是著名的演讲理论家，出版著作 60 余种，《演讲美学》《塑造美的心灵》等著为您的代表作。演讲报告集销售逾 1 000 万册，创造了演讲报告销售量的最高纪录。您是我们演讲界与演讲学界的楷模。

我们演讲界与演讲学界的全体同仁，谨向我们的演讲泰斗、资深教授李燕杰老师致以崇高的敬礼！敬祝您老健康长寿，生活幸福！

作者系武汉大学教授。

贺 信

东莞市演讲学会

2 000 多年前，孔子有云：有德者必有言。李燕杰老师从教 60 周年，演讲 40 周年，正好是有德者必有言的体现。早在 20 世纪 70 年代，李燕杰老师就在社会上从事正能量的演讲，感染者一代人。

感谢这个进步的时代，让有德者有讲坛！

贺　信

北京演讲沙龙

"作家是把思想展开列在纸上待读者去拾取，演讲家是把思想凝练立起送达人们心中"的论述，把改革开放的演讲事业插上了光辉的翅膀，让广大的演讲爱好者在语言的天空中尽情飞翔，使绚丽的先进思想在广漠的大地上自由驰骋。大言有道，40年不变；铸魂育才，一生的主题；君子风范，千年的诉求。作为新一辈演讲人，自当弘扬燕杰老师之精神，点燃民族复兴之激情，把握时代之浪潮，舞动世界之旋律，续写千秋之华章！

值此演讲40周年，祝真善美的传道士、铸魂之师、青年的良师益友李燕杰老师"大师之风不朽，生命之树长青"。

贺　信

湖北省演讲协会

从1977年到2017年，40年光阴弹指一挥间逝去，但是，不变的是李燕杰老师在中国演讲艺术道路上的不断前行，从1977年1月25日，李燕杰老师在北京市做了他的第一次面向社会演讲，这次演讲开启了他成为中国演讲艺术大师的序幕。他只要站在台上演讲，他的声音就代表着正义与良知、代表着中华儿女乐观奋进的精神！他影响着一代又一代的华夏儿女！是他让演讲艺术之花，开遍了中华大地！

值此李燕杰老师从教60周年、面向社会演讲40周年纪念之际，湖北省演讲协会特此表达感谢并致以崇高的敬意。我们将踏着李燕杰老师执着的脚步，继续秉承"思想是我无限的国度，言语是我有翅的道具"的核心理念，用演讲去传播大爱；用演讲去净化心灵；用演讲去帮助他人、成就梦想；以演讲为载体，为弘扬社会主义核心价值观而不断努力！

贺　信

四川农业大学演讲与口才协会

尊敬的李燕杰老师：

在您走向社会演讲40年之际，四川农业大学演讲与口才协会致以热烈的祝贺，祝愿您身体健康，万事如意！

从教60载，您一直将"铸魂育才"四字作为自己的使命。1977年1月25日，您在北京进行了自己的第一次公众演讲，时光荏苒，斗转星移，如今，40年光阴流逝，您慷慨激昂、圣智乐善的演讲影响了整整三代人。

您是真正地具有世界影响的演讲家，您是一个时代的鲜明印记，您是我们每一个演讲爱好者的旗帜。我们应该隆重地纪念这个日子，而作为当代的大学生，我们将在您的带领下，不断学习、钻研演讲这门博大精深的艺术，将中国演讲事业推向又一个巅峰！

最后，诚挚地祝福燕杰老师健康长寿！

祝福天下所有热爱并奉献演讲事业的人一生平安！

贺　信

清华大学演讲与口才协会

60年前，您用责任与担当，选择了从教之路；您用爱心和行动诠释了什么是从教之路；您用爱心和行动培养了华夏的莘莘学子；您淡泊名利，用平凡书写了伟大的内涵。 40年前，您选择了演讲之路，创新了中国演讲之风格；您把对党对祖国对民族的忠诚与爱戴，用您演讲的声音在大江南北传播，在全球传递。您无私的奉献精神，天地可鉴，日月钦佩，定当感召年轻一代中国演讲人沿着您的足迹奋勇前进！

贺　信

上海交通大学学子人文演讲协会

李燕杰老师是中国演讲艺术协会联盟主席，五届中共北京市委委员，第六、七届全国政协委员。李老师在国内外共到过 800 多个城市，演讲 6 000 余场，写诗 4 000 余首，写书法 3 万余件。李老师是真善美的传道士、教育艺术家、铸魂之师、青年的良师益友，是真正的大师。

敬闻大师从教庆，

贺此佳期天下兴。

燕飞莺舞同朝来，

杰出桃李恩师情。

仅以此诗敬贺李燕杰老师，恭祝健康长寿，桃李满天下！

贺　信

湖南省湘潭市演讲与口才协会

尊敬的李燕杰大师：

欣闻大师从教 60 周年、面向社会演讲 40 周年，谨此表示最热烈的祝贺！

60 年来，大师呕心沥血、铸魂育才，且痴心不悔，著书 60 余册，写诗 4 000 余首，创办大学 1 所，收授学生 30 余万人，研究演讲专题 280 多个，在国内外 800 多个城市演讲 6 000 余场，不愧为真善美的传道士、铸魂育才的大师！

值此喜庆之际，我们感谢大师为国家、为社会、为人类所做出的杰出贡献，并由衷祝愿大师健康长寿！

爱与美的追求者

贺　信

辽宁省演讲学会

尊敬的李燕杰老师：

我们讴歌奉献，因为奉献是世间最高尚的情怀。

以音为犁文作种，星火燎原遍神州。

莫问身是何方客，只为正气贯长虹。

我们讴歌正义，因为正义是人间最无畏的勇气。

以智为履勇作刃，品若梅香玉作魂。

虽知正道沧桑险，毅罢忠魂赴昆仑。

仁爱而持重，不枉时光荏苒的沧桑。

智慧而淡定，不负德高使命的分量。

勇决而从容，不枉脊梁二字的担当。

博识而谦恭，不负人师称谓的考量。

感恩李燕杰老师给予每一位追随者鼓起立言、立德、立功的勇气。

感恩每一把"雨伞"给予每一个传习者撑起至善、至美、至真的天空。

心怀感恩，砥砺前行。愿中国演讲事业蒸蒸日上，愿李燕杰老师福寿康泰。

贺　信

华南农业大学演讲与口才协会

尊敬的李燕杰老师：

在您从教60周年暨面向社会演讲40周年之际，谨代表协会向老师致以最诚挚的祝贺！师者，传道、授业、解惑也。您在讲坛上精彩无比的演说不仅点燃了我们的心灵之火，更引领着我们在人生之路上前行。

贺　信

陕西省演讲与口才筹委会协会

向李燕杰老师致敬！

向李燕杰老师学习！

向李燕杰老师祝贺！

李燕杰老师是中国当代大爱的传播使者，在人类上下 5 000 年的演讲史中，演讲精英不乏其人，演讲大师也层出不穷，但像李燕杰老师这样具有大爱、文理汇通、中西贯通、通晓传统、融会贯通，将整个中华文化的精髓吸收、浓缩于七尺之身的演讲泰斗，实属罕见。李燕杰老师在中国演讲界中既是第一，又是唯一。

贺　信

吴云川

40 个春秋的勤劳耕耘，40 个春秋的精心播种，撒向人间的是大爱大美；

世界 800 座城市的跋涉，海内外 6 000 多场次精彩无比的演说，向全球传播着中华文明之大善大德。

您用饱满的激情和非凡的魅力点燃了千百万青年的心灵之火，让他们懂得什么是崇高的理想，什么是灿烂的人生。

您用智慧叩开青年知识的大门，您用爱书写人生的辉煌。您是中国知识分子的骄傲，更是当代杰出的演讲艺术大师！

作者系广州新励成教育集团创始人。

贺　信

徐少华

用智慧开启蒙昧

用热情涤荡心灵

学高捭阖天下

身正纵横四方

诗书豪情　风流雅韵

亲和从容　传承文明

作为一个在 80 年代就聆听李老师演讲的学生，一路走来，感念李老师演讲的引导和启蒙。无以回报，唯有坚守讲坛，努力耕耘！

祝李老师健康！祝中国演讲事业兴旺！

作者系中国演讲艺术协会理事、安徽财经大学新闻系主任。

贺　词

周为民

泰斗洪声如惊雷，

唤醒东风满地吹。

话语好比及时雨，

余音绕梁数轮回。

五千行程明霁色，

百万听众沐春晖，

　四十载勤播种，

恩施后辈奋力追。

作者系四川省射洪县演讲与口才协会会长。

贺 词

李 梅

燕颔虎颈龙凤形

杰为卓荦玉润声

作者系中国演讲艺术协会副秘书长、湖南响语演讲团团长。

贺 词

邹中棠

燕飞九天通透古今事

杰耀五洲究竟天下理

作者系中国演讲艺术协会副会长。

贺 词

刘德强

文化育人育灵魂，

夕阳更比朝阳红。

作者系中国演讲艺术协会副会长、上海演讲研究会名誉会长。

贺　词

河北省廊坊市演讲与口才协会

他，用演讲传递着和谐的音符；

他，用大爱唤醒了生命的力量；

他，用激情成就了无数人的梦想。

他是中国演讲界的常青树，

八十八岁的高龄依然童音般的美妙；

他是中国教育界的红太阳，

用燃烧的正能量弘扬着中国演讲精神。

他是李燕杰，

中华民族永远的荣耀！

贺　词

北京天地正气文化传播中心全体员工

一身正气无媚骨，

心底无私天地宽。

为人师表桃李繁，

国事在胸呐声先。

贺　词

广东工业大学演讲与口才协会

演说通五湖，
讲技遍四海。
四十载乐耕耘，
声名美誉写春秋！

贺　词

湖南省演讲与口才学会

桃李不语天下闻
幽燕放言世上钦
俊杰自古担道义
名师从来传真情

贺　词

佛山市演讲口才学会

60 载从教品格崇高，桃李芬芳德馨中华；
40 年演讲魅力无穷，孔子再世名贯五洲。

254

贺　词

春晖行动发展基金会、春晖演讲团、春晖大学堂

四十载扬清激浊

六十年种德收福

贺　词

阳江市演讲协会

大爱大智大圣人

真言真语真性情

后　记

　　李燕杰，世界著名演讲家、著名教育艺术家、国学金牌导师，在他的身上有着几百个头衔，他是首都师范大学教授，五届中共北京市委委员，第六、七届全国政协委员，世界华人演讲家大同盟主席，中国演讲艺术协会名誉会长，中华教育艺术研究会常务副理事长，教育艺术杂志社社长，优秀共产党员、北京市劳动模范、先进教育工作者，有突出贡献专家，灵山杯、铸魂金杯获得者……

　　今年，是燕杰老师从事教育艺术事业 60 周年，也是燕杰老师走向社会演讲 40 周年。时至今日，燕杰老师演讲的足迹遍及了世界各国的 800 多个城市，在海内外演讲 6 000 余场，直接听众 500 多万人次，他的演讲专题高达 380 多个，创造了中国演讲史上的最高纪录。著有《演讲美学》《生命在高处》《走向智慧》《总有一种方式让你脱颖而出》《大道有言》《不是第一，就是唯一》《人生九级浪》等上百种著作，他的演讲报告集《塑造美的心灵》销售逾 1 000 万册，创造了演讲报告销售量的最高纪录。李燕杰老师的名字被 170 多种名人词典所收录。国家领导人称他为"巡回大使"，中央领导同志赞誉他为"教育艺术家"，企业界称他为"智慧高参"，青年称他为"铸魂之师"，家长们称他为"良师益友"，中学生称他为"F5"，大学生称他为"奔腾5"。他被誉为真善美的传道士、爱与美的化身、点燃心灵之火的人、铸魂之师、青年导师、演讲泰斗、培训鼻祖、国学大师、中国大陆民间美的教育家、中国当代成功智慧学第一人。

　　燕杰老师是中国教育艺术界的楷模，是我国演讲口才界的一面旗帜，是我国思想教育界的泰斗。正如《习仲勋传》中所说的那样："北京师范学院李燕杰老师，他为什么那样受欢迎呢？他讲的不是空空洞洞的一些大道理，不是口号式的，而是结合学生的实际进行教育，有好些思想不对头的学生都转变过来了。"这是对李燕杰老师演讲教育艺术的真实写照和高度评价。

为了传承燕杰老师博大精深的演讲教育艺术，交流和探讨新时期演讲理论与实践经验，弘扬时代正气，传递正能量，宣传真善美，共圆中国梦，由中国演讲艺术协会联盟、中国演讲艺术协会、中华教育艺术研究会、广东新励成教育科技股份有限公司等单位发起并联合举办了李燕杰演讲艺术研讨会论文征集，纪念李燕杰从教60周年、走向社会演讲40周年庆典等一系列活动。得到了有关部门和社会各界人士的高度重视和积极参与，共收到各种文章159篇，贺词、贺信226篇。

本集子共收录了纪念文章57篇，贺信、贺词60篇。这些文章的作者都是目前在我国演讲教育理论和演讲艺术实践方面的专家与学者，这些精心撰写的文章对李燕杰老师的演讲艺术做了深入的探索和研究；总结了燕杰老师演讲的智慧，把握了燕杰老师演讲的精髓，传承了燕杰老师演讲的风格，赞美了燕杰老师演讲的魅力，发扬了燕杰老师演讲的大爱精神。这对我国演讲教育艺术事业的发展和推进必将起到积极的作用。

借此机会，代表《爱与美的追求者 —— 李燕杰从教演讲60年》一书编委会向所有递交文章的专家、学者、同行们表示崇高的敬意，感恩演讲精英们的积极参与和智慧的分享！代表主办方向所有关注、关心李燕杰演讲艺术研讨会的社会各界人士表示深深的谢意，感激朋友们的支持和帮助！代表李燕杰老师向发来贺信、贺词、贺电的全国演讲界各个机构、团体和个人表示由衷的谢意，感谢同仁们的厚爱，谢谢大家的美好祝福与祝贺！

同时，更要感谢广东新励成教育科技股份有限公司为纪念李燕杰教授从教60周年、演讲40周年庆典活动和为编辑出版本书做出的辛勤付出和无私奉献！广东新励成教育科技股份有限公司成立于2005年，是集课程研发、面授培训、在线教育、企业内训、管理咨询于一体的教育培训公司，是中国演讲口才培训行业的领导者。经过十余年的发展，通过引进、融合及自主研发，成功打造了"三大课程体系"、"七大王牌课程"、"三大高端课程"以及各具特色的服务课程，形成了"参与、快乐、实效、授能"的教学特色，填补了我国传统教育和培训市场的空白。中国当代演讲泰斗李燕杰教授、共和国演讲家彭清一等是新励成的终身顾问，新励成的专业师资力量雄厚，汇聚了业内200多位优秀的资深讲师和专职研究员，已在全国25个城市开设近40家直营分支机构，为数十万学员和数千家企业提供演讲口才、人际沟通、企业管理、团队建设等方面的专业训练。秉承"成就个人，幸福家庭，和谐社会"的使命，新励成始终坚定前行、不断开创新历程！

由于篇幅有限，有许多论文和文章及贺词等没有一一收录到本集子，特请各位作者见谅！鉴于时间仓促，精力有限，本集子中肯定还有一些不足之处，恳请专家、同行和读者斧正、不吝赐教，我们将会在修订时不断完善。

颜永平、侯希平、赵璧

二〇一七年八月五日

歌唱李燕杰

作词：侯希平
作曲：侯希平

颂扬 优美地